Elisabeth Endres
Edith Stein

Elisabeth Endres

Edith Stein

Christliche Philosophin
und jüdische Märtyrerin

Piper
München Zürich

Mit 12 Abbildungen auf Tafeln

ISBN 3-492-02779-2
2. Auflage, 8.–12. Tausend 1987

Gesetzt aus der Garamond-Antiqua
Gesamtherstellung: Kösel, Kempten
Printed in Germany

Vorwort

Dieses Buch war nicht als Buch zum Anlaß gedacht. Als ich anfing, mich mit Edith Stein, ihrem Leben, ihrem Schicksal, ihrem Denken zu beschäftigen, war zwar der Seligsprechungsprozeß für Edith Stein schon eingeleitet, aber es war nicht abzusehen, ob und wann es zu jener Feier kommen würde, die diese faszinierende Frau in den Kreis derer aufnimmt, die von der katholischen Kirche und ihren Gläubigen besonders verehrt werden.

Edith Steins Bedeutung ist größer als das, was durch eine Seligsprechung angezeigt wird. Sie war eine tief religiöse Frau, deren Gottesliebe und deren Tod in Auschwitz die ihr erwiesene Ehre rechtfertigen. Aber sie brachte darüber hinaus etwas sehr wichtiges in unser Jahrhundert ein, so daß man fast sagen möchte, es ehrt die katholische Kirche, daß sie das Interesse auf diese Frau lenkt.

Edith Stein durchbrach die Vorstellungen, die man von der Rolle des »Weibes« hatte. Sie studierte an der Universität und begnügte sich nicht mit dem Bereich, den man den Frauen gerade noch zubilligte, also mit Fächern, die angeblich der weiblichen Mentalität entgegenkommen. Sie befaßte sich mit der strengen Zucht der Philosophie Edmund Husserls, der Phänomenologie.

Sie war Jüdin. Ihre Familie war ein Musterbeispiel für die Menschen mosaischen Glaubens, die voll und ganz Deutsche waren, und für die 1933 die Welt zerbrach. Sie selbst war nach der Krise des Ersten Weltkriegs Katholikin geworden, und sie steht hier für die Versuche vieler Menschen, in dieser Zeit einen neuen Halt zu finden. Sie erlitt schließlich das Schwerste an Leid, was das jüdische Volk in seiner Geschichte erfuhr.

Sie war Philosophin. Vielleicht sollte hier eine neue Beschäftigung mit ihrem Werk beginnen. Es war im Rahmen dieser Arbeit nicht möglich, auf alle philosophischen und theologischen Aspekte ihrer Arbeiten einzugehen. Vornehmlich muß es Fachleuten vorbehalten bleiben, den Zusammenhang zwischen den Frühschriften und ihrem Hauptwerk »Endliches und Ewiges Sein« herauszuarbeiten. Es wäre für mich eine besondere Freude, wenn die Entdeckung ihres reichen Denkens durch diese Arbeit weiter angeregt würde.

Das Buch ist nicht nur für Katholiken oder Christen gedacht. Das Lebensexperiment dieser Frau ist ein Stück Geschichte unserer Zeit; in ihm werden geistige und soziale Auseinandersetzungen erkennbar. Und vor allem soll auch eines getan werden: Wir sprechen von sechs Millionen. Aber was sagen uns im Grund unvorstellbare Zahlen? Es ist immer ein Mensch, der vernichtet wurde; und dieser eine Mensch soll wiedererstehen in unserem Bewußtsein. Auch das ist nur eine hilflose Form der Wiedergutmachung, anfechtbar in jeder Beziehung (warum gerade diese prominente Frau? Noch dazu seliggesprochen?). Aber was ist in diesem Zusammenhang nicht hilflos und anfechtbar?

Ich hätte dieses Buch nicht schreiben können ohne manche Unterstützung. Und so kann der übliche Dank nichts anderes darstellen als eine Auswahl. Vor allem danke ich dem Kloster der Karmelitinnen in Köln und deren Priorin Sr. Maria Amata Neyer OCD, der Wächterin und Wärterin des Edith-Stein-Archivs. Mir stand nicht nur das Archiv zur Verfügung, ich genoß auch die herzliche Gastfreundschaft der Nonnen. Um bei dem Orden zu bleiben: Der zweite Dank gilt dem Karmel Dachau, durch den ich viel über die Geistigkeit der Töchter der Heiligen Teresa von Ávila erfuhr; und daneben auch eine große Freundlichkeit, gerade in der Zeit nach dem Tod meiner Mutter. Ich danke Annelies Hofmann, mit der ich lange Gespräche über viele Probleme führen durfte, die für diese Arbeit wichtig waren. Ich danke Michael Firlus, der mir nicht nur moralische Unterstützung gab, sondern mich auch mit dem Land Israel bekannt machte. In diesem Land verstand ich vieles besser, was die Beziehung zwischen Juden und Christen betrifft.

Und mein besonderer Dank gilt dem Piper Verlag und seinem Lektor Uwe Heldt. Das Lektorieren mag seine Aufgabe gewesen sein; aber die Geduld mit mir ging weit über das hinaus, was man erwarten kann.

München, den 1. Dezember 1986 Elisabeth Endres

Holocaust

Am 2. August 1942, einem Sonntag, melden sich zwei SS-Männer an der Pforte des Klosters der Karmelitinnen in der niederländischen Stadt Echt. Sie wollen Schwester Benedicta sehen. Im Sprechzimmer werden sie von der Priorin empfangen. Schwester Benedicta sei gerade mit den anderen Nonnen in den Chor zur Anbetungsstunde gegangen. Doch die Priorin holt sie.

Der eine SS-Mann sagt knapp: »Innerhalb von fünf Minuten müssen Sie mit uns gehen.«

Die Karmelitin antwortet, sie könne das nicht, sie lebe hier in strengster Klausur.

»Öffnen Sie das Gitter und gehen Sie mit!«

Die Frau hinter dem Gitter weiß, wie schwer es aufzubrechen wäre, und sagt etwas spöttisch: »Das müssen Sie mir schon vormachen.«

»Rufen Sie die Oberin!«

Die Priorin kommt, schickt Schwester Benedicta in den Chor zurück und versucht zu verhandeln. Die SS-Männer geben der Nonne und ihrer leiblichen Schwester, der Pfortenhelferin Rosa, zehn Minuten Zeit und machen die Priorin darauf aufmerksam, welche Konsequenzen ein Widerstand nach sich zöge.

Die Priorin holt Schwester Benedicta aus dem Chor, die sich noch an die andern wendet: »Betet für mich!« In aller Hast wird zusammengepackt. Rosa steht völlig verstört an der Schwelle. Schwester Benedicta faßt ihre Hand. »Komm, wir gehen für unser Volk.«

Sie werden abgeführt, zum Wagen der SS gebracht. Die Menschen auf der Straße protestieren. Eine Dame klammert sich an Schwester Benedicta, will sich nicht abschütteln lassen.

Die Leute haben Rosa und ihre freundliche Art an der Pforte sehr gemocht. Und sie wissen, daß es sich bei ihr und ihrer Schwester um Deutsche handelt, die vor Hitler fliehen mußten und die nun hier, in den Niederlanden, von Hitlers Truppen eingeholt worden sind. Einige wissen wohl auch, daß Schwester Benedicta eine große Gelehrte ist, berühmt unter ihrem bürgerlichen Namen: Dr. Edith Stein.

Die SS-Männer sind empörte Reaktionen der niederländischen Bevölkerung gewohnt. Ähnliche Szenen spielen sich ohnehin an diesem Tag an vielen Orten der Niederlande ab; denn es wird in großem Rahmen eine Vergeltungsmaßnahme der Besatzungsmacht durchgeführt. Die katholischen Bischöfe haben gewagt, von der Kanzel herab gegen die Verfolgung und Verschleppung der Juden zu protestieren. Bisher hat man sich mit den Kirchen zu arrangieren versucht, indem man auf die getauften Juden Rücksicht nahm. Jetzt aber sollen an einem Tag soviel getaufte Juden wie möglich, vornehmlich katholische Ordensleute und Geistliche, in den Lagern zusammengetrieben werden.

Es sind schon Opfer im Wagen, in Roermond kommen neue hinzu. Man verlädt sie am Abend in zwei Polizeiwagen und bringt sie noch in der Nacht nach Amersfoort, einer ersten Sammelstelle, wo sie in Baracken zusammengepfercht werden. Der Montag in Amersfoort ist qualvoll und erniedrigend. In der folgenden Nacht werden sie zum Bahnhof Amersfoort gebracht, in einen Zug gepfercht. Es sind keine Viehwagen, aber die Vorhänge dürfen nicht geöffnet werden. Der Zug hält in einer unbewohnten Gegend. Die Menschen müssen aussteigen und eine Stunde zu Fuß zum Lager Westerbork laufen; einem Lager, das zuerst nur für deutsche Juden gedacht war, später aber erweitert wurde.

Der Judenrat dieses Lagers nimmt sich, so gut er nur kann,

seiner getauften Schicksalsgenossen an. Er vermittelt Telegramme, vornehmlich auch an die Klöster, damit Kontakte hergestellt werden können. Briefe werden hinausgeschmuggelt, zuverlässigen Niederländern übergeben.

Aber das sind nur kleine Hilfen. Die Wirklichkeit beginnt mit der Registrierung durch das Lagerpersonal. Die Gefangenen werden über alle ihre Beziehungen, den Wert ihres hinterlassenen Mobiliars, über ihre Bekannten ausgefragt. Schließlich drückt man ihnen eine Tafel mit ihrer Lagernummer in die Hand und photographiert sie.

Am ersten Tag wird den Opfern noch vorgetäuscht, daß sie Anträge auf Freistellung von einem Weitertransport stellen könnten. Schwester Benedicta ist eine tapfere Person. Sie zwingt sich, daran zu glauben. Sie schreibt am ersten Tag ihres Aufenthalts in diesem Sinn einen Brief nach Echt. Schließlich ist Edith Stein nicht unbekannt; schließlich hat man sich in der Schweiz bereits für sie eingesetzt. Aber der Brief kann nicht am 4. August, sondern erst am 5. August aus dem Lager geschmuggelt werden. Und da versieht Edith Stein ihre Bitte um Hilfe mit dem Zusatz: »Ist nicht mehr möglich.«[1]

Man hat die katholischen Klosterfrauen in einer Baracke zusammengelegt. Sie können am Boden kniend miteinander beten. Sie können auch den anderen Frauen, die Kinder dabei haben, helfen. Am zweiten Tag freilich entscheidet sich ihr Schicksal. Soweit sie aus dem Lager Amersfoort kommen, sollen sie weiter transportiert werden nach Osten, nach Deutschland, irgendwohin...

In der Frühe des 7. August heulen die Lagersirenen auf. Die für den Transport bestimmten Juden werden aufgejagt. 987 Juden werden von Westerbork weggebracht. Ein paar Lagergenossen winken noch.

Es ist eine lange Fahrt durch Deutschland. Ein paar Leute wollen Edith Stein im Zug gesehen haben, ein Zettel wurde irgendwo herausgeworfen. Es wuchern schon Legenden um Schwester Benedicta.

Aber das ist Tatsache: Der Zug endet in Auschwitz. Auf der Selektionsrampe werden noch von Zeugen Schwestern im Klosterhabit gesehen. Die Selektion wird vorgenommen und die Nonnen für die Gaskammer bestimmt.

Man weiß den Todestag nicht genau. Es muß bald nach der Ankunft gewesen sein, möglicherweise war es der 9. August. Weil die niederländischen Behörden und das Standesamt in Wroclaw, in Breslau, wo Edith Stein geboren wurde, ein festes Datum eintragen müssen, gibt man den 9. August an.

Edith Stein hat im Jahre 1930, zwölf Jahre vor ihrer Ermordung, in einem Brief geschrieben, daß man als Mensch, der die Gnade Gottes erfuhr, für die anderen Menschen, die lau oder ungläubig sind, einstehen müsse: »Wir haben nicht zu urteilen und dürfen auf Gottes unergründliche Barmherzigkeit vertrauen. Nach jeder Begegnung, in der mir die Beeinflussung fühlbar unmöglich ist, verschärft sich mir die Dringlichkeit des eigenen holocaustum.«[2] *Holocaustum* – das vollständige Opfer der Bibel, und *Holocaust* – die Massenvernichtung der Menschen, meinen etwas sehr Verschiedenes. Und doch wird durch Edith Steins Schicksal eine Beziehung hergestellt.

Und schon dies allein wäre ein Grund, nach dem Leben einer Frau zu fragen, die als Philosophin und durch ihre Persönlichkeit, durch ihren Glauben und ihr Schicksal zu einer der wichtigen Figuren unseres Jahrhunderts wurde. Aus welchem Milieu kam sie? Wohin wurde sie geführt?

Eine jüdische Familie

DER ANTISEMITISMUS STAMMT VON DEN ARABERN, DIE SELBST SEMITEN SIND.

Es ist eine merkwürdige Vorstellung: In den ersten Jahren nach Hitlers sogenannter Machtergreifung sitzt eine über vierzig Jahre alte Frau, eine Novizin des katholischen Ordens der Karmelitinnen, an ihrem Tisch und schreibt mit geradezu hektischem Eifer die Geschichte ihrer Familie nieder. Man könnte dies aus der Zeit heraus erklären. Hatten die Propagandisten des neuen Regimes doch alle Deutschen ermuntert, sich auf ihre Ahnen zu besinnen; sie in brutaler Weise gedrängt, ihre Stammtafeln aufzuzeichnen und ihrer Herkunft nachzuforschen.

Dem widerspricht der Ort des Geschehens und die Akteurin. Das Kloster, das Karmel, soll den Menschen aus allen weltlichen Bindungen lösen, Vater und Mutter müssen verlassen werden, damit der Mensch sich ganz seiner neuen Bestimmung hingeben kann. Immerhin wäre es möglich, daß gerade in dieser ernsten, nicht kirchenfreundlichen Zeit eine Frau, die Nonne wird, die Erinnerung an ihre katholische Familie schriftlich festhält, um sich im Abschied ihrer Bedeutung für ihre Entscheidung zu vergewissern.

Aber die Frau, die hier schreibt, berichtet von keinem katholischen Elternhaus. Und sie hat auch keine Möglichkeit, ihre Abstammung im Sinne der Nationalsozialisten darzustellen. Denn sie entstammt einer jüdischen Familie. Edith Stein, die philosophisch hochgebildete Konvertitin, schreibt das nieder, was ihr die jüdisch-glaubensstrenge Mutter erzählt hat über Väter und Ahnen, und das, woran sie sich selbst erinnert: an ihre Jugend, an die Geschwister, an die Heimat.

Warum läßt sie sich auf ein Unternehmen ein, das so

unnütz erscheint in dieser Zeit? Eine Veröffentlichung war ja ausgeschlossen. Vielleicht hat Edith Stein dies anfangs nicht bedacht. In ihrem Vorwort, das im September 1933 niedergeschrieben wurde, hatte sie noch die Hoffnung ausgesprochen, durch diesen Bericht Zeugnis von der Realität jüdischbürgerlichen Lebens ablegen zu können und die Jugend von ihrer Verblendung und ihrem anerzogenen Rassenhaß zu befreien.

Später wurde sie zurückhaltend; sie befürchtete sogar, durch ihre Aufrichtigkeit die Geschwister zu verletzen. So traf sie die Verfügung, die Erinnerungen erst nach deren Tod zu publizieren. Als das Buch erschien, im Jahr 1965, lebte nur noch eine Schwester Edith Steins, und diese arbeitete bei der Herausgabe des Buches mit. Ihr Porträt war allerdings auch durchaus schmeichelhaft.

Heute haben ihre Erinnerungen einen großen dokumentarischen Wert. Eine jüdische Familie aus Schlesien wird vorgestellt. Unser Jahrhundert zerstörte die Traditionslinien, die Edith Stein in ihren Erinnerungen nachzeichnete. Wie war dieses Damals, über das wir nur mehr etwas durch Bücher erfahren können und durch die Eintragungen im Standesregister, die in Polen weitergeführt wurden?

Über ihre Mutter hat Edith Stein von dem Urgroßvater Joseph Burchard gehört, der ebenso wie seine Frau Ernestine, geb. Prager, aus der Provinz Posen stammte. Er wurde 1785 geboren und lebte seit dem ersten Jahr seiner Ehe in Oberschlesien. Als dort sein kleines Haus niederbrannte, zog er nach Lublinitz, das heute Lublinice heißt. Ursprünglich war er Synagogendiener, arbeitete als Kantor und Vorbeter. Später nahm er am wirtschaftlichen Wachstum des frühen neunzehnten Jahrhunderts teil: Er wurde Wattefabrikant. Er hielt dabei streng an seinem Glauben fest. Er richtete sich einen Betsaal ein und lud seine Schwiegersöhne an den Festtagen zum gemeinsamen Gebet. Frömmigkeit und Fleiß waren die Ideale eines Lebens, in dem nur Härte galt. Aber auch die

Hoffnung, das Harte überwinden zu können, vielleicht sogar dadurch, daß man selbst hart gegen sich war. Am Freitagabend wurden in jedem gläubigen jüdischen Haus die Sabbatlichter angezündet. Und am Ende der Feier sprach Ernestine Burchard, die Urgroßmutter, die schmerzlich realistische, persönliche, trotz aller bitteren Erfahrung paradox hoffnungsvolle Bitte aus: »Herr, schicke uns nun so viel, wie wir ertragen können.«[1]

Und die Gebete schienen erhört zu werden. Die Burchards wurden nicht dem großen Leiden ausgesetzt. Sie konnten sich durchkämpfen. Sie hatten elf Kinder: vier Söhne, sieben Mädchen. Eine der Töchter, Adelheid, heiratete Salomon Courant, den Großvater Edith Steins mütterlicherseits. Die junge Frau hatte von Jugend auf gelernt, hart zu arbeiten. Als ihr Vater noch Kantor war und entsprechend schlecht bezahlt, als die ganze Familie mitverdienen mußte, damit man etwas zu essen hatte, machte sie bereits in den frühen Morgenstunden Handarbeiten.

Der Name ihres Mannes, Courant, ist ungewöhnlich. Man kann ihn aus dem Französischen ableiten. Edith Steins Mutter vermutete, daß die Familie von der französischen Grenze eingewandert sei. Aber ebensogut kann der Name mit einer Münzbezeichnung zu tun haben. Courant-Taler waren in Preußen und in anderen nördlichen Ländern jene Geldstücke in Silber, die als zuverlässig galten, die das Gegenteil bildeten zum Papiergeld oder zu den im Großhandel üblichen Verrechnungsmünzen. Der Name Courant hat seine Entsprechung im Namen des tschechischen Literaturhistorikers und Kafka-Kenners, des Protagonisten der Prager Hoffnung von 1968, Eduard Goldstücker. Für die Juden waren die Bezeich nungen für Münzen als Nachnamen gerade gut genug – so verfügten es die Behörden.

Man konnte sie damit abstempeln, einordnen, sie dem Kleinkapital zurechnen. Diese Juden haben etwas mit dem Umlauf des Geldes zu tun; sie sind Händler, sind wesensverwandt mit Geldwährungen, die den alteingesessenen Bauern erschrecken und dem vornehmen Edelmann fremd bleiben. Die Welt des neunzehnten Jahrhunderts, in der sich die Juden langsam ein Stück Menschenwürde erkämpfen konnten, war die Welt des Kapitalismus. Konnte da nicht der Name eines Juden dem einer Münze entsprechen, die von allen weitergegeben, von allen abgegriffen wurde? Was kümmerte den deutschen Mann, der seine Vorurteile pflegte, die Tatsache, daß in jenem Teil der Bibel, den wir das Alte Testament nennen, der Stand der Händler recht schlecht wegkommt. Die dadurch zusätzlich verstärkte Beleidigung einer Minderheit tat nichts zur Sache.

Salomon Courant war kein Mann der klingenden Silbermünze. Er wurde 1815, kurz nach den patriotisch hochgepriesenen Befreiungskriegen gegen Napoleon, im schlesischen Ort Preisketscham geboren. Er erlernte einen Beruf, der uns heute fast nostalgisch berührt; ein bißchen verklärt wird er durch die Erinnerung an einfachere Zeiten. Salomon Courant war Seifensieder und Licht-, also Kerzenzieher. Als er nach Lublinitz kam, lernte er die zwölfjährige Adelheid Burchard kennen, und er hat sie wohl schon sehr früh sehr gerne gemocht.

Wir dürfen uns hier freilich keinen Illusionen einer literarisch tradierten Empfindsamkeit hingeben. In diesen armen, aufstrebenden Familien gab es keine Jugenderinnerungen, die sich mit der Schwärmerei der Romantik in Verbindung bringen lassen. Selbst die armseligen Wonnen der kleinen Pfarrhäuser, in denen die Wiegen mancher großer Dichter standen, blieben diesen jungen Menschen verwehrt. Sie erfuhren sehr früh die Härte des Daseins. Und sie beteten, übermüdet wie sie am Sabbat waren, zu Gott, daß er diese Härte nicht bis an die letzte Grenze treibe.

Als die jungen Leute im Jahre 1842 heirateten, mußte eine neue Existenz aufgebaut werden. Der Beruf des Seifensieders war veraltet. Aber es bot sich eine Chance an, weiterzukommen, es zu etwas zu bringen. Die Großeltern der Edith Stein eröffneten in Lublinitz ein Kolonialwarengeschäft; sie boten ihren Kunden Lebensmittel an und jene Waren, die weder der Bäcker noch der Metzger führte. Da gab es eine Hoffnung auf Gewinn.

Edith Stein schildert die Ausgangsposition: »Nach der Anschaffung der Waren blieben ihnen als ›Barvermögen‹ 25 Pfennige.«[2] Durch harte Arbeit konnte man es dennoch zu etwas bringen; ein kleines Vermögen konnte erworben werden. Das Geld ließ sich dann mehren. Adelheid Courant arbeitete im Geschäft an der Seite ihres Mannes. Sie gebar, sozusagen daneben, sechzehn Kinder, von denen das erste starb. Die anderen wuchsen auf, mußten in Schulen geschickt werden. Die Familie mußte dafür sorgen, daß etwas aus den Jungen und Mädchen wurde, womöglich etwas Besseres. Sie sollten respektabel werden und Erfolg haben. Salomon Courant ließ seine Kinder öffentliche Schulen besuchen, später begründete er mit anderen jüdischen Familien zusammen eine Privatschule. Die Kinder sollten mehr lernen, als man im allgemeinen den jungen Leuten in Lublinitz an Wissen zumutete. So wurden die Söhne später nach Breslau ins Gymnasium geschickt. Zwei von ihnen erreichten das höchste Ziel, den ersehnten gesellschaftlichen Rang: Sie wurden Akademiker.

Einer von ihnen, David Courant, wird in Chemnitz eine angesehene Apotheke besitzen. Er wird seine Verwandten, auch seine weiblichen, dazu ermutigen, die nächste Stufe der Rangleiter zu erklimmen, also Ärzte zu werden. Bei einer Nichte, bei der Schwester Edith Steins, hat er Erfolg mit seinen Wünschen.

Der Kolonialwarenhändler Salomon Courant verließ sich auf den Zusammenhalt der Familie. Sein Schwiegervater wurde sehr alt. Und in den letzten Lebensjahren wurde der von der Arbeit zermürbte Mann sonderlich. Er hatte Wahnideen, die sich auch gegen seine Frau richteten. Er starb mit

89 Jahren, im Jahr 1874. Seine Frau, Ernestine Burchard, überlebte ihn und ihre Tochter Adelheid, in deren Haus sie in der Stunde der Not gekommen war. Sie war über neunzig Jahre alt, als sie im August 1891, etwas mehr als zwei Monate vor der Geburt ihrer Urenkelin Edith Stein, durch jenen Gott von dem Schmerz ihres Lebens erlöst wurde, von dem sie erhofft hatte, daß er ihre Leidensfähigkeit nur bis zum letzten prüfen werde.

Edith Stein lernte als Kind die Namen ihrer Onkel und Tanten aufsagen im gleichen Rhythmus, in dem man die Namen der Söhne des Vaters Jakob, des Enkels des Stammvaters Abraham, aufsagt; man skandierte nicht nur: »Ruben, Simeon, Levi, Juda...« und so weiter. Man skandierte auch mit kindlichem, leicht ironischem Eifer: »Bianca, Cilla, Jakob, Gustel, Selma, Siege, Berthold, Malchen, David, Mika, Eugen, Emil, Alfred, Clara, Emma.« Es waren Namen, wie sie in Deutschland üblich waren. Sie klangen nicht mehr jüdisch, wie des Vaters Salomo Namen. Der Aufstieg hatte sich gelohnt. Die Emanzipation der Juden, ihre Eingliederung in das deutsche Volk, machte Fortschritte.

Edith Stein hat über manche ihrer Onkel und Tanten geschrieben. Über Tante Mika, die in Lublinitz zurückblieb, als die Strebsameren ihrer Geschwister bereits in größere Städte umgezogen waren; sie war eine fromme Frau, verbunden den Traditionen des Judentums und auf eine etwas altmodische Weise nicht berührt von den Strömungen des Liberalismus. Wie man sich eben die gute, liebe Tante auf dem Lande erträumt! Und gut preußisch war sie immer!

Über Onkel Berthold, der in Rumänien sein geschäftliches Glück nicht machen konnte, aber später nach Berlin ging und dort ein großes Haus führte. Über Onkel Eugen, der ebenfalls nicht unbegütert in Berlin lebte. Er besaß eine Fabrik für Maschinenteile und exportierte seine Waren nach England und nach Rußland.

Es gehört zur Infrastruktur einer Familie, in der es viele Kinder gibt, daß Eugen und Berthold Courant nicht gerade gut miteinander auskamen. Wer aus der schlesischen Provinz nach Berlin fuhr, mußte zuvor mit sich ausmachen, mit welchem der Brüder er verkehren wollte. Wärmer war sicher die Welt bei Tante Mika in Lublinitz. Aber nicht so faszinierend! Von Tragik überschattet war das Leben des ältesten Bruders Courant, des Onkels Jakob. Er kümmerte sich um seine Geschwister und war auch bei ihren Geschäften beteiligt. Von der Erfolglosigkeit Bertholds in Rumänien wurde er ebenso betroffen wie von den unglücklichen Geschäften seines anderen Bruders. Er zog die Konsequenz des ehrbaren Kaufmanns, der seinen guten Namen auf dem Markt der Waren über alles stellt. Im September 1902 nahm er sich das Leben.

In Edith Steins Erinnerungen wird noch ein Abend geschildert, den die ganze Familie Courant im Hause des Onkels Jakob verbrachte, in dem dieser die Kinder ermunterte, recht kräftig beim Essen zuzulangen. Es muß der Abschiedsabend eines Menschen gewesen sein, der wußte, daß es bergab ging. Er mußte bald darauf das Haus aufgeben, in eine Mietwohnung ziehen, und dort lebte er nicht mehr lange. Die Schilderung des Todes liest sich etwas abrupt, denn aus dem Manuskript Edith Steins wurden etliche Seiten entfernt, die vermutlich über die Ursachen von Onkel Jakobs Tod ausführlich informierten.

Die Vernichtung der Blätter ist verständlich. Edith Stein hat offen über ihre Verwandtschaft geschrieben, die Schattenseiten ebenso wiedergegeben wie die freundlichen Erinnerungen. Wären die Aufzeichnungen über ein zweifelhaftes Geschäftsgebaren jüdischer Unternehmer den Nazis in die Hände gefallen, sie wären eine hochwillkommene Beute gewesen. Mit dem Tonfall: Selbst eine Jüdin muß zugeben, daß die Juden schmutzige Geschäfte machen.

Bei fünfzehn Kindern verlangt geradezu die Statistik nach einem mißratenen Sohn.

Es entspricht freilich nicht der statistischen Wahrscheinlichkeit, daß ein schlesischer Kolonialwarenhändler zwei Enkelkinder hat, die berühmt wurden. Dem Salomon Courant war dies vergönnt. Neben Edith Stein gab es Richard Courant, den Mathematiker, geboren 1888. Er wurde ein Schüler des Göttinger Gelehrten David Hilbert, der die Mathematik der Jahrhundertwende entscheidend prägte. Er schrieb neben eigenen Arbeiten mit Hilbert zusammen ein Buch über die »Methoden der mathematischen Physik« (1924) und wurde sein Nachfolger auf dem Lehrstuhl in Göttingen. Er gehörte zum Kreis der Pioniere einer neuen Physik, war mit Otto Hahn befreundet, gut bekannt mit Max Born und Albert Einstein.

Und dieser Richard Courant war der Sohn des schwarzen Schafes der Familie, des Siegmund Courant. Was Edith Stein über Onkel Siege niederschrieb und was uns nicht erhalten blieb, läßt sich aus einer Biographie von Constance Reid über den Mathematiker erschließen. Denn Siegmund Courant hat seinem Sohn eine Schrift hinterlassen, in der er sich selbst rechtfertigte. Er wollte nicht der böse, erfolglose Außenseiter sein. Danach hatte er ein Geschäft im schlesischen Ort Glatz, das freilich nicht sehr gut ging. Sein Bruder Jakob, ein sanfter, freundlicher Mann in der Schilderung Edith Steins, wurde ihm gegenüber sehr energisch, verlangte, daß er nach Breslau umziehe. In Breslau konnte Siegmund nicht Fuß fassen. Er hatte ganz einfach nicht die unternehmerische Energie, die zum Erfolg in einer preußischen Provinzhauptstadt nötig gewesen wäre. Und gleichzeitig dachte er nicht daran, sich in seinem persönlichen Konsum einzuschränken. Er und seine Frau galten schlechthin als Verschwender. Und als nun auch noch aufkam, daß Siegmund Courant alten Verpflichtungen nicht nachgekommen war, daß es viele Schulden gab, die das Geschäft der Geschwister mitbelasteten, gab es für die Familie keine Möglichkeit eines Arrangements. Jakobs Tod stand symbolisch für die Schande, die dem Haus drohte. Aber der

Verursacher der Schande war Siegmund, maßgeblich beeinflußt von seiner offensichtlich leichtsinnigen Frau.

Je mehr die Geschwister ihn mit Kälte und Verachtung behandelten, desto stärker wuchs sein Verlangen, sich angenehme Tage zu machen. Wir würden heute vielleicht nur von menschenwürdigen Tagen sprechen. Aber die Courants waren geprägt von der unbarmherzigen Ethik des frühen Kapitalismus, der sich in Deutschland erst in dieser Zeit voll entfaltete. Was nützte es den tapfer arbeitenden Kindern eines Seifensieders und Kolonialwarenhändlers, wenn man ihnen erzählen wollte, daß dieses Stadium des Kapitalismus eigentlich schon überwunden sein sollte und ein wenig mehr Verständnis für die Vitalität eines Einzelgängers der Zeit entspräche? Sie hätten es nicht begreifen können.

Siegmunds Kindern erging es erbärmlich. Richard Courant war vierzehn Jahre alt, als sein Vater verstoßen wurde. Er ging nicht als Lehrling in ein Geschäft, sondern nützte stattdessen seinen Verstand für sein intellektuelles Fortkommen. Er gab Nachhilfe-Unterricht in Mathematik, finanzierte damit seinen Schulunterricht. Er lernte, auch mit Widerständen zu leben. Als er Schülern half, die eine höhere Klasse des Gymnasiums als er selbst besuchten, meinten die Lehrer, das sei mit der hierarchischen Ordnung einer deutschen höheren Schule nicht vereinbar.

So mußte Richard die Schule verlassen. Er gab weiterhin erfolgreich Privatstunden. Dabei lieh er sich von seinen Schülern, die nur in Mathematik schwach waren, die Hefte für die anderen Unterrichtsfächer aus. So blieb er auf dem Laufenden und konnte als total Externer das Abitur glanzvoll bestehen.

Er wollte sich das erarbeiten, was ihm entsprach. Als er zur Universität zugelassen war, studierte er zuerst in Breslau Mathematik. Aber bald langweilte er sich und zog nach Göttingen um. Dort hörte er neben den Vorlesungen Hilberts auch die des Philosophen Edmund Husserl. Dieser hatte selbst Mathematik studiert und besaß vielleicht gerade deswegen die Fähigkeit, darzustellen, was die Strenge der Philosophie von der Strenge der Mathematik unterschied.

Es ist verständlich, daß Richard Courant seine Onkel und Tanten nicht gerade liebte. Er war wohl klug genug, um zu erkennen, daß die Verschwendungssucht seines Vaters, die sich später ins Krankhafte steigerte, eine Reaktion auf deren Verhalten darstellte. Er wußte vielleicht recht gut, daß die späteren Geschäfte des schwarzen Schafes, die wenig ehrbar waren, nicht entstanden wären ohne diese rigide Haltung der Verwandtschaft. Zudem war Richard Courant ein sehr gebildeter, ironisch witziger und kultivierter Gelehrter. Und er leitete die Vorzüge seines Wesens nicht unbedingt aus seiner Familie ab, die ja nicht gerade sehr intellektuell war.

Er war in seiner Beurteilung nicht gerecht. Aber er hatte als junger Mensch nur die Unbarmherzigkeit der Gerechten erfahren. Er war ein spätbürgerlicher Neffe von ängstlich schaffenden Frühkapitalisten. Die Ungleichzeitigkeit historischer Entwicklungen kann grausam sein für alle Betroffenen.

Freilich nahm Richard Courant eine Tante bei der Verwandtenschelte aus. Es war Tante Auguste. Bei dem Strafgericht der Familie hatte sie zwar auch zu ihren Geschwistern gehalten gegen Richards Vater. Aber sie hatte nachher ihm und seinen Brüdern und Schwestern zu helfen versucht, war freundlich gewesen, hatte Richard als Privatlehrer beschäftigt. Sie hatte im Umkreis ihres Hauses Humanität geübt.

Auguste Courant, die spätere Gustel Stein, wurde 1849 geboren, in dem Jahr, als die eine deutsche Revolution, die vom Volk ausging, als gescheitert angesehen werden mußte; wobei sie dort, wo man die Bürger mit dem Wort »gescheitert« nicht beruhigen konnte, durch das Militär zusammengeschossen wurde. Das Mädchen Gustel dachte wenig über betrogene Hoffnungen nach, die von hochfliegenden liberalen Gedanken genährt worden waren. Sie wollte das erlernen, was sie die Erwachsenen tun sah. Sie wollte arbeiten. Mit zehn Jahren versuchte sie mit den Mägden zusammen die große Wäsche zu erledigen und rieb sich die kleinen Finger wund. Ein Jahr vorher hatte sie bereits jenen Siegfried Stein kennengelernt, der viel später ihr Mann werden sollte.

Wenn die Geschwister Courant auch nicht den intellektuellen Vorstellungen des großen Neffen entsprachen, so gab es bei ihnen doch kleinbürgerliche Freuden. Wenn die Arbeit getan war, konnte man gut lachen und auch Walzer tanzen. Selbst als alte Frau brachte Auguste Stein noch ein paar Takte des Walzers von Johann Strauß »Wein, Weib, Gesang« auf dem Klavier zusammen. Es war ein kleines Stückchen harmlosen Glücks, nicht stark genug, um die Schatten zu verjagen, die erscheinen, wenn die Sorge die Menschen überfällt, aber kräftig genug, ihren Alltag ein wenig zu erhellen.

Als Auguste Courant den Holzhändler Siegfried Stein heiratete, wurde sehr viel über die große Politik geredet. Man schrieb das Jahr 1871; Siegfried Stein war damals siebenundzwanzig Jahre alt. Die Hochzeit fand am zweiten August statt; der Bräutigam war am elften September 1843 geboren worden. Er war in einer Zeit aufgewachsen, in der die Liberalen aufhörten, republikanisch zu denken und sich eine primär nationale, dafür umso weniger freiheitliche Lösung der deutschen Frage vorstellten.

Und nun hatten Bismarck, der Kaiser und der Krieg gegen Frankreich Deutschland endlich geeinigt. Die Steins und ihre Familien stimmten dieser Lösung aus ganzem Herzen zu. Auf der Hochzeit wurde ein Gratulationslied gesungen, dessen Text auf eine sehr vaterländische Melodie gedichtet worden war, auf die Melodie der »Wacht am Rhein«, die im Siebzigerkrieg als inoffizielle Kampfeshymne gedient hatte: »Es braust ein Ruf wie Donnerhall, / wie Schwertgeklirr und Wogenprall: / Zum Rhein, zum Rhein, zum deutschen Rhein! / Wer will des Stromes Hüter sein? / Lieb Vaterland, magst ruhig sein. / Fest steht und treu die Wacht am Rhein.« Auch in Schlesien, durch das die Oder fließt, glühte das Herz, wenn der deutsche Rhein gepriesen wurde. Die Hochzeitsgäste, die der Gustel und dem Siegfried zujubelten, wußten, welchen Text das Lied ursprünglich hatte und billigten dessen Pathos. Sie waren *deutsche* Juden; darauf waren sie stolz.

Wie läßt sich diese Identifikation mit nationalen Parolen erklären? Wer von unserem heutigen Standpunkt, von unserer entsetzlichen Erfahrung her die Geschichte des neunzehnten Jahrhunderts befragt, kommt kaum umhin, die nationalistischen Tendenzen dieser Zeit mit Skepsis, wenn nicht mit Abscheu zu betrachten. Antisemitische Ansichten gab es nicht nur bei den Konservativen, denen Bismarck die deutsche Reichsidee aufzwang. Es gab sie auch sehr früh bei den deutschtümelnden Verehrern des Reiches und der Einheit, den Erben der antinapoleonischen Freiheitskriege. Ein Mann wie Heinrich Heine wurde beizeiten hellhörig. Aber konnte jeder deutsche Bürger jüdischen Glaubens diese Hellhörigkeit besitzen? Gescheit zu sein war eine unbequeme Tugend für den denkenden Bürger, und für den handelnden auch. Lag es nicht näher, sich darauf zu verlassen, daß ein guter, liberaler Gott dem Einzelnen nur so viel aufbürdet, wie dieser gerade noch tragen kann, darauf, daß eine Entwicklung zum Guten allen deprimierenden Zwischentönen zum Trotz weitergeht?

Man muß sich an die Vergangenheit erinnern. Die Juden in Schlesien wie anderswo waren im Mittelalter der Verfolgung ausgesetzt gewesen.

Als aber die Zeit anbrach, die von den Historikern als Beginn der Neuzeit charakterisiert wurde, als man von der Morgenröte des Humanen sprach, erreicht das Elend der Juden einen neuen Höhepunkt. Im Jahr 1582, zur Zeit der Renaissance, zur Zeit des Humanismus, verkündete die österreichische Regierung, der Schlesien damals unterworfen war, einen Austreibungserlaß. Nur in zwei Gemeinden, in Glogau und Zülz, konnten sich die Juden wehren. Dieser Vertreibung war der Versuch der Juden vorausgegangen, sich von den Fesseln, die eine christliche, antijudäische Welt ihnen angelegt hatte, zu befreien. Sie wollten etwas anderes sein als Geldverleiher. Sie wollten weg von der ihnen aufgezwungenen Rolle des verhaßten Financiers, den man leider nötig hat, wenn man in Geldschwierigkeiten ist, den man aber immer als Ausbeuter empfindet, als ökonomischen Blutegel. Sie wollten Pachtungen von Äckern für sich erreichen; sie wollten Gasthöfe eröffnen; sie wollten im damals schon möglichen Kleingewerbe etwas erreichen.

Sie wollten ganz einfach die Freiheit eines braven Menschen haben, der doch nicht unbedingt ein Christenmensch sein muß. Aber erinnerten sie sich nicht? Noch im fünfzehnten Jahrhundert gab es in Breslau einen Prozeß, in dem Juden wegen Hostienschändung zur Verbrennung verurteilt wurden. Durfte man wirklich glauben, daß sich in einem Jahrhundert, in dem sehr humane Gelehrte lebten, die zu einem gewissen, wenn auch nicht hohen Prozentsatz, keine Antisemiten waren, der Geist der Zeit ganz gewendet habe?

Und wenn er sich gewendet hatte, wohin trieb ihn die Wende? Vielleicht bestand der Fortschritt darin, daß der Haß gegen die Juden sich nicht mehr primär von religiösen Vorurteilen bestimmen ließ. Auch der Antisemitismus benötigte seine Emanzipation. Und wenn der Schankwirt christlicher Religion erfährt, daß sich ein Schankwirt jüdischer Religion in seiner Nähe niederlassen möchte, dann ist der Christ nicht so sensibel. Wenn er nicht mehr von Hostienschändungen berichten kann, fällt ihm schon etwas anderes ein, um den jüdischen Konkurrenten loszuwerden.

Vielleicht betrachtet es der Mann sogar als ein Zeichen der anwachsenden Menschenliebe in seinem Jahrhundert, daß man nicht mehr einzelne Juden auf den Scheiterhaufen schleppt, sondern daß man sie alle zusammen nur aus dem Land hinauswirft, sie ihres Lebensunterhalts, aber nicht ihres Lebens beraubt.

Da alle Landesteile in Österreich ihre Juden von Zeit zu

Zeit vertrieben, kamen die verängstigten Menschen immer wieder in Gegenden, die ihnen bisher fremd waren, und sie versuchten, mit etwas Handel ihr Leben zu fristen oder ihr bereits eingehandeltes Geld nutzbringend zu verleihen. Wenn sie in ihrer Armut überleben wollten, mußten sie von der Armut ihrer Kunden leben.

Es gab in Schlesien wieder Juden. Viele von ihnen hatten ein Ziel: vom Geldhandel wegzukommen, so zu existieren, wie es der Bibel entspricht, in ihrem Glauben und nach den überlieferten Gesetzen Israels.

Nach den schlesischen Kriegen des achtzehnten Jahrhunderts, die König Friedrich II. von Preußen gegen die österreichische Herrscherin, Kaiserin Maria Theresia, führte, wurde das umkämpfte Land zu Preußen geschlagen. Die Juden, die in den Städten saßen, erhofften sich eine Verbesserung ihrer Lage. Aber der Preußenkönig Friedrich, der so aufgeklärt wirken konnte, wenn ihm dies nützte, dachte in diesem Fall hochpolitisch. Das war keine philosophische Abendunterhaltung, vielmehr mußte er ein Land befrieden, das nicht freiwillig preußisch geworden war. Er mußte der Mehrheit entgegenkommen. Die jüdische Bevölkerung hatte in Schlesien sehr zugenommen. Aber die Mehrheit der Bürger empfand dies keineswegs als eine angenehme Entwicklung.

So wurden im Jahre 1744 ein Großteil der Juden aus der Hauptstadt Breslau vertrieben. Aber die verbleibende Minderheit wurde von Friedrich mit einer gewissen verminderten Freundlichkeit umsorgt. Es dürfte sich dabei sogar um eine Minderheit der nicht-vertriebenen Juden gehandelt haben. Ihnen wurde erlaubt, innerhalb der Stadt eine jüdische Gemeinde zu bilden. Den andern ließ man immerhin das Recht, sich in einigen kleineren Ortschaften niederzulassen. Nicht an allen Orten natürlich. Denn einige bessere Gemeinden hatten den vornehmen Status, der den Bürgern sehr erstrebenswert war, das »ius non tolerandi Judaeos«, das Privileg, Juden in ihren Grenzen nicht dulden zu müssen.

Für unser Empfinden handelte Friedrich II. inhuman. Und doch ist in seiner Methode der Unterdrückung ein Stück Fortschritt erkennbar. Es gab nicht mehr das Feuer und nicht mehr die unkontrollierbare rohe Vertreibung. Er vertrieb in bürokratischer Manier. Und damit waren seine Maßnahmen einer Ratio unterworfen. Es war die Ratio der Zweckmäßigkeit. Der Antisemitismus der neuen Untertanen wurde ebenso berücksichtigt wie die Tatsache, daß Juden irgendwie und irgendwo leben mußten. Sie sollten es nur nicht an Orten tun, die der König schätzte oder zu schätzen aus Staatsraison gezwungen war. Es ist schrecklich, aber man muß in solchen Maßnahmen schon ein bißchen Fortschritt erkennen. Doch dieser Fortschritt durfte nicht zu weit gehen. Im Jahre 1780 wurde es den Juden verboten, Bauern oder Gastwirte zu sein. Das zerstörte die kleinbürgerliche Existenz vieler Schankpächter. Sie mußten schauen, wie sie auf andere Art überleben konnten.

Und doch nahm die Zahl der Juden im preußischen Schlesien zu. Denn anderswo wurden die Juden viel schlimmer drangsaliert. Die absolutistische Herrschaft machte sich dies zunutze. Nach ihrem Prinzip »divide et impera« wurden die Juden aufgeteilt. Aus »den« Juden wurden verschiedene Gruppen von Juden. Alle waren ungleich dem christlichen Untertan gegenüber, aber einige waren noch ungleicher. An der Spitze gab es die Generalprivilegierten und die Privilegierten. Die Ungleichsten waren die »Tolerierten«, die vom König und seinen Behörden gerade noch geduldet wurden. Nach 1790 gab es auch die eingeschriebenen Stamm-Numeranten. Sie standen ein bißchen über den Tolerierten, hatten einen etwas weniger geringen Anteil am Menschenrecht. Der Abglanz eines Abglanzes von Gnade fiel auf ihr Leben.

Zu jenen Leuten, die in die Judenstammrolle aufgenommen worden waren, gehörte ursprünglich auch Moshe Arnje Burchard, der Vater jenes Urgroßvaters Joseph Burchard, von dem uns Edith Stein berichtet. Auch der Urgroßvater selbst war noch in die Judenstammrolle eingetragen unter seinem vollen Namen: Joseph Jehuda Burchard. Und auch der Name des väterlichen Urgroßvaters Samuel Joseph Stein findet sich in dem Verzeichnis der Nicht-nur-Geduldeten.

Die Revolution, die man die bürgerliche nennt, und die sich in einem anderen europäischen Land, in Frankreich, abspielte, erschütterte auch Preußen und führte auf eine seltsame Weise auch hier zu Reformen. Der Kampf gegen den großen kaiserlichen Sohn der Revolution, der Befreiungskrieg gegen Napoleon, konnte nur geführt werden, weil sich Preußen entschloß, einige der Reformen des Nachbarlandes zu übernehmen und soziale Verkrustungen aufzubrechen. Es gab viele großartige Versprechungen der Fürsten, die um ihren Thron und um ihr Leben bangten, als man in Frankreich die Marseillaise sang.

Viele dieser hoffnungsvoll stimmenden Sätze wurden nach dem Sieg über Frankreich zurückgenommen. Aber ganz ließ sich auch im Deutschen Bund das Ancien régime nicht mehr restaurieren. Man mußte die Juden irgendwie besser behandeln. Im Jahr 1812 war eine Emanzipationsgesetzgebung zu ihren Gunsten erlassen worden. Und nach Beendigung der Kriege wurde sie allmählich in die Tat umgesetzt. Aus den Stamm-Numeranten sollten preußische Bürger werden. Moshe Arnje Burchard wurde diese Huld zuteil, wie später auch seinem Sohn Joseph. Sie waren nun im doppelten Sinn des Wortes anerkannt. Weil sich gegen ihren Fleiß und gegen den Erfolg ihrer Arbeit vom ökonomisch-bürgerlichen Standpunkt aus nichts vorbringen ließ, konnte man sie auch als Staatsbürger akzeptieren.

Man konnte ihnen vertrauen. Die Einschränkungen im gewerblichen Bereich wurden nach und nach fallengelassen. Die historische Situation des Eintritts der Juden in die Gesellschaft prägte entscheidend ihre wirtschaftliche Lage. Damals, in der ersten Hälfte des neunzehnten Jahrhunderts, breiteten sich der Handel und die Industrie aus. Hier gab es Auf-

AUGE UM AUGE, ZAHN UM ZAHN
ANSTATT VERSÖHNUNG

stiegschancen. Hier standen angeblich einem Menschen von unternehmerischem Ehrgeiz die Welt offen. Hier konnten Juden sich auszeichnen, wenn sie ihr Geschäft verstanden. Hier gab es nicht so viele gesellschaftliche Schranken wie anderswo. Die Zünfte ließen zum Beispiel äußerst ungern jüdische Handwerker zu. Der preußische Staat wollte nur Beamte christlichen Glaubens akzeptieren.

Wir reden über die »Juden«, als ob uns eine Definition des Judentums, die allen Zweifeln trotzt, zur Verfügung stünde. Wir denken dabei bewußt oder unbewußt an die jüngste Vergangenheit: Wen die Nazis als Juden verfolgten, der war Jude. Die Trennung zwischen Rassen- und Religionsbezeichnung wird uns dabei häufig nicht als Notwendigkeit erkennbar. Und dafür können wir nichts. Die wissenschaftlich exakt arbeitenden Anthropologen können uns belehren, daß es eine jüdische Rasse nicht gibt. Selbst die Überlieferung der Bibel zeigt uns, wie sich die Menschen über Stammesgrenzen hinweg in Liebe und Ehe verbanden. Aber was vermag schon das Bild der Nicht-Israelitin Ruth, die zur Ahnin des israelitischen Herrschers par excellence, des König David, wurde, gegen ein Vor-Urteil auszurichten, das nur die Soziologen erklären könnten.

In der Neuzeit wurde auch ein Jude als Jude bezeichnet, der einen anderen Glauben angenommen hatte. Er war dann ein getaufter Jude und immer noch verdächtig. Natürlich gab es eine Gegenreaktion: Viele Juden waren auch auf die Frau, auf den Mann stolz, die Christen geworden waren. Wenn sie Erfolg hatten, gehörten sie zu den »Unsrigen«. Der Erzbischof von Paris, Kardinal Jean-Marie Lustiger ist Jude. Für Freund, wie auch leider immer noch für Feind. Obwohl jede seiner Predigten Zeugnis ablegt für sein Christentum, manche zum Glück auch für sein vom Judentum her geprägtes Christentum.

Dennoch müssen wir festhalten, daß es sich bei den Juden im Lauf der Jahrhunderte immer entschiedener um eine

Glaubensgemeinschaft handelte. Und in diesem Zusammenhang war die Judenemanzipation des neunzehnten Jahrhunderts eine Gefahr für eben diesen Glauben. Der Druck der Verfolgung ließ nach. Die Aufklärung wurde zunehmend den breiteren Schichten des Volkes nahegebracht. Der gescheite Jude, der sich auf der Höhe seiner Zeit befand, konnte den menschenfreundlichen Schriften entnehmen, daß es zum Wesen des progressiven Zeitgeistes gehört, daß die Kinder jüdischer Eltern Menschen sind wie alle andern Kinder auch, daß aber der Glaube an den einen Gott, der ein Einziger ist, also der jüdische Gott, etwas Intolerantes an sich hat. Der freundlich humane Verkehr zwischen gleichwertigen Bürgern kennt andere Spielregeln.

Warum sollte man sich nicht an den Christen orientieren? Wurden nicht auch bei ihnen die Vernunft und die Tugend mehr verehrt als irgendwelche Dogmen? Gab es nicht in dieser Frühzeit des neunzehnten Jahrhunderts auch bei ihnen ein Nachlassen des Glaubens, das weit über das hinausging, was wir heute beklagen? In der evangelischen Kirche huldigten viele brave Bürger einer Religion, die sich primär humanen und nur humanen Werten verbunden fühlte. Jesus von Nazareth war ihnen ein edler Mensch, dem sie sich verwandt fühlten, wenn sie hin und wieder etwas Geld für die Armen stifteten. Das Mysterium crucis, das Geheimnis des Kreuzes, war eher belastend; es war nicht nur Goethe, der das Abbild dieser Marter, dieses Todes ablehnte.

In den katholischen Gegenden nahm man die Aufhebungen der Klöster hin. Das Interesse an jener kontemplativen Verehrung Gottes, der sich einmal eine Edith Stein weihen sollte, hatte abgenommen zugunsten des Engagements in Fragen, die einen gesellschaftlichen Nutzen erbringen konnten. *Der* Pfarrer war beliebt, der hinsichtlich der Heu- und Getreide-Ernte von der Kanzel herab seinen Frommen praktische Tips gab.

Als die Unterdrückung der Juden nachließ, verlor der Glauben an das strenge Gesetz viel von seinem Einfluß. In der bitteren Not hatte er die Menschen zusammengehalten; jetzt war er nicht mehr notwendig. Nicht wenige der Generalprivilegierten der alten Gesellschaftsordnung entschlossen sich zur Taufe. Sie konnte nicht mehr als Feigheit empfunden werden. Man muß sie freilich auch nicht als das Ergebnis einer großen religiösen Erschütterung interpretieren. Die Menschen paßten sich ganz einfach einer Welt an, in der ein Gott, der die Sehnsucht nach absoluter Tugend verkörpert, über seine liebenswerten und fleißig strebsamen Verehrer herrschte. Dieser Gott hat das getan, was der König von Preußen seinen Untertanen nicht gewährt hatte. Gott hatte die Konstitution, die Verfassung akzeptiert. Seine Gläubigen mußten sich an die geheiligten Artikel der Konstitution der sittlichen Werte halten. Dann konnten sie den Schöpfer einen guten Mann sein lassen.

Wie die christliche, so reagierte auch die jüdische Glaubensgemeinschaft auf diese Entwicklungen, vor allem auf den Verlust an Gläubigen. Man mußte sich anpassen. Rasch entwickelte sich eine liberale Strömung, die nicht nur die religiösen Gesetze des täglichen Lebens erleichterte, sondern auch in moderner Weise die Rigidität des unbedingten Glaubens schwächte.

In manchen Städten kam es zwischen den liberalen und den orthodoxen Juden zu schweren Konflikten, die bis zum Bruch und zur Ausbildung verschiedener Gemeindeformen führten. In Breslau war trotz mancher Auseinandersetzung der Zusammenhalt stärker als die zentrifugalen Kräfte.

Noch etliche Jahre blieb der Glaube der Juden deren eigene Sache. Im Jahre 1847 wurden Synagogengemeinden gebildet, die unter der Aufsicht der Regierung standen, also vom christlichen Staat in ihrer Würde anerkannt waren. In die unsichtbaren, wenn auch stets spürbaren Mauern des Ghettos war eine Bresche geschlagen. Dementsprechend wurde 1854 in Breslau ein jüdisch-theologisches Seminar gegründet, an dem die Rabbinerausbildung in neuzeitlichem Stil erfolgte.

Die Religion sollte durch derartige Maßnahmen von beiden Seiten allmählich nicht mehr als eine Macht verstanden werden, die den Bürger vom Bürger trennt. Sie sollte aufgenommen werden in eine allgemeine, von der Staatsautorität des Königs gelenkte Gesellschaft.

Natürlich wurde eine Religion in der Form, daß sie den ganzen Menschen ergreift und fordert, dadurch immer mehr zurückgedrängt. Je weniger öffentlichen Widerstand sie erfuhr, desto mehr wurde sie zu einer Privatangelegenheit. Sie war ein Aspekt seiner Persönlichkeit. Noch gab es genügend Schwierigkeiten für einen gläubigen Juden in Preußen – selbst im Bereich der Gesetze. Noch gab es gesellschaftliche Vorurteile. Diese wurden nur dort abgebaut, wo sich Staat und Gesellschaft ernsthaft als Vollstrecker der rational-logischen Aufklärung verstanden.

Der Antisemitismus paßte sich den neuen Ideen an. Die schöne Vorstellung, daß es einen natürlichen, idealen Menschen, das edle (fiktiv edle) Urbild des Bürgers, gibt, konnte sehr wohl mit der Vorstellung verbunden werden, daß der geschäftstüchtige, un-christliche, Jude von seiner Natur her nicht fähig ist, diesem Ideal zu entsprechen. Von dem germanischen Heroismus, den sich historisch nicht allzu gebildete Deutsche im neunzehnten Jahrhundert vorstellten, ganz zu schweigen.

Der Antisemitismus Richard Wagners und mancher seiner Gesinnungsgenossen hat mit diesen verschwommenen Reinheitsideen einer fragwürdigen Rückkehr zu einer zweifelhaften Natur sehr viel zu tun. Aber in dieser Zeit konnte man derartige Vorstellungen noch für Auswüchse einer übersteigerten Phantasie halten, für Reaktionen auf irgendeine Beleidigung, für ein ungutes Weltgefühl, für einen etwas peinlichen Durchgang hin zur erlösenden Reinheit. Nicht nur die jüdischen Anhänger Richard Wagners haben so gedacht.

Das Wort »noch« war für viele, die auf den Fortschritt bauten, verheißungsvoll. Noch gab es Kränkungen, noch gab es Unterdrückung und Zurücksetzung. Dies wird es sogar noch einige Jahrzehnte länger geben. Aber konnte man sich nicht in diesem Preußen, in diesen deutschen Ländern, in denen die Jugend nach Einigkeit rief, auf einen vernünftigen Gott verlassen wie auf andere vernünftige Regenten, die das Schwere immer leichter machen? Als am 18. Januar 1871 das Deutsche Reich begründet wurde, als König Wilhelm von Preußen im Spiegelsaal des Schlosses von Versailles zum Deutschen Kaiser ausgerufen wurde, profitierten da nicht auch die liberalen Kräfte von dem Aufschwung der nationalen Empfindung? Und zu ihnen zählten auch viele Juden. Sie mochten in ihrer Gesamtheit nicht so chauvinistisch reagieren wie ihre primär national motivierten Landsleute. Sie hatten dennoch teil an der Freude über das Zweite Reich und an seinen Hoffnungen. Vielleicht mischte sich bei diesem oder jenem Bürger in die Freude ein Stück Resignation; Bismarck war der Mann des Machbaren; die liberalen Jugendträume von einst gehörten dem Bereich der Utopie an.

Bei der Hochzeit von Siegfried Stein mit Auguste Courant 1871 sang man das Ehrenlied auf die Melodie der »Wacht am Rhein«. Die Eheschließung entsprach der Strenge des jüdischen Ritus. Die Töne des Lieds klangen kaiserlich-deutschnational. Man hoffte auf das, was kommen würde.

Edith Stein erzählt diese Episode fast nebenbei; sie will beweisen, daß ihre Eltern nicht deutschfeindlich dachten. Die Sorgen und die Hoffnungen der Steins mögen eingebettet gewesen sein in die Erwartungen der Nation. Primär waren es private Bedrängnisse, die das junge Ehepaar bewegten. Und ihr Optimismus war von der Überzeugung bestimmt, mit viel Fleiß und etwas Glück müßte man es doch schaffen können.

Siegfried Stein war in der Firma seiner Mutter beschäftigt, in der Holzhandlung »S. Steins Witwe« in Gleiwitz im westlichen Oberschlesien, das damals noch ein kleinerer Ort war. Edith Stein hat nicht viel über die Familie ihres Vaters berichtet. Dem Breslauer Standesregister ist zu entnehmen, daß

Simon Stein, der Sohn des einst aus Danzig eingewanderten Samuel Stein dreimal verheiratet war und der Vater von 23 Kindern. Seine dritte Frau, Johanna, die »S. Steins Witwe«, war Siegfrieds Mutter.

Sie muß gemäß der Darstellung ihrer Enkelin keine allzu glückliche Hand im Holzhandel gehabt haben. Sie wurde von ihren Geschäftsführern betrogen. Und auch in der Familie gab es Probleme.

Leo Stein, ein Onkel von Edith, wollte absolut Schauspieler werden, einen Beruf ergreifen, der in bürgerlichen Familien nur vom Parkett aus Begeisterung erweckte. Es war die resolute Schwiegertochter, die Mutter Edith Steins, die ihn unterstützte. Diese Frau muß einen Sinn für Begabungen entwickelt haben, vielleicht weil sie selbst gescheiter war, als man in ihrer Familie anerkennen wollte, und sich durchzusetzen wußte. So wurde Leo Walter Stein als Mann der Bühne, als Lustspieldichter und Librettist bekannt. Nicht ohne rührende Bitterkeit schreibt seine Nichte: »Einige seiner Bühnenwerke – ›Die Ballerina des Königs‹, ›Lieselotte von der Pfalz‹ – sind sogar ihres nationalen Gehalts wegen für würdig befunden worden, auf den deutschen Bühnen des Dritten Reichs aufgeführt zu werden.«[3]

Auguste Stein liebte Gleiwitz nicht. Dazu trugen schmerzliche Erlebnisse bei. Eine Scharlachepidemie hatte sich ausgebreitet. Das vierte Kind ihrer Ehe, das Mädchen Hedwig, starb daran. Der älteste Sohn Paul litt schwer an der Krankheit. Dies mag neben den wirtschaftlichen Schwierigkeiten die Familie Stein bewogen haben, nach Lublinitz zu ziehen, in die Vaterstadt der Frau. Hier konnte man immerhin auf die Hilfe der weitläufigen Verwandtschaft rechnen.

Aber es war nicht unbedingt angenehm, immer auf die Unterstützung der Courants angewiesen zu sein. Edith Steins Vetter hat etliche Jahre später erfahren, wie hart diese Onkel und Tanten sein konnten. Zudem kamen immer mehr Kinder; Auguste Stein wurde elfmal Mutter. Vier ihrer Kinder starben früh. Das Mädchen Erna wurde noch in Lublinitz geboren – im Jahr 1890. Sechs Wochen später zog die Familie nach Breslau um. Hier, in der Hauptstadt der preußischen Provinz Niederschlesien, erhofften sich die Steins eine neue Chance. Das bezog sich nicht nur auf die größeren Möglichkeiten im Holzhandel. Der gesellschaftliche Aufstieg bereitete hier weniger Mühe. Die älteren Kinder konnten höhere Schulen besuchen, ohne den elterlichen Wohnort verlassen zu müssen.

Das jüngste Kind der Familie, Edith, wurde in Breslau geboren. Nicht ganz zwei Jahre nach ihrer Geburt erlitt die Familie den großen Verlust: der Vater starb.

Es ist eine tragische Geschichte: Im Juli 1893 mußte Siegfried Stein eine Geschäftsreise unternehmen. Er hatte auf dem Land Holz zu begutachten, das er aufkaufte. An einem glühend heißen Tag besichtigte er einen Wald, ging allein ein längeres Stück zu Fuß. Dabei muß ihn der Hitzschlag getroffen haben. Ein Briefträger, der auf seinem Rundgang vorbeiging, sah ihn liegen. Er dachte wohl, der Mann wolle sich ausruhen, sei eingeschlafen. Er wollte ihn auf jeden Fall nicht stören. Erst als er einige Stunden später wieder vorbeikam und den Mann immer noch dort liegen sah, kümmerte er sich um ihn. Er entdeckte, daß der Mann tot war.

In der Nähe des Platzes, wo man Siegfried Stein fand, gab es eine Sägemühle, deren Besitzer mit Steins in geschäftlicher Beziehung standen. Sie nahmen sich voller Mitleid und Takt des traurigen Falles an. Sie halfen der Witwe, sie waren herzlich besorgt. Es entwickelte sich eine Freundschaft. Die Müllersfamilie Ludwig lud später einmal die jüngsten Töchter für die großen Schulferien ein. Es gab eine Harmonie des Lebens, die stärker war als der Schrecken des Todes.

Edith Stein ist sehr zurückhaltend in ihrem Urteil über den Vater. Sie verschweigt nicht, daß es im Geschäft Schwierigkeiten, ja große Sorgen gab. Aber sie fügt geradezu verteidigend in diese Aussage den Satz ein: »Daß meine Mutter auch in ihrem Eheleben Schweres zu ertragen hatte, darüber hat sie nie ein Wort gesagt. Sie hat immer nur im Ton herzlicher Liebe von meinem Vater gesprochen, und wenn sie heute, nach so viel Jahrzehnten (die Passage wurde vierzig Jahre nach seinem Tod formuliert, E. E.) an seinem Grab steht, sieht man, daß der Schmerz um ihn nicht erloschen ist.«[4]

Bei aller Liebe zu ihrem Gemahl ist es doch anzunehmen, daß Auguste Stein erkannt hat, daß die Schwierigkeiten der Familie etwas mit einer mangelnden geschäftlichen Begabung ihres Mannes zu tun hatten. Denn sie besaß diese Begabung.

Nach der Trauerfeier für Siegfried Stein überraschte die Witwe ihre fürsorgliche Verwandtschaft mit dem Entschluß, das Holzgeschäft weiterzuführen. Es war ein Wagnis. Sie war über vierzig Jahre alt; sie hatte sich in den fast zweiundzwanzig Jahren ihrer Ehe vor allem um den Haushalt und um die Erziehung der Kinder gekümmert. Ihr ältester Sohn, Paul, war beim Tod des Vaters 21 Jahre alt. Aber Gustel Stein ließ sich von den Schwierigkeiten nicht schrecken. Sie war entschlossen, wie ein sich selbst gegenüber sehr harter Mann zu schuften.

Die Kinder konnten sich später von Fremden das Lob anhören, was für eine tüchtige Mutter sie hätten; die sei der einzige wirkliche Mann im Breslauer Holzgeschäft. Diese gängige Formulierung war recht lieb gemeint. Aber zuvor hatten sie sehen müssen, wie sich die Mutter abrackerte. Sie hatten Wohnungswechsel miterlebt. Jedesmal war die Wohnung etwas komfortabler geworden. Der Holzplatz, auf dem die Ware gestapelt und gehandelt wurde, lag immer näher; er wurde größer.

Für die jüngeren Kinder war der Holzplatz ein Spielplatz. Sie kletterten zwischen den Holzstößen herum, bauten sich Wippen. Wenn sie sich einen Splitter in den Finger rissen, holte einer der Arbeiter ihrer Mutter ihn geschickt heraus.

Manchmal halfen sie beim Schichten des Holzes mit. Doch auch dies geschah als Spiel. Zwischen den Brettern, die ihrer Familie Broterwerb bedeuteten, richteten sie ihr kleines Puppenheim ein.

Die Arbeitgeberin Auguste Stein war patriarchalisch eingestellt. Sie sorgte für die Arbeiter, für den jungen Mann, der früh lungenkrank wurde; sie betrauerte ihn, als er starb. Sie kümmerte sich darum, daß ihre Leute Weihnachtsgratifikationen erhielten, aber auch darum, daß sie diese, ein freiwilliges Geschenk damals, nicht vertranken. Von den Ideen der Sozialdemokratie hielt sie nichts; sie wollte selbst sozial und wohltätig sein.

Die Kinder erfuhren, wie in vielen erfolgreichen Geschäftshäusern der damaligen Zeit, mehr von den Schwierigkeiten als von den Erfolgen. Da gab es diebische Arbeiter; da gab es Kunden, die Waren haben wollten und mit ungedeckten Wechseln zu zahlen versuchten. Der Wohlstand wurde mittelbar erkannt. Die Mutter hatte es plötzlich so weit gebracht, daß sie sich einen eigenen Holzplatz kaufen konnte, das Kontor wurde besser eingerichtet. Und auch das religiöse Gebot der Wohltätigkeit konnte mit immer größerem Eifer befolgt werden. Das Geld dazu war endlich vorhanden.

Auguste Stein hatte ihren privaten Gottesbeweis: »Ich kann mir doch nicht einbilden, daß ich alles, was ich erreicht habe, meiner Kraft verdanke.« Es war ein Satz der Demut. Vielleicht war es auch ein Satz der Vorsicht, auf daß Gott das Glück nicht von ihnen, den Undankbaren, abwende. Vielleicht war es ein Satz aus bürgerlicher Selbstbescheidung, vielleicht ein Satz aus der Angst einer Jüdin, daß ohne Gottes Hilfe das Gute bei ihnen nicht bleiben kann.

Auguste Stein, die Frau mit dem leicht vorspringenden Kinn, mit den klug abwägenden Augen, wie sie uns die erhaltenen Bilder zeigen, hatte viel von dem Idealbild an sich, das in der Bibel beschrieben wird: Sie war eine »mulier fortis«, ein »tugendsam Weib« in Luthers Sprache, in deren Haus die Nahrung nicht mangelt, die vor Tage aufsteht und nach dem Rechten sieht, nach dem Rechten im Geschäft und nach dem Rechten in der Familie.

Die nahe Verbindung zwischen Geschäft und Wohnhaus ließ sie nicht zur fremden, berufstätigen Mutter werden. Sie freute sich an ihren Kindern; aber sie nahm auch die Sorgen auf sich. Einmal sagte sie zu ihrer Tochter Edith, »jedes ihrer Kinder gebe ihr besondere Rätsel auf«. Die Kinder waren verschieden, verschieden voneinander, verschieden von dem jüngsten, dem philosophisch begabten Kind Edith.

Der älteste Sohn Paul, geboren 1872, war in Gleiwitz an Scharlach erkrankt. Eine gewisse Zurückhaltung, fast Trägheit dem Leben gegenüber konnte durch diese schwere Kinderkrankheit erklärt werden. Er besuchte trotz der manchmal bedrängten Verhältnisse des Steinschen Haushalts das Gymnasium bis zur Oberprima. Doch die Mittel langten nicht für ein Studium. Er half der Mutter im Holzgeschäft, übernahm von einem anderen Verwandten die Buchführung. Später wurde er von seinem Bruder Arno abgelöst, der am Geschäft weitaus mehr interessiert war.

Auguste Stein wollte die Plage der Buchführung nicht auf sich nehmen. Im allgemeinen ist diese trockene Arbeit genau das, was man im Geschäft an die Frau oder andere weibliche Helfer delegiert. Die Mutter Stein zog die lebendige Arbeit vor, in der sich der Geschäftssinn als Intelligenz, nicht als Rechnungskunst, manifestiert.

Paul wurde später Bankbeamter. Er erfüllte seine berufliche Pflicht, weil sie seine Pflicht war. Aber persönlich fühlte er sich anderen, vor allem musischen Interessen verbunden. Selbst seine Heirat war ein Ausbruchsversuch aus der Strenge des Hauses. Die Familie mißbilligte die frühe, anfänglich auch noch heimliche Beziehung. Paul entfloh, reiste nach Berlin zu der ihm vorangeeilten Braut und erzwang eine

Eheschließung, die seine Frau Trude in der Familie nicht gerade beliebter machte.

Else, geboren 1874, war ein attraktives Mädchen. Sie wollte selbständig werden, besuchte das Lehrerinnenseminar und bestand die Abschlußprüfung. Aber sie war benachteiligt: Sie war jüdischer Abstammung, und sie war eine Frau. Eine staatliche Anstellung war fast ausgeschlossen. Verschiedene Posten als Hauslehrerin befriedigten sie nicht. Die Eifersüchteleien der Damen des Hauses gebenüber der hübschen Erzieherin waren beleidigend. Sie ging deswegen in die damals weitaus liberalere Hansestadt Hamburg, wo sie eine Anstellung an einer Privatschule fand. Bald lernte sie dort einen Vetter ihrer Mutter kennen, Max Gordon, der Arzt war, Dermatologe. Sie verlobte sich 1903 mit ihm, und bald folgte die Heirat.

Arno, geboren 1879, der zweite Sohn, besuchte die Realschule in Breslau. Er wurde für den Holzhandel ausgebildet, arbeitete bald als »junger Mann« bei seiner Mutter, wurde später Prokurist, schließlich der Chef der Firma. Arno war temperamentvoll, entschieden in seinem Urteil. Es kam zwischen ihm und seiner Mutter zu den Spannungen, die sich zwischen einem Juniorchef und dem Seniorchef wohl immer einstellen. Dennoch wurde ihre tiefe Sympathie füreinander nicht beeinträchtigt. Nicht einmal durch seine Heirat. Arno nahm sich ein Mädchen zur Frau, das die Familie kannte. Martha hatte zusammen mit Else das Lehrerinnenseminar besucht, war später nach Amerika ausgewandert, aber bald wieder zurückgekehrt. Sie sollte diese Auswanderung noch einmal wiederholen müssen.

Sie muß ein munteres Mädchen gewesen sein. Aber es war wohl nicht leicht, in die Familie Stein einzuheiraten. Edith Stein übernimmt das Urteil ihrer Mutter, wenn sie von ihren Schwägerinnen spricht. Aber sie weiß selbst, daß ihre Mutter keine ideale Schwiegermutter war. Es lag wohl an der Familie, die sich eng zusammengeschlossen hatte. »Es ist aber die stark ausgeprägte Familieneigenart ein großes Hemmnis für die Aufnahme fremder Elemente. Das Urteil: ›Die sind ganz anders als wir‹ bedeutete im Munde meiner Mutter und meiner Schwestern Frieda und Rosa immer einen entschiedenen Trennungsstrich.«[5] Was immer passierte, wenn Arno sich geschäftlich als Miteigentümer absichern wollte, Martha stand stets im Verdacht, die Urheberin der Zwistigkeiten zu sein.

Im Jahr 1881 wurde in der Familie Stein wieder ein Mädchen geboren. Es hieß Elfriede, wurde Frieda genannt. Ein eher phlegmatisches Kind, das es sich gemütlich machen wollte, was man dem Mädchen aber nicht erlaubte. Sie hat wohl nicht sehr viel Sinn für Hausarbeit gehabt. Doch da sie auch nicht von einer ehrgeizigen Intelligenz beherrscht war, lernte sie es, sich anzupassen. Sie wollte heiraten, ließ sich eine Partie vermitteln. Sie wartete nicht darauf, in ihrem Bekanntenkreis dem richtigen Mann zu begegnen, sie glaubte an andere Möglichkeiten. Der Mann, an den sie auf diesem Weg kam, ein Herr Tworoger, entsprach freilich nicht dem Ideal, dem sie durch die Erziehung ihrer Mutter verpflichtet war. Er war untüchtig und gab sich gar keine Mühe, ein wenig tüchtiger zu werden. Frieda kehrte nach einigen Ehejahren mit ihrer Tochter Erika in das Haus der Mutter zurück. Sie war schwach und enttäuscht.

Rosa Adelheid, Jahrgang 1883, die nächste Tochter, glich der Schwester ganz und gar nicht. Sie trat sehr temperamentvoll auf. Sie wollte ihr Leben meistern. Als junges Mädchen war sie manchmal sehr schwärmerisch gewesen. Und ein Stück von dieser Veranlagung blieb ihr erhalten. Sie sehnte sich nach einem Absoluten, das über alle Grenzen der realen Welt hinausging, das den ganzen Menschen forderte. Aber zunächst mußte sie sich mit dem realen Leben auseinandersetzen. Sie mußte wie ihre Schwester Frieda im Haushalt mitarbeiten, mußte manchen Tadel hinnehmen. Und sie verstand es sehr gut, ihre Haushaltsführung gegen die Einwände der Familie zu verteidigen.

Später folgte sie der Schwester Edith im Glauben; auch sie trat in den Karmel ein. Die Widersprüche ihres jugendlichen Lebens wurden aufgelöst zugunsten eines Entschlusses, der so gar nicht der Tradition der Familie entsprach.

Dabei war sie nicht einmal Ediths Lieblingsschwester. Das war Erna, die Edith im Alter am nächsten stand. 1890 geboren, also sieben Jahre jünger als Rosa, nur ein Jahr und etliche Monate älter als Edith. Sie muß schon als Kind reizvoll gewesen sein, sehr hübsch anzuschauen. Dabei hatte sie auch noch Verstand und war unkomplizierter als ihre jüngere, hochbegabte Schwester Edith. Sie besuchte das Realgymnasium, wollte einen Beruf ergreifen. Aus dem Kind wurde ein Mädchen, bestimmt von dem Drang nach echter Selbstverwirklichung. Dieser Intention entsprach das Studium der Medizin, aber nicht minder die Freundschaft mit einem jungen Mann, der sich für das gleiche Studium entschieden hatte: Hans Biberstein. Erna fühlte sich ihm verbunden; sie nahm hin, daß er sie nicht so vorbehaltlos lieben konnte, wie sie ihn liebte. Es gab Widerstände. Aber damit konnte man fertig werden. Später wurde sie, wurde ihr Mann mit viel Schlimmerem fertig.

Als die Erinnerungen der Edith Stein als Buch herausgebracht wurden, hat Erna Biberstein, geborene Stein, zusammen mit Professor Dr. Hans Biberstein viel dazu beigetragen, daß die erzählte Geschichte jedem Leser verständlich ist.

Es gibt den Schnitt. Wir kennen ihn alle, wir wissen es. Die Kinder der Auguste Stein sind Menschen, sind ganz normale Leute. Sie haben ihre Schwächen, sie haben ihre Vorzüge. Wir hätten mit diesem Sohn, mit dieser Tochter recht gerne verkehrt; der Umgang mit einem anderen Mitglied der Familie hätte uns vielleicht nicht so ganz entsprochen. Wie dies zum Leben gehört. Es waren eben Leute, wie es auch andere Leute gibt.

Und plötzlich waren sie nicht mehr nur Leute, nicht mehr Nachbarn. Plötzlich war alles ganz anders. Es brach etwas herein, das man seit 1945 mit klugen Theorien zu interpretieren versucht.

Die Steins hatten dazu freilich keine Zeit. Sie wurden aufgescheucht und gejagt von der Angst. Edith Stein charakterisierte ihre Geschwister noch in einem Stil, der einer zivilen Übereinkunft entsprach. Als das Buch herauskam, wußte man sehr viel mehr. Der Konsens, der den Mitbürger mit dem Mitbürger verband, war völlig zerstört worden. Eine Gruppe von Mitbürgern war zu hilflosen Opfern geworden. Die Mutter Auguste Stein starb 1936 noch im Kreis der Familie. Paul, ihr ältester Sohn, wurde mit seiner Frau am 29. April 1943 in Theresienstadt ermordet. Else Gordon konnte mit ihrem Mann entkommen. Sie lebten in der Hauptstadt Kolumbiens, in Bogotà. Auch Arno Stein konnte sich mit der Familie retten. Er flüchtete nach San Francisco, nahm schwere Zeiten auf sich. Denn beliebt waren die Asylanten aus Deutschland nirgendwo.

Elfriede Tworoger, die liebe, etwas schwerfällige Schwester, kam zuerst nach Theresienstadt, später wurde sie in einem andern KZ durch Gas ermordet. Rosa lebte zuletzt mit Edith Stein in den Niederlanden, bis man sie gemeinsam mit anderen jüdischen Katholiken nach Auschwitz transportierte. Erna Biberstein und ihr Mann hatten es gelernt zu verzichten: ein Klinikposten, eine Privatpraxis mußten aufgegeben werden. Und auch die schlesische Heimat, die sie so liebten. Sie flüchteten mit ihren beiden Kindern nach New York. Vier Kinder der Auguste Stein wurden von den Nazis ermordet. Drei konnten – oder besser gesagt mußten – fliehen. Die »Wacht am Rhein« wurde zum bösen Traum.

Richard Courant, der Vetter, der Professor in Göttingen, hat miterlebt, wie Universitätskollegen, deren Qualifikation durchaus zu wünschen übrig ließ, in SA-Uniformen in die Seminarräume eindrangen und die Gesetze einer neuen deutschen Mathematik und Physik verkündeten; es war die Physik ohne Einstein. Er selbst konnte zuerst nach England flüchten, nach Cambridge, dort ein Jahr lang lehren. Dann kam er nach Amerika, an die Universität von New York. Seine Fähigkeiten wurden hier anerkannt. Man gründete ihm zu Ehren das Richard-Courant-Institut. Er half manchem Emigranten, vornehmlich jenen, die sein Fach studierten. Er vermittelte jungen Amerikanern das Wissen, das in Europa entwickelt und aus Deutschland vertrieben worden war. Er war ein sympathischer Mensch, ein welterfahrener Intellektueller, der auch politische An- und Einsichten hatte. Ein Jude, wie ihn sich die Philosemiten vorstellen.

Seine Kusine Edith Stein nahm das jüdische Schicksal an, wie Jesus Christus den bitteren Kelch. Sie trug das Kreuz, dem sie sich versprochen hatte, bis hin zum Tode.

Jugend in der verlorenen Zeit

SEIT DER ERMORDUNG VON JITZAKH RABIN DURCH EINEN RECHTSRADIKALEN JUDEN.

Am zwölften Oktober des Jahres 1891 wurde Edith Stein in Breslau geboren. Es war kein gewöhnlicher Tag. Ihre Familie feierte das jüdische Fest Yom Kippur, den Versöhnungstag. Es ist der religiöse Höhepunkt des Jahres. GIBT ES

Im alten Israel entsühnte an diesem Tag der Hohepriester sich, sein Haus und das Volk. Tieropfer wurden dargebracht. Mit dem Blut wurde das Heiligtum des Tempels bespritzt und der Altar, damit auch diese frei würden von aller Beschmutzung durch sündige Menschen. Das Ritual ist im dritten Buch des Moses, dem Leviticus, festgelegt. Zusätzlich zu den Schlachtopfern wurde ein Ziegenbock symbolisch mit den Sünden des Volkes beladen und in die Wüste gejagt. Das war der inzwischen klassisch-sprichwörtliche »Sündenbock«. KEINE VERSÖHNUNG MEHR.

Selbst im modernen liberalen Judentum ist etwas von der Strenge dieses Festes erhalten. Der Gläubige enthält sich 24 Stunden lang jeder Nahrungsaufnahme. Der Vorabend und der ganze Tag wird von dem sehr frommen Juden im Gebet in der Synagoge zugebracht.

Der Charakter des Tages ist trotz dieser strengen Vorschriften freilich nicht nur von der Härte der Sühne geprägt; sein Name verweist schon darauf, daß die Buße angenommen wird. Der Mensch, der sich von der Last gereinigt hat, ist mit Gott versöhnt.

Auguste Stein sah in dem Geburtstag des Mädchens ein gutes Vorzeichen. Sie hatte es besonders lieb. Edith muß schon sehr bald die Privilegien des jüngeren Kindes genossen haben. Zwischen den älteren Geschwistern gibt es häufiger Eifersucht, Spannungen, Konkurrenzverhalten. Die Kleinen werden rascher als schutzbedürftige Wesen anerkannt und freundlich behandelt.

Auch die Mutter fühlte sich dem Kind in zärtlicher Liebe verbunden, besonders nach dem Tod des Vaters. Edith würde nun immer die jüngste Tochter bleiben. Auguste Stein hat ihr später erzählt: Als sich der Vater im Juli 1893 verabschiedete, aufbrach zu der letzten Reise, von der er nicht mehr heimkommen sollte, hielt die Mutter die kleine Edith auf dem Arm. Und das Kind mit seinen eindreiviertel Jahren winkte dem Vater nach. Ein Genre-Bild, dessen sich die Witwe in den harten Zeiten mit Rührung erinnerte.

Edith schlief jahrelang im Zimmer ihrer Mutter. Und hier erhielt sie auch ihre ersten Bildungseindrücke. Der Bruder Paul war von seiner Mutter gebeten worden, ihr jeden Abend noch irgendeinen weiterbildenden Text vorzulesen, wenn sie schon im Bett lag – bis in den Halbschlaf hinein. Manchmal hörte Paul auf, weil er annahm, daß seine Mutter fest eingeschlafen sei. Aber Gustel Stein erwachte dann wieder ein wenig und bat ihn, weiterzulesen – und schlief wieder ein. Wieviel die fleißige Frau von der Lektüre mitbekommen hat, wissen wir also nicht genau.

Die kleine Tochter aber, von der man annahm, daß sie fest schliefe, hörte ganz wach zu. Sie wird das Gelesene nicht verstanden haben. Aber sie strengte sich an, mit ihren Gedanken und ihrer Phantasie Vorstellungen zu entwickeln. Ihre Sehnsucht nach einer geistigen Welt und ihre Ahnung, daß es etwas gäbe, was jenseits der kindlichen Erfahrung liegt, wurden so genährt.

Edith Stein schildert sich nicht als liebes, sanftes Kind. Sie litt in diesen frühen Jahren unter großen inneren Spannungen ihrer freundlichen Umgebung zu Trotz. Die Sensibilität, die zeitlebens ihren Intellekt bestimmen wird, muß sich schon früh gezeigt haben.

Sie konnte lebhaft sein, voller drolliger Einfälle, konnte herumtoben. Aber dieses Temperament konnte sich auch in

Trotz und Wut verwandeln. Ihre älteste Schwester Else wußte sich manchmal nicht anders zu helfen, als das Kind mit aller Kraft in eine dunkle Kammer zu zerren und dort einzusperren. Diese Erziehungsmaßnahme der ultima ratio brachte Edith verständlicherweise nicht zur Einsicht, zumal die Dunkelheit sie schreckte. Sie schrie lange und laut, trommelte gegen die Tür, bis die Mutter sie herausließ.

Freilich mag Edith Stein hier ihre Fehlerhaftigkeit etwas übertrieben haben – wie mancher Memoirenschreiber. Ihre Geschwister hatten familieninterne Spitznamen erfunden. Da gab es den »Frosch« (Frieda), den »Leu« (Rosa), die »Krähe« (Erna). Edith aber nannten sie »Mietzekatze«. Sie nahmen offensichtlich die schmeichelnde, verspielte Variante der Sensibilität ihrer Schwester besser wahr als diese selbst.

Das Kind konnte leiden. Es trug schwer an der Realität. Wenn es in der Familie zu Auseinandersetzungen kam, die bei so viel Geschwistern mit ausgeprägtem Temperament nicht ungewöhnlich sind, wenn es also einen Krach gab, wurde Edith in ihrem innersten Wesen verletzt. Sie reagierte völlig verstört; das fraß sich in sie hinein.

Sie litt auch an ihrer Vorstellungskraft. Das Bildungsgut, das ihr zu Ohren kam, entzündete ihre Phantasie. Als sie fünf Jahre alt war, wurde ihre fünfzehnjährige Schwester auf das Theatererlebnis »Maria Stuart« vorbereitet. Entsprechend dem Stil der bürgerlichen Familie, die sich um eine wirkliche Aneignung der klassischen Dichtung bemüht, wurde über die Handlung des Dramas in der Familie diskutiert. Man besprach seinen Schiller.

Edith hatte zugehört. An dem Abend, an dem Frieda mit der Mutter in der Aufführung war, geriet sie in Fieberphantasien und rief immer wieder »Schlagt doch der Elisabeth den Kopf ab!« Die Familie sprach von »Nervosität«, führte anders nicht zu erklärende Fieberanfälle auf die erhitzten Nerven zurück. Der Geist, der sich in dem kleinen Geschöpf entwickelte, forderte seinen Tribut von dem Körper.

Von allen Geschwistern mochte Edith vor allem Erna. Sie standen sich im Alter nahe. Sie spielten miteinander, wurden gleicherweise von der Familie als »die Kleinen« behandelt. Es gibt eine Photographie aus einer etwas späteren Zeit, vermutlich aus dem Jahr 1898, das beide Mädchen darstellt und etwas von ihrem Verhältnis zueinander aufzudecken scheint. Erna sitzt in einem hübschen weißen Kleid, für den Photographen geschmückt, auf einem Stuhl, die dunklen Haare sind zu Zöpfen geflochten. Das Gesicht ist ernst, wie es Kindergesichter sind, wenn man ihnen keine verlogene Munterkeit abverlangt. Neben ihr steht Edith in einem gleichen Kleid; ihr Hut ist zu Boden geglitten, die hellen Haare fallen offen auf die Schulter. Edith ist an Erna gelehnt, hat sich mit einer Hand eingehängt, mit der andern die Hand der Schwester gefaßt. Auch sie blickt ernst den Betrachter an, als wollte sie die Freundschaft mit Erna als etwas darstellen, das wesentlich zu ihnen beiden gehört. Die eine Schwester wirkt gefestigt-freundlich; die andere fast zaghaft grazil.

Als ihre Schwester Erna in die Schule kam, geriet Edith in eine Krise. Die Familie hatte es gut gemeint. Die Kleinste würde jetzt ganz allein in einer Welt von Jugendlichen und Erwachsenen leben müssen. Man beschloß, das Mädchen in einen Kindergarten zu bringen. Aber Edith war gescheit genug, um die Diskriminierung zu empfinden. Die Geschwister hatten schon teil am richtigen Leben; sie sollte zu den Kleinen abgeschoben werden. Sie wehrte sich mit allen probaten Mitteln. Den älteren Geschwistern fiel die sehr unangenehme Aufgabe zu, die Schwester in den Kindergarten zu zerren. Der große Bruder Paul, inzwischen Mitte Zwanzig, trug das unwillige Mädchen gar zu dem Ort einer vorschulischen Erziehung hin. Er hatte wohl eine gewisse Ahnung, daß die Schwester so begabt war, daß die obligaten Kinderspiele ihr wie eine Beleidigung vorkamen. Und er zeigte ihr als Ausgleich dafür hernach die Bilder in seiner Literaturgeschichte.

Im Jahr 1897 wurde Edith sechs Jahre alt, wäre also schulreif gewesen. Der Geburtstag fiel auf den September, das Schuljahr hatte aber bereits nach Ostern begonnen. Edith hielt es nicht aus, sie wollte in die richtige Schule. Es war ein Glück, daß die Schwester Else gerade ihr Lehrerinnenexamen bestanden hatte und daß sie in der Schule für die Kleine sprechen konnte. Man vertraute ihrem Sachverstand und akzeptierte Edith im September in einer ersten Klasse, in der bereits einiges unterrichtet worden war, was das Kind noch nicht konnte. Aber Edith holte die verlorene Zeit nach. Am Ostertermin 1898 kam sie wie ihre Mitschülerinnen in die zweite Klasse. Die Welt war in Ordnung.

Die Schule, die sie besuchte, war die Viktoriaschule. Der preußisch-patriotische Name deutet schon darauf hin, daß es eine renommierte höhere Schule war. Im preußischen Stil waren den höheren, also den auch gesellschaftlich angeseheneren Schulen, vorbereitende Schulen zugeordnet worden. Sie entsprachen ungefähr den preparatory schools der Engländer. Kinder, die sich auf eine gute Position in dieser Welt gefaßt machen durften, sollten von Anfang an mit ihresgleichen zusammenkommen und zusammenlernen. Sie sollten nicht Volksschulen besuchen wie die Söhne und Töchter von kleinen Handwerkern und Arbeitern; sie sollten separiert werden. Für eine Familie wie die Steins wäre der Besuch einer gewöhnlichen, ordentlichen Schule aus dem Rahmen gefallen, hätte peinlich gewirkt. In anderen Ländern des deutschen Reiches gab es sicher mehr Gleichheit. Aber man paßte sich wohl überall den Sitten an. Zumal die Schulen von der englischen »Preps« unterschied, daß sie nicht privat, sondern öffentlich waren, also nicht vornehm-exklusiv, sondern bestimmt von Strebsamkeit und Fleiß.

Für Edith war die Schule ein Glück. Das Kind, das in den frühen Jahren von den Träumen der sich entwickelnden Vernunft verschreckt worden war, konnte sich beim Lernen heimisch fühlen. Edith freute sich, etwas zu erfahren, etwas zu wissen. Sie beteiligte sich mit Begeisterung am Unterricht. Sie wurde eine gute Schülerin, eine, die in der Leistung ihren Stolz fand.

Und diesem kindlichen Stolz entsprach der offene, lautstarke Ungehorsam der frühen Jahre nicht. Edith, die sich außer Hause anerkannt fühlte, wurde ein Kind, das die Autorität der Mutter, der Schwester Frieda anerkannte. Sie wurde lenkbar, weil sie angenehm wirken wollte.

Doch die Sensibilität nahm mit dem Alter eher zu. Edith litt schwer an den Verletzungen, die wohl jedem Kind von ahnungslosen Erwachsenen zugefügt werden. Als eine ihrer zahlreichen Großtanten den achtzigsten Geburtstag feierte, wurde ein großes Familienfest inszeniert. Dazu gehörte auch ein Tanz im Stil der Biedermeierzeit – damals war die Tante jung gewesen! Acht Kinderpaare sollten ihn in hübschen Kostümen vorführen; die Ballettmeisterin des Stadttheaters hatte ihn einstudiert. Das jüngste Paar wurde von Erna, dem höflichen Kavalier, und Edith, der anmutigen Dame, dargestellt. Man kann sich denken, daß Edith im geblümten Kleidchen und mit den rosengezierten Haaren gefiel, besonders als ein Onkel sie zum Abschluß noch auf die Fensterbank hob; das Kind mit seinen sieben Jahren war überglücklich, innerlich berauscht von dem Lob, von der Anerkennung, die hier nicht ihr Fleiß, sondern ihr Wesen, ihr reines Dasein gefunden hatte. Sie war nett und lieb – und die anderen, die große Familie merkte es!

Am nächsten Tag erzählte ihr eine Schwester, man hätte sich darüber gewundert, daß sie ihrem Kavalier kokette Blicke zugeworfen habe. Edith reagierte beleidigt: »Wie lächerlich.« Selbst in der Erinnerung wehrt sie sich noch. Der Kavalier war doch Erna gewesen, die Schwester. Wie konnte man ihr da eine Reaktionsweise vorwerfen, die sich auf etwas ganz anderes bezog. Auf Berechnung, auf ein Gefühl, das gespielt, in Szene gebracht wurde, um irgend etwas zu erreichen. Da gab es also unterhalb des Bewußtseins Strömungen, die sie doch gar nicht hervorkommen ließ, die ihr fremd blieben! Koketterie, Ausnutzung eines Triebes, den sie nicht kannte, nicht kennen wollte, zu einem Zweck, von dem sie ganz dunkel ahnte, daß er nicht der reinen Freude entsprach, die sie und Erna empfanden.

Es gab eine Parallelsituation. Edith hatte eine Tante Cilla. Das Glück hatte die Frau nicht gerade verwöhnt; sie, eine geborene Courant, hatte ihren Onkel Jakob Burchard geheiratet, der es freilich nicht zum selbständigen Kaufmann brachte. Er war recht froh, im Geschäft seiner Nichte, die jetzt auch seine Schwägerin war, bei Auguste Stein arbeiten zu können. Tante Cilla war der Familie in einer rauhen Weise herzlich verbunden. Sie muß die kleine, gescheite Edith gemocht haben; sie versuchte ihr das Leiden, in den Kindergarten geschleppt zu werden, durch Verständnis und durch ein Pfund gelber Pflaumen zu versüßen. Wahrscheinlich hat sie auch bei der Mutter gegen eine derartige Kindergarten-Kinder-Quälerei interveniert. Als Edith zur Schule kam, hörte sie von den Erfolgen der Nichte. Und nannte das Kind in ihrer etwas groben Art eine »Streberin«.

Edith ist nicht dumm; sie weiß, das ist eine Neckerei. Aber ein Schmerz bleibt. Wieder war etwas, das sie aus reiner Gesinnung heraus tat, aus Eifer, aus Freude, vielleicht sogar aus einem Glück heraus, anders verstanden worden: als Mittel zum Zweck, als Tüchtigkeit in einer anderen, unheimlich realen Welt. Im Arbeitshof der Mutter konnte man Holzspäne zusammenfügen, um etwas Schönes zu machen. Aber man mußte doch deswegen nicht in die Welt der Bilanzen im Kontor hineingedrängt werden! Sie wollte, ohne dies je formulieren zu können, auch für den Ehrgeiz, auch für die Grazie eine heile Welt. Sie wehrt sich gegen die Erfahrungen der Älteren, daß der Mensch seinen egoistischen Interessen gemäß handelt. Aber was soll sie machen? Durch die Gedankenlosigkeit der anderen wird ein Ventil geöffnet, das in den Raum der kindlichen Existenz das Wasser hineinfließen läßt, das allen Schmutz der Alltäglichkeit mit sich führt. Das Kind leidet.

Freilich sind das nur außergewöhnliche Situationen. Der normale Tag führte Edith in die Viktoriaschule. Das Schulhaus lag am Ritter-Platz, in der Altstadt Breslaus. Nicht weit entfernt fließt die Oder mit ihren zahlreichen Nebenströmen durch die Stadt. Die Kinder mußten über viele Brücken gehen, sie lernten in der Nachbarschaft ihrer Schule viele alte Straßen kennen: Da gab es den Neumarkt, da gab es die Breite Straße, da gab es die Kupferschmiedstraße. Die Markthallen waren von ihrer Schule nicht weit entfernt, ein wenig weiter hatte man es schon zur Universität. Die vornehmen Behörden befanden sich in unmittelbarer Nähe. Man war also irgendwie daheim. In jenem Viertel, das sich als das Wesentliche der Stadt anbot, das Fremde besuchten, und in dem die Breslauer wußten, daß sie Breslauer waren.

Es gab Traditionen. Man war doch preußisch? Hier von Breslau aus erließ im Jahre 1813 der preußische König Friedrich Wilhelm III., der Gatte der angeschwärmten Königin Luise, seinen Aufruf »An mein Volk«, der die Erhebung Preußens, die Befreiungskriege, einleitete.

Aber eine andere Tradition war nicht minder sichtbar. Das Haus der Viktoriaschule war ein ehemaliges Schaffgott'sches Palais. Hier hatte alter schlesischer Adel gelebt. Einer dieser Schaffgotts wurde im Zusammenhang mit dem Sturz Wallensteins während des Dreißigjährigen Krieges hingerichtet.

Ihr anscheinend sehr unpraktisches Palais durfte der Erziehung dienen. Was die Schulmädchen an Modernität vermißten, wurde gutgemacht. Zahlreiche Erker sorgten für Romantik. Aber die Klassenzimmer gehörten einer anderen Welt an. Hier gab es Geschichte nur als Lehrstoff; hier herrschte eisern das Leistungsprinzip. Die besten Schülerinnen erhielten ihre Prämien. In der Klasse waren die Plätze nicht nach der Größe oder nach der Kurzsichtigkeit der Schülerinnen aufgeteilt worden, sondern nach den Verdiensten, die sich die Mädchen erworben hatten.

Denn man wollte auch im Interesse der Mädchen hoch hinaus. In den Jahren, in denen Edith die vorbereitende Schule und das Lyzeum besuchte, also jene zweite Schule, die sich für Töchter besserer Stände schickte, hatte sich die Zeit verändert.

Wenn in der Neujahrsnacht heutzutage eine dieser Farbigkeit versprechenden Raketen in die Luft gejagt wird, dann gibt es einen Knall und aus der einen leuchtenden Kugel schießt eine Vielzahl von Strahlen heraus. Wer dergleichen schätzt, wird dies sicher unterhaltsam finden. Als das neunzehnte Jahrhundert sich dem Ende zuneigte, als der Fortschritt sich in eine flammende Knallkugel verwandelte, gab es Strahlen in jeder Richtung.

Und eines erhoffte man sich besonders von diesem neuen Jahrhundert: Es sollte alle Blütenträume der popularisierten Vernunft reifen lassen. Wer heute über die Ära Kaiser Wilhelms II. schreibt, denkt zuerst an den Chauvinismus, an die schimmernde Wehr. Aber das Pathos, das des Kaisers Reden prägte, bestimmte auch jene Menschen, die sich als progressiv verstanden, die ganz real emanzipatorisch wirkten. Wenn gegen Vorurteile gekämpft wurde zugunsten eines helleren Lichtes, dann konnte es sich auch um die Vorurteile handeln, die rein männlich waren.

Mit anderen Worten: Auch die Vorurteile der männlichen Untertanen konnten zurückgedrängt werden. Es ging um die Frauen, die bitter benachteiligt waren. Es gab frühe Stimmen des Protests; im neunzehnten Jahrhundert lebten tapfere Vorkämpferinnen. Doch erst um die Jahrhundertwende setzte sich in einer größer werdenden pädagogischen Landschaft die Erkenntnis durch, daß man ihnen, sofern sie besseren Ständen entstammten, auch allgemein eine höhere Bildung zubilligen könnte.

Die Viktoriaschule in Breslau hatte die kleinen Mädchen aufgenommen; was bot sie ihnen zuerst? Das Lyzeum, über das man in den einschlägigen Witzblättern grinste. Ein bißchen Vorbereitung auf das Leben im Salon; die Fähigkeit, in der Diktion und im Parlieren über kulturelle Ereignisse ihren Dienstmädchen überlegen zu sein. Eine solche schnoddrige Zuordnung war in der Sache falsch. Es gab genügend Lehrer, die sich am Lyzeum um die Allgemeinbildung bemühten, und genügend Schülerinnen, die sich anstrengten und die wirkliches Interesse zeigten. Doch wie läßt sich gegen ein scheinbar humoristisches Klischee ankämpfen? Nur durch Leistung. Und viele Mädchenschulen dieser Zeit waren bereit, Leistung zu erbringen und sie vor einer skeptischen Umwelt nachzuweisen.

Dem Lyzeum der Viktoriaschule zum Beispiel wurde zuerst einmal eine Studienanstalt realgymnasialer Richtung angegliedert. Die Schülerinnen – zumindest ein Teil von ihnen – waren intelligent genug, daß man sie auf das Abitur vorbereiten konnte. Zu diesem freilich, zum eigentlichen Abschluß, mußte man sie auf ein Knabengymnasium überweisen. Denn nur hier glaubte man richtig prüfen zu können, ob die jungen Damen wirklich so gescheit waren, daß sie sich Abiturientinnen nennen durften. Denn dieser Titel war etwas ganz Besonderes – er klang nur noch ein wenig exotisch: Das gelehrte Fräulein war fast eher zu bestaunen als zu bewundern.

Es gab Mädchen, die glücklich waren, mit Hilfe dieser Leiter Lyzeum/realgymnasiale Aufstockung/Abitur ein Stück Menschwerdung zu erreichen. Sie hatten ja auch recht. Erna Stein war eine von diesen strebsamen Töchtern.

Doch ihre Schwester Edith zog nicht mit. Sie war zu einem solchen Abschluß mehr als befähigt. Aber ihre Kraft schien plötzlich nachzulassen. In den letzten Klassen des Lyzeums hatten ihre Leistungen nicht mehr dem entsprochen, was sie selbst von sich erwartete, obwohl sie immer noch sehr gut waren. Sie war irgendwie müde.

Sie erzählt in ihren Erinnerungen wenig über die Krise, die sie in diesen vorpubertären Jahren durchmachte. Wir sind auf Vermutungen angewiesen. Tatsache ist, daß sie im Jahr 1906 das Lyzeum abschloß und damit von der Schule genug hatte. Vielleicht gab den letzten Ausschlag zu diesem Entschluß ein weiteres schweres Erlebnis. Tante Cilla, die einmal von der Streberin Edith gesprochen hatte, die aber dem Mädchen immer gewogen war, starb auf qualvolle Weise an Krebs – wenige Wochen, bevor Edith das Lyzeum abschloß. Zu ihr hatte sie immer kommen können. Selbst als die von Schmerzen geplagte Tante im Krankenbett lag, beklagte sich das Kind bei ihr noch über irgendwelche Ungerechtigkeiten, die sie in der Schule erfahren hatte. Daß Tante Cilla nicht mehr da war, mußte erschütternd wirken. Und hier gab es keinen weltlichen Hintergrund wie bei dem Freitod Onkel Jakobs, hier war ein liebes Leben ausgelöscht worden – auf schreckliche Weise.

Edith Stein ist sehr mitteilsam, wenn sie von Fakten, von Eigenarten ihrer Verwandtschaft und ihrer Person berichtet; sie ist zurückhaltend, wenn es sich um Emotionen handelt, um inneres Geschehen. Sie bekennt später, daß sie mit dreizehn Jahren den Glauben an Gott verloren habe, aber sie sagt nichts darüber aus, wie ihr dies geschah. Wahrscheinlich war es kein bestimmtes Erlebnis, das die junge Edith von ihrem Glauben abbrachte; es war die Kette von Eindrücken, die sie in den Jahren empfing: Es war der Tod der Verwandten. Es war aber sicher auch der Stellenwert, den die Religion in ihrer Umgebung einnahm und den sie immer mehr erkannte. Die Mutter war eine sehr fromme Frau. Die Familie in Lublinitz, vor allem die streng ehrwürdige Tante Mika, die man im Urlaub besuchte, waren noch intensiver mit dem Glauben verbunden. Edith erfuhr die Religion als schöne Tradition. Sie ist ganz besonders an jenem Ort vorhanden, von dem man herkommt.

Aber wie ist es dort, wo man hinwill? Edith Stein schildert

einmal, wie in ihrem Elternhaus die jüdischen Festtage gefeiert wurden. Das Pessachfest, das Fest der »ungesäuerten Brote«, erinnert an den Neu-Anfang der Geschichte der Israeliten, an den Auszug, den Exodus aus Ägypten, an die Befreiung vom Joch der Sklaverei. In diesen Tagen wurde im Haus des gläubigen Juden symbolisch auch ein neuer Anfang gewagt. Der alte Sauerteig, das alte Brot, selbst die kleinste Brotkrume wurden entfernt. Am Rüsttag, dem letzten Tag vor dem eigentlichen Fest, wurde das Geschirr, das man ein Jahr lang benutzt hatte, hinausgebracht und neues Geschirr hereingetragen. Wobei die sparsamen Familien sehr wohl jene Tiegel und Töpfe wiederverwendeten, die sie vor einem Jahr verstoßen hatten und die so lange im Keller oder auf dem Speicher verwahrt wurden.

Am Sederabend, dem Vorabend des Festes, nimmt das gemeinsame Mahl der Familie liturgischen Charakter an. Das jüngste Kind stellt die genau vorgegebenen Fragen nach dem Sinn des Festes; der Hausherr antwortet. Die ältesten Brüder mußten die vorgeschriebenen Gebete sprechen.

Doch Edith merkte sehr bald, daß die großen Geschwister keinen besonderen Gefallen an dieser Feier fanden. Als Kind konnte sie sich noch an dem Trubel der Vorbereitungen erfreuen, an dem Matzenbrot, dem nicht gesäuerten, das jetzt gegessen wurde, an der Festlichkeit und vor allem auch an der Rolle, die sie selbst als Befragerin spielte. Als Mädchen aber spürte sie, daß die Brüder die Gebete »in wenig würdiger Weise« heruntersagten; sie hörte, wie die Familie der Mutter manches von den Vorbereitungen »abhandelte«[1]; denn es machte viel Mühe, und man war doch liberal und den alten Bräuchen innerlich entwachsen. Man konnte sich aufgeklärten Geistes die Plage ersparen. Und Edith war nun alt genug, um nicht mehr in der Mutter die absolute Autorität zu sehen. Sie orientierte sich an den Menschen, die auf der gleichen Stufe wie sie standen, aber doch schon weiter fortgeschritten waren, an den älteren, den erwachsenen Geschwistern.

Und doch ging es bei ihr offensichtlich um etwas Wichtigeres. Die meisten Menschen werden kaum mit der Entschiedenheit der Edith Stein von einer Zeit sprechen, in der sie aufhörten, an Gott zu glauben. Gewöhnlich verdünnt sich der Glauben, bleibt noch eine Zeitlang bestehen. Wenn es dann dem Menschen schlecht geht, erinnert er sich daran, daß er zu beten gelernt hat und es vielleicht doch einen Gott gibt, der ihm helfen könnte. Oder er vergißt allmählich, daß er glauben könnte.

Eine solche Haltung lag Edith Stein nicht. Um im Bild der Pessach-Vorbereitung des Rüsttags zu bleiben: Sie stellt die alten Töpfe nicht in den Keller, um sie zu gegebener Zeit wieder heraufzuholen. Sie hat sie zerbrochen. Gerade deswegen bleibt ihr der Abfall so gut in Erinnerung. Und deswegen wird sie auch zum Glauben wieder finden können. Der Absolutheit der frühen Entscheidung entspricht die Absolutheit der späteren Entscheidung.

Auguste Stein muß verstanden haben, daß ihre Tochter sich in einer schwierigen seelischen Lage befand. Als Edith die Schule mit dem Abschluß der höheren Mädchenbildung verlassen wollte, legte sie ihr nichts in den Weg: »Ich werde Dich nicht zwingen ... Ich habe Dich in die Schule eintreten lassen, als Du es wolltest; Du magst auch fortgehen, wenn Du es jetzt willst.«[2]

Diese mütterliche Toleranz sollte sich auszahlen.

Edith wurde zuerst einmal nach Hamburg geschickt. Sie sollte im Hause des Dr. med. Max Gordon, ihres Schwagers, ein paar Wochen ihrer ältesten Schwester Else behilflich sein. Else hatte im Jahre 1903 Max Gordon geheiratet; sie hatte jetzt Kinder, war glücklich über jede familiäre Hilfe. Denn sie hatte immer Heimweh nach Breslau und nahm darum besonders gerne die Schwester auf, der sie einst den Weg in die Schule mitermöglicht hatte. Der Haushalt in Hamburg muß sehr schön, fast vornehm gewesen sein. Edith genoß die neue Umwelt. Aus den Wochen wurden zehn Monate. »Die Zeit in Hamburg kommt mir, wenn ich jetzt darauf zurückblicke, wie eine Art Puppenstadium vor.«[3]

Sie mußte sich nicht engagieren; sie konnte sich zurückziehen, konnte lesen. Sie war hier kein Kind mehr, sondern die Schwägerin des Hausherrn. Was machte es da aus, daß sie erst fünfzehn Jahre alt war. Ein wenig häusliche Arbeit mußte sicher erledigt werden. Aber für Abwechslung wurde gesorgt. Einmal kam Paul Stein nach Hamburg. Sie fuhr mit ihm nach Helgoland, lernte den Zauber der See-Landschaft kennen; Erna besuchte sie, zur Zeit der Weihnacht auch die Mutter.

Aber das Mädchen lebte in einer neuen Welt. Ihre Schwester, ihr Schwager waren nicht gläubig; sie konnte hier ohne Schwierigkeiten auf die traditionellen Gebete verzichten. Und sie konnte lesen, was im Hause eines Dermatologen an Büchern vorhanden war. Sie war schließlich hier fast eine erwachsene Verwandte des Dr. Gordon. Manches Buch muß dem jungen Mädchen bewiesen haben, daß die Welt nicht so aussah, als ob es einen allmächtigen und allgütigen Gott gäbe.

Aber es gab die Wissenschaft, es gab die Freude an der Natur. Das »Puppenstadium« wurde überwunden. Edith kam wieder nach Breslau zurück. Die Familie machte sich darüber Gedanken, was nun aus ihr werden sollte. Aber die Mutter wußte wohl sehr genau, daß ihre Tochter auf das Gymnasium gehört. Und Edith, die jetzt ihre Schwester Erna als Realgymnasiastin erlebte, verspürte den gleichen Wunsch. Im September des Jahres 1907 war der Entschluß gefaßt, Edith auf die höhere Schule zu schicken; die Krise war endgültig vorbei.

Der Vetter Richard Courant, der die Intelligenz des Mädchens erkannte, machte der Mutter Mut. Im nächsten Juli könne Edith so weit fortgeschritten sein, daß sie in die Obersekunda aufgenommen werden müsse. Er selbst stellte sich als Nachhilfelehrer für Mathematik zur Verfügung und sorgte auch für einen Pädagogen, der den Latein-Unterricht gab. Edith lernte mit einem fanatischen Eifer und verbarg gleichzeitig ihr Ziel vor den Freunden der Familie. Sie wollte nicht ausgelacht werden, wenn das Experiment nicht gut ausging.

Sie büffelte – aber es war bei ihr etwas anderes, als das, was wir gemeinhin mit dem Wort »büffeln« bezeichnen. Sie muß in dieser Zeit sehr glücklich gewesen sein. Sie wurde zum erstenmal in ihrem Leben voll und ganz gefordert. Die Arbeit füllte sie aus, gerade weil es eine harte Arbeit war. Denn zu den beiden Fächern Mathematik und Latein kamen nun auch noch die Gebiete, die Edith zwar einmal gelernt hatte, die aber wiederholt und weiter ausgebaut werden mußten: Französisch, Englisch, Geschichte...

Sie hatte Erfolg. Sie mußte nicht bis Juli warten. Bereits im April 1908 konnte sie sich der Prüfung unterziehen, und sie bestand sie gut. Sie konnte damit die Obersekunda von Beginn des Schuljahrs an besuchen, kam in den normalen Rhythmus hinein. Sie mußte drei Schuljahre hinter sich bringen bis zum Abitur: die Obersekunda, die Unterprima, die Oberprima.

Edith hatte sich im Privatunterricht sehr gut auf das Latein vorbereitet; sie konnte die Grammatik interpretieren und Verse skandieren. Sie hatte sich für Mathematik engagiert bis zu einer gewissen Grenze. Das mathematische Denken faszinierte sie, aber sie fühlte, daß sie nicht die spezielle Begabung des Richard Courant besaß.

So wurde sie in der Klasse bald die beste Schülerin. Aber die Art, mit der in dieser Zeit der durchschnittliche Pädagoge seine »Kinder« behandelte, machte ihr manchmal Schwierigkeiten. Sie wurde natürlich gelobt, ihre Leistungen hervorgehoben. Als der Lateinlehrer, nach Edith Steins Versicherung ein gebildeter Mann, im Schul-Jargon feststellte, daß man schon eine besondere Charakterfestigkeit haben muß, um in dieser Umgebung (der weniger fleißigen Mitschülerinnen) etwas leisten zu können, hatte sie ihren Spitznamen weg:

»Die Charakterfeste.« Früher hätte sie unter solchen Hänseleien gelitten, jetzt waren sie ihr nur unangenehm.

Aber als sie ein Lehrer einmal als schadenfroh bezeichnete, tat ihr das dann doch sehr weh. Der Mann war kein guter Psychologe. Er begriff nicht, daß ein junger Mensch, der etwas gut gelernt hat, darauf stolz ist. Daß er sich nicht als einer fühlt, der etwas besser weiß als der Schüler, der zwei Bänke hinter ihm sitzt. Daß sich also Edith Stein nicht über die Blamage der Mitschülerin freute, sondern nur über ihre eigene richtige Antwort. Und daß jetzt in dem Mädchen ein Stachel sitzt: Hat sie wirklich eine so häßliche Eigenschaft? Verwundungen, die man in seiner Jugend erfährt, sind schlimm. Man kommt so schnell darüber nicht hinweg.

In den beiden letzten Schuljahren gab der Direktor des Gymnasiums, Herr Roehl, selbst den Geschichtsunterricht. Denn diese jungen Mädchen sollten in die Glorie ihres preußisch-deutschen Vaterlandes von der höchsten Schulautorität persönlich eingeführt werden. Der Herr, den Edith aus früheren Jahren als sehr streng in Erinnerung hatte, war hier zugänglicher, freundlicher geworden. Er war stockkonservativ. Wenn die Schülerinnen nicht allzuviel Lernstoff hören, nicht zu viel Einzelheiten über den Großen Kurfürsten, Friedrich den Großen, Bismarck und den alles überstrahlenden Kaiser Wilhelm II. erfahren wollten, mußten sie den Herrn Direktor nur nach seiner Stellung zur Sozialdemokratie befragen. Dann wütete er – bis es läutete. Und man bekam keine Hausaufgabe.

Edith Stein hörte zu Hause anderes. Der Bruder Arno war liberal, gehörte also jener Schicht des Bürgertums an, die Bismarcks Gründung, das zweite Kaiserreich, durchaus herzlich begrüßten, nicht zuletzt wegen des wirtschaftlichen Aufschwungs, den dieser Nationalstaat mit sich brachte. Dem Liberalismus aber entsprachen die chauvinistischen Töne keineswegs. Das ging doch auf die Nerven. Das war lächerlich. Edith Stein hatte keinen Sinn für die Sedansfeier, die an jedem 2. September im Deutschen Reich mit viel Begeisterung begangen wurde. Als ihre Eltern heirateten, hat sich die Hochzeitsgesellschaft sicher mit viel Enthusiasmus an die »Wacht am Rhein«, an das Vaterland, das ruhig sein kann, erinnert. Der Sieg war schön, die Gründung des Kaiserreichs begrüßenswert – so sahen es die Eltern.

Aber konnte das liebe Vaterland nicht wirklich einmal ruhig sein? Mußte in jedem Jahr die Schlacht von Sedan wieder in der Erinnerung hervorgeholt werden? Mußten junge Schülerinnen wirklich einen Klassenausflug machen, um an den Ufern der Oder der vaterländischen Rede eines Lehrers zuzuhören und patriotische Lieder zu singen? Edith mochte das nicht. Der Gegner war doch besiegt worden. Warum muß man diesen Sieg in ein sadistisches Fest verwandeln? Die von ihr beklagten Sedansfeiern, in der Zeit Wilhelms II. landauf landab in Breslau ebenso wie in bayerischen Kleinstädten veranstaltet, haben viel zu der Antipathie beigetragen, die das Deutsche Reich vor 1914 in der Welt auslöste.

Einmal waren die Klassenkameradinnen mit Edith Stein, die fast die Anführerin des kühnen Unternehmens war, ausgebrochen. Sie hatten sich Urlaub ausgebeten, hatten natürlich auf ihrer Fahrt des Sedanstages gedacht, wenn auch in etwas respektloser Weise. Edith Stein ließ eine chinesische Handpuppe zu der pathetischen Rede in Versen agieren, die sie selbst vortrug. Und dann bestieg man die Schneekoppe, den höchsten Berg des Riesengebirges, der Schlesien von Böhmen trennt – oder Preußen von Österreich.

Edith Stein war überdurchschnittlich begabt; sie war sicher sensibler als ihre Mitschülerinnen. Aber das waren nur kleine Abweichungen von der Normalität, in der sich die Gymnasiastin anscheinend wohlfühlte. Edith bestand das Abitur glänzend, wie man es von ihr erwartete. Ihre Schwester Erna, die zwei Jahre vor ihr die Reifeprüfung über sich ergehen lassen mußte, wurde zu diesem Zweck noch an das Knabengymnasium überwiesen. Der Staat vertraute nur dessen Lehrern. Die nächste Klasse wurde freilich bereits von den hauseigenen Lehrern der Viktoriaschule beurteilt. Und Edith Stein konnte sich zum Ostertermin des Jahres 1911 ganz darauf verlassen, daß ihre gewohnten Lehrer sie prüften.

Sie gehörte zu den wenigen Schülerinnen, die im schriftlichen Abitur so hervorragende Leistungen erbrachten, daß sie nicht an dem mündlichen Abitur teilnehmen mußten. Sie war der intellektuelle Star der Schule. Der Direktor formulierte es spaßhaft: »Schlag an den Stein, und Schätze springen hervor.« Und der Klassenlehrer, der die moderne Literatur recht gut kannte, zitierte Ibsen, um der Abiturientin zu gratulieren:

»Hammerschlag auf Hammerschlag
bis zum letzten Erdentag.«[4]

So ein Zitat ist amüsant, wenn man sich an dem Familiennamen Stein orientiert. Es ist ein guter Einfall. Der Lehrer konnte nicht wissen, wieviel Wahrheit er aussprach, wieviel Hammerschläge auf dieses nette, fleißige, gescheite, dunkelblonde Mädchen niedergehen mußten, bis der letzte Erdentag, dessen Grauen sich unserer Vorstellung entzieht, anbrechen sollte.

Dieses Mädchen muß recht munter gewesen sein. Sie hatte auch die Möglichkeit, sich dementsprechend zu entwickeln. Als Gymnasiastin waren ihr die obligaten Kulturgüter vermittelt worden. Sie besuchte die Oper, sah »Die Zauberflöte« des Wolfgang Amadeus Mozart. Sie sah den »Fidelio« des Ludwig van Beethoven, dessen hoffnungsvolle Strenge entsprach ihr im Grunde mehr.

Nach dem Abitur reiste sie zu einem Onkel Courant nach Berlin. Bei diesen Verwandten lernte sie, daß es neben der hohen Kultur auch Heiteres gibt wie Operetten und Possen. Und anschließend besuchte sie den Onkel David in Chemnitz, der Apotheker war und seine Nichten so gern hatte, daß er aus allen Ärztinnen machen wollte. Edith fühlte sich hier wohl; sie war wirklich ein »Mulus«, wie man damals die jungen Leute zwischen Abitur und Universität bezeichnete. Ein Maultier – also nicht mehr ein braver, grauer gymnasialer Esel, aber auch noch nicht ein temperamentvolles studentisches Pferd. Onkel David muß sich ebenso wie seine Frau um die schlesische Verwandtschaft sehr gekümmert haben. Edith sollte hier in Sachsen auch Lebensart lernen, sollte erfahren, wie man dem modernen Stil entspricht.

Ein junges Mädchen sollte so gebildet sein wie nur möglich. Aber gleichzeitig war es gut, den Walzer linksherum tanzen zu können. Den Walzer rechtsherum konnte jeder, der sich in der Tanzstunde anstrengte. Aber den Walzer, der sich in der Gegenrichtung drehte, konnten nur die Mädchen, die zu achtzig Prozent hochanständig waren, aber zu zwanzig Prozent doch frivol. Und das mit großen unschuldigen Augen.

Der Aufenthalt bei Onkel David war schön. Nur wollte Edith mitnichten Medizin studieren. Und als der Onkel einmal mit Breslau telephonierte, eilte die Nichte an das Telephon und fragte, ob nicht schon bald interessante Vorlesungen an der Universität begännen.

Sie hatte einmal als junges Mädchen davon geträumt, Philosophie studieren zu können. Das war eine brotlose Wissenschaft. Sie war genauso fatal wie das Studium des Vetters Richard Courant: Mathematik. Damit kam man im bürgerlichen Leben nicht unter, damit war man ein absoluter Außenseiter. Entweder schaffte man die wissenschaftliche Laufbahn, wurde also Universitätsprofessor, oder man erreichte gar nichts. Männer hatten eine sehr viel größere Chance, die wissenschaftliche Laufbahn erfolgreich bewältigen zu können. Also konnte Richard Courant es wagen.

Und so studierte Edith Stein eben Germanistik, Geschichte und nur nebenbei auch noch Philosophie. Die Schwester Erna hatte es da einfacher. Erna hatte sich dem Willen des

Chemnitzer Onkels gefügt, hatte begonnen, Medizin zu studieren. Und in der Zeit, in der Edith noch das Gymnasium besuchte, wurde sie bereits von Erna mitgeschleppt, in die Säle der Anatomie, um die Bänder und Knochen des menschlichen Körpers genau zu studieren.

Aber sie war trotz allem nicht die ideale Begleiterin. Es gab einen jungen Mann, der für Erna viel wichtiger wurde als die kleine Schwester. Er hieß Hans Biberstein. Er kannte sich nicht nur in der medizinischen Wissenschaft aus, sondern auch in der idealen Freizeitbeschäftigung. Er war ein guter Medizinstudent und ein guter Tennis-Spieler. Und auch in der Gesellschaft machte er eine gute Figur.

Es mag Momente gegeben haben, in denen dieser so reizende Hans Biberstein nicht genau wußte, welcher der beiden Schwestern Stein er sein Herz schenken sollte.

Er schenkte es der Medizinerin. Edith Stein hatte nichts gespürt von seiner Sympathie. Sie wollte nur das leisten, was ihren Interessen entsprach. Und das war das Studium. Alles andere war für sie ein im wahrsten Sinn des Wortes unschuldiges Vergnügen.

Sie nahm mit herzlicher Sympathie am nicht ganz leichten Schicksal ihrer Schwester teil. Auf der Universität bemerkte man sehr bald die Freundschaft zwischen den beiden Medizinstudenten. Eine Kommilitonin machte den naheliegenden Namenswitz »(Erna + Biber)Stein«. Doch waren die beiden nicht miteinander verlobt, geschweige denn intim liiert. Entsprechend der Strenge der Zeit siezten sie sich. Man hatte die Mutter, Frau Stein und Frau Biberstein, wohl einander vorgestellt. Die Familien verkehrten miteinander. Doch damit war die Trennung nicht überwunden, die eine der Mütter bewußt aufrecht erhielt.

Frau Biberstein war Witwe; sie lebte mit ihrem Sohn Hans zusammen. Der Vater Biberstein war Lehrer gewesen in Laurahütte bei Kattowitz, in dem Gebiet, das bis 1922 preußisch war, in Huta Laura bei Katowice, wie der Ort heute heißt. Die wackeren Preußen konnten in diesen entlegenen polnischen Gegenden auch den Schülern einer allgemeinen Volksschule einen Juden als Lehrer zumuten. Zumal es sich bei den Kindern nicht selten um polnische Katholiken handelte. Deren Eltern waren nicht reich; viele waren Arbeiter. Der Name des Ortes deutet schon an, daß sich hier Bergwerke, Hüttenwerke, befanden und die entsprechende Industrie.

Der Vater Biberstein muß ein guter und aufopferungsvoller Lehrer gewesen sein. Als Frau Biberstein längst in Breslau lebte, konnte es vorkommen, daß ein katholischer Geistlicher sie herzlich begrüßte. Er kannte sie sehr gut. Denn ihr Mann hatte polnische Jungen, die begabt waren und Theologie studieren wollten, auf die höhere Schule vorbereitet. Ohne dafür Geld zu verlangen. Denn dieser Lehrer spürte in ihnen eine gewisse Berufung; sicher kam sie ihm nicht religiös vor, da der Katholizismus nicht sein Glaube war. Aber er wußte, daß es so etwas wie Anstand gab: Man muß doch den gescheiten Jungen fördern.

Frau Dorothea Biberstein war die zweite Frau ihres Mannes gewesen. Als dieser starb, mußte sie drei Kinder durchbringen, zwei davon aus der ersten Ehe des Lehrers Biberstein. Die Pension einer Lehrerswitwe war damals erbärmlich gering. Man rühmte sich in markigen Reden des preußischen Schulmeisters; aber man bezahlte ihn und seinen familiären Anhang miserabel. Frau Biberstein machte Handarbeiten, verdiente etwas dazu. Und ihrem Stiefsohn war sie eine gute Mutter. Fritz Biberstein wurde Hautarzt, ließ sich in Gleiwitz als Facharzt nieder; er heiratete gut. Das heißt, er verehelichte sich mit einem Mädchen, das so viel Geld hatte, daß er auch seine Stiefmutter etwas unterstützen konnte. Das Verhältnis zu der Tochter aus erster Ehe war nicht ganz so harmonisch.

Die Mutter liebte den Sohn. Frau Biberstein verwöhnte hier in Breslau ihren Hans. Dessen Charme war das Ergebnis einer überaus angenehmen Erfahrung. Er war das liebe Kind, er war der Mittelpunkt. Er mußte nur liebenswürdig sein – schon war die Umwelt bezaubert. Als er zu studieren begann, kam er mit den zeittypischen Vorurteilen gegenüber gescheiten Frauen zur Universität. Er erwartete häßliche Brillenschlangen.

Aber das Glück war ihm hold. Bereits bei der Einschreibung für das erste Semester begegnete er Erna Stein, die das Gegenteil seiner Schreckensvorstellungen darstellte, die so überaus anziehend wirkte. Bald wurde eine Bekanntschaft vermittelt. Hans Biberstein war im Hörsaal mit Erna beisammen, traf sich in der Freizeit mit deren Schwester und den Freundinnen der beiden Mädchen.

Doch auch im Schatten junger Mädchenblüte ist das Paradies nicht gesichert. Hans war seiner Mutter eng verbunden. Und diese Frau brauchte Unterstützung. Aber Erna war nicht das, was man eine gute Partie nannte. Auguste Stein hatte soviel Geld zusammengebracht, daß es ihre Kinder behaglich hatten, daß die Begabten studieren konnten. Aber sie war nicht reich, konnte der Tochter keine große Mitgift geben.

Für Frau Biberstein, die ohnehin nach der Darstellung von Edith Stein etwas schwierig war, muß das ein großes Hindernis für die Eheschließung gewesen sein. Hans nahm auf die Mutter Rücksicht, aber er hing nicht minder an Erna. Es gab immer wieder unerfreuliche Spannungen. Edith versuchte zu helfen. Doch die Hauptlast trug Erna. Man mußte Rücksicht nehmen, mußte die Formen wahren. Wie schwer ist dies, wenn das Herz nicht dabei ist, wenn man zu Recht ein Mißtrauen der anderen Seite annimmt. Es muß ein schweres Jahrzehnt für Erna gewesen sein, eine manchmal bittere, manchmal vielleicht dennoch glückliche Zeit. Erst 1920, nach dem Ersten Weltkrieg, konnte Hans Biberstein die Freundin heiraten.

Edith engagierte sich in dieser Sache. Aber an erster Stelle kam sie für das Studium, kamen ihre vielfachen Interessen. Sie warf sich in das intellektuelle Leben hinein. Das Sommersemester 1911, in dem Edith Stein ihr Studium begann, war für die Universität Breslau von besonderer Bedeutung. Man feierte ein Jubiläum: Vor hundert Jahren war die Universität in ihrer jetzigen Form von König Friedrich Wilhelm III. gegründet worden. Eigentlich hatte der Monarch zwei Universitäten vereint. Die evangelische Universität von Frankfurt an der Oder, die im Geist der Reformation konstituiert worden war, wurde zusammengelegt mit dem Jesuitenkolleg, der Jesuitenuniversität, die Ende des siebzehnten Jahrhunderts der habsburgische Kaiser Leopold I. in Breslau gegründet hatte.

Zur Jubiläumsfeier waren die Studentinnen und Studenten eingeladen; es muß dabei sehr vornehm zugegangen sein. Doch der Feier folgte der Festkommers, der Teil des Jubiläums, in dem jeder Kommilitone so richtig munter werden konnte – was immer er auch unter diesem Wort verstand. Die Studentinnen hatten aus Berlin erfahren, daß dergleichen für junge Mädchen unangenehm werden könnte und sagten zuerst einmal ihre Teilnahme ab. Aber »Seine Magnifizenz«, wie man den Rektor der Universität nannte, war ein gutmütiger Herr und ließ nicht nach. Er lud seine jungen weiblichen Kommilitonen nochmals herzlich ein und versprach ihnen sogar, daß sich an ihren Tisch ein paar Professorengattinnen setzen würden. Dies wiederum lehnten die Studentinnen ab, erklärten sich aber bereit, zum Kommers zu kommen. Denn sie hatten sich nicht für ein Studium entschieden, um sich an der Universität einer Sitte unterzuordnen, die vorschreibt, daß junge Mädchen der Anstandsdamen bedürfen. Sie kamen ohne Schutz zum Kommers und gingen, bevor die männliche Fidelitas das tat, was Karl Kraus dergleichen Heiterkeiten immer vorwarf; nämlich in ihre Rechte zu treten.

Im normalen Universitätsbetrieb spielten derartige geschlechtsspezifische Probleme eine weitaus geringere Rolle.

Edith Stein mußte sich damit herumschlagen, daß sie eigentlich zwei Studien hatte: Einmal das brave Brotstudium, das die Familie erwartete und von ihr erwarten durfte. Die Tochter sollte das Staatsexamen für das höhere Lehramt mit einer möglichst guten Note absolvieren. Zum andern das Studium, das ihren Interessen entsprach, das ihren Geist erweiterte, sie mit der Philosophie, der Grundlage aller Wissenschaften, bekannt machte.

Einmal beklagt sie sich darüber, daß man ihr und ihren Kommilitonen im engeren Sinn eine gefährliche Freiheit läßt, während man den Medizinern den Studienverlauf vorschreibt. Doch wenn man das Vorlesungsbuch liest, das sie in Breslau geführt hat, so muß man feststellen, daß Edith Stein sehr wohl gewußt hat, worauf es bei ihrem Studium ankommt; sie bedurfte in ihren Fächern keiner Vorschriften. Um bei dem Pflichtstudium zu bleiben: Sie besuchte in den vier Semestern, die sie in Breslau absolvierte, die Vorlesungen über »Deutsche Syntax«, über die gotische Sprache und die Bibelübersetzung des Wulfila, die Einführung in die mittelhochdeutsche Sprache, die Einführung in das Althochdeutsche, in der man auch das Evangelienbuch des Otfried von Weißenburg erklärte, der Elemente der lateinischen Dichtung mit deutschsprachigen Überlieferungen verband. Ihr Lehrer in diesem Fach war Theodor Siebs, ein Mann, der sich um die historische Aufarbeitung der deutschen Sprache sehr verdient gemacht hat.

Edith Stein lernte brav bei ihm das, was man damals Altfachgermanistik nannte, was heute zu einem großen Teil durch eine nicht mehr historisch fixierte Linguistik verdrängt worden ist.

Die Problematik der historischen Wandlungen der Konjugationen und Deklinationen der deutschen Sprache von den Anfängen bis in die Gegenwart muß sie nicht in der Tiefe ihrer Seele erschüttert haben. Die Katholikin Edith Stein erinnert sich, daß sie in diesen alten Texten zum ersten Mal dem Neuen Testament begegnet ist, daß sie aber nicht von den Worten berührt wurde. Auch eine christliche Freundin hätte kein religiöses Gefühl bei dieser Lektüre gezeigt.

Wen wundert das? In der Altfachgermanistik des alten Stils dienten die Worte, die uns überliefert sind, nur dazu, die I-Deklination von der U-Deklination zu trennen. Man lernte es auswendig, aber man bedachte es nicht im Herzen.

Die sogenannte Neufachgermanistik war die gewöhnliche Ochsentour: Zeit der Aufklärung, Sturm und Drang, Goethe vor der italienischen Reise, Goethe nach der italienischen Reise. Wer die Dichtung liebt, wer dafür begabt ist, der kann auch hier viele Anregungen finden, kann einige Verse, eine Szene, eine Seite aus den »Wahlverwandtschaften« mit glühendem Herzen und analysierendem Verstand befragen und damit zum literarischen Glück gelangen. Aber Edith Stein war entschieden, sich auf das Denken, auf die Philosophie einzulassen.

Die Geschichte stand diesem Denken schon näher. Man könnte hier sogar Klarheit über die eigene Person gewinnen. Die Vorlesungen über die französische Revolution, die Hohenzollern, über die weit zurückliegenden Zeiten der Hohenstaufen wurden von Johannes Ziekursch gehalten, einem Historiker, der nicht nur in die Vergangenheit blickte. Er war national-liberal eingestellt. Er liebte das deutsche Kaiserreich, aber verehrte nicht das Herrscherhaus der Hohenzollern in jener exzessiven Weise, die damals fast üblich war. Edith gehörte auch nicht zu der Gruppe von Bürgern, die den Namen Kaiser Wilhelms II. nur schluchzend hervorbrachten. Dennoch bemerkt sie an sich eine Wandlung. Sie engagiert sich für die Gegenwart. Dabei löst sie sich von den liberalen Ideen, die ihr durch den Bruder Arno nahe gekommen waren. Sie empfindet national, ohne deswegen dem überpreußischen Konservativismus zu verfallen. Dazu einige Zeilen, in denen Edith Stein ihre Einstellung begründet. Sie wurden geschrieben in der Zeit, als die Nazis regierten:

»Zu den rein theoretischen Erwägungen kam als ein persönliches Motiv eine tiefe Dankbarkeit gegen den Staat, der mir das akademische Bürgerrecht und damit den freien Zugang zu den Geisteswissenschaften der Menschheit gewährte.

Alle die kleinen Vergünstigungen, die uns unsere Studentenkarte sicherte – die billigen Theater- und Konzertkarten u. dgl. sah ich als eine liebevolle Fürsorge an, die der Staat seinen bevorzugten Kindern angedeihen ließ, und sie erweckten in mir den Wunsch, später durch meine Berufsarbeit dem Volk und dem Staat meinen Dank abzustatten.«[5]

Es gehört zu den bestürzenden Eigenschaften unserer Zeit, daß man solche Aussagen nicht mehr durch ein Adjektiv charakterisieren kann. Uns sind die einfachen Worte verlorengegangen. Der freie Zugang zu den Geisteswissenschaften bezog sich natürlich auf die Philosophie. Edith Stein besuchte von ihrem ersten Semester an die Vorlesungen und Übungen von Richard Hönigswald und William Stern.

William Stern, 1871 in Berlin geboren, wirkte zuerst als Privatdozent, seit 1907 als außerordentlicher Professor an der Universität Breslau. Er unterrichtete Psychologie, verband diese aber mit philosophischen Überlegungen. Seine Interpretation der verschiedenen Ganzheiten, Personen, der Menschen und der menschlichen Gemeinschaftsformen wurde von metaphysischen Überlegungen getragen. Er grenzte seine Vorstellung ab von den Experimentalpsychologen, die sich an den Naturwissenschaften orientierten. Alfred Adler, der zweite große Psychoanalytiker nach Sigmund Freud, hat darauf hingewiesen, daß William Stern zu einer ähnlichen Grundauffassung der Individualpsychologie gekommen sei, wie er – Adler – selbst. Die Einheit des Individuums stand beiden höher als die Pseudoobjektivität meßbarer Tatbestände.

Dabei widmete sich Stern auch konkreten Problemen, vor allem der forensischen Psychologie, den Problemen jugendlicher Zeugen vor Gericht und anderen Fragen.

Richard Hönigswald, 1875 in Ungarisch-Altenburg geboren, war, als Edith Stein studierte, noch Privatdozent. Empfand Edith Stein die Vorlesungen Sterns als angenehm verständlich, so mußten sie und ihre Kommilitonen sich bei Hönigswald anstrengen. Der Lehrer für Philosophie befaßte sich mit erkenntnistheoretischen Fragen, er hielt Übungen zur Logik ab. Er lehrte sie exakt zu denken und exakt zu philosophieren; die Terminologien Kants und des Neukantianismus waren ihm geläufig, den Studenten sollten sie es auch werden. Er war auch an psychologischen Fragen interessiert und versuchte wie Stern den Unterschied zwischen seiner theoretischen Psychologie und den Naturwissenschaften darzulegen.

Es war die Zeit, in der man sich von mancher Illusion des neunzehnten Jahrhunderts löste. Die Begeisterung an der progressiven Naturwissenschaft als einer Fortsetzung des Denkens der Aufklärung nahm merklich ab. Nicht nur hervorragende Vertreter der Geisteswissenschaften distanzierten sich vom mechanistischen Denken, auch die Wissenschaftler der Mathematik und Physik entwickelten Ideen und formulierten Erkenntnisse, die der Gradlinigkeit der früheren Jahrzehnte nicht mehr entsprachen. 1905 waren Einsteins »Untersuchungen zur speziellen Relativitätstheorie« erschienen.

Weiterhin besuchte Edith Stein Vorlesungen des Ordinarius für Philosophie, Eugen Kühnemann. Sie war wohl etwas überrascht, hier einem Mann zu begegnen, der voll und ganz Schöngeist war, der die Literatur mit philosophischem Schwung behandelte und die Philosophie mit literarischer Verve lehrte. Solche Professoren gab es an den philosophischen Fakultäten der meisten Universitäten. Sie waren beliebt, sogar angeschwärmt, sie schrieben Bücher, die Titel hatten wie das von Kühnemann »Vom Weltreich des deutschen Geistes« (1914). Aber sie waren gewöhnlich nicht die Inhaber des ordentlichen Lehrstuhls. Sie waren die typischen Außerordentlichen – in jedem Sinne des Wortes.

Der im philosophischen Denken ernstzunehmende Richard Hönigswald war Privatdozent. Er war Jude wie auch William Stern. Sehr spät, erst im Jahre 1929, erhielt er in München eine ordentliche Professur. Er muß darüber etwas bitter geworden sein. Das ließ ihn die Zeichen der Zeit vielleicht besser erkennen. Er emigrierte rechtzeitig und starb 1947 in New Haven im US-Staat Connecticut.

Auch William Stern war Jude. Auch er ging im Jahre 1933 in die Vereinigten Staaten. 1938 starb er in Poughkeepsie, N. C. Es war Manès Sperber, der darauf aufmerksam machte, was hier an Tradition verloren ging. Er hätte das Denken der deutschen Psychologie entscheidend prägen können. Aber man vertrieb ihn.

Edith Stein sah und spürte das Unrecht, das man auch damals schon den Juden antat. Aber das verführte sie nicht zu einer blinden Verehrung. Sie hörte ganz gerne Witze über ihre Lehrer und konnte sie auch selbst machen. In Hönigswalds Seminar darf man gewisse Dinge der Philosophie gar nicht denken; der Student, der ihr das sagte, meinte wohl Probleme, die sich nicht durch kantianische Formulierungen erledigen lassen. »Aber außerhalb kann ich mich ihnen doch nicht verschließen«, sagte der Student. Edith Stein genoß die Reinheit der Logik, auch wenn sie vielleicht etwas eingeschränkt war.

Dafür konnte sich Hönigswald selbst über William Stern amüsieren, für den der Psychologe, vornehmlich der Schulpsychologe, dann doch der erste Mann im Staat werden mußte. Edith Stein bemühte sich auch noch, einen Mangel in ihrer Bildung zu überwinden. Sie hatte nur den Abschluß eines Realgymnasiums; ihr philosophisches Studium aber setzt die humanistische Bildung voraus. Und so hatte sie sich vorgenommen, das Graecum, die Abiturprüfung in der griechischen Sprache, nachzuholen. Sie besuchte die Kurse von Konrad Ziegler mit Erfolg.

Man muß die Arbeitskraft bewundern. Aber es war auch

die Kraft der jungen Jahre. Man hat in dieser Zeit eine Energie, mit der man sehr viel bewältigen kann. Privatstunden wurden von Edith Stein gegeben. Das so verdiente Geld nahm die Mutter in Empfang, legte es in der Firma an – sie wußte, daß dieses hochbegabte Mädchen einmal Geld nötig haben würde, und daß man es ihr aufgrund derartiger Geschäftsbeteiligungen geben konnte, ohne sie zu demütigen. Edith Stein war in vielen Zirkeln tätig. Sie war Mitglied in der »Pädagogischen Gruppe«. Das war ein Kreis von Studenten, der sich mit der theoretischen Ausbildung in Pädagogik nicht zufrieden gab. Es waren hauptsächlich Schüler von William Stern, die danach fragten, wie es nun wirklich ist. Sie hörten sich Vorträge von Rektoren der einzelnen Schulgattungen an; sie diskutierten mit Pädagogen und besuchten Schulen, die so gar nichts gemein hatten mit dem elitären Stil der wissenschaftsorientierten Universität: Hilfsschulen, Taubstummen- und Blindenanstalten, Fürsorgeerziehungsanstalten, Heime für Schwachbefähigte und für verwahrloste Kinder. Man sprach hier über die Erfahrungen der Praktiker, der Reformer, die sich der sogenannten unteren Stufe des Lernens annahmen.

Hier lernte Edith Stein Hugo Hermsen kennen, einen Norddeutschen aus der Gegend um Braunschweig. Er war der Initiator dieser Gruppe; er sprach nicht nur über Pädagogik; er muß auch etwas von jener Ausstrahlung gehabt haben, die Menschen anspricht, fasziniert. Er muß der fleißigen, tüchtigen, sensiblen Edith Stein ganz einfach durch seine Art vermittelt haben, was Menschenliebe im konkreten, pädagogischen Fall bedeuten kann. Und er erzählte der Studentin auch von seinen Erfahrungen. Er war auf dem Gut des Grafen Yorck von Wartenburg Privatlehrer gewesen. Er hatte dort ein krankes Kind betreut. Es handelte sich um die Familie, aus der Peter Graf von Wartenburg hervorging, der 1944 hingerichtet wurde als Beteiligter an den Ereignissen des 20. Juli.

Hugo Hermsen lebte nicht so lange. Er war nochmals Erzieher eines adeligen Kindes, des Prinzen von Wied. Dann fiel er im ersten Weltkrieg.

Edith Stein war zweifellos konservativ; sie liebte den preußischen Staat und das Deutsche Reich. Aber sie engagierte sich für die Rechte der Frauen. Sie war Mitglied des »Preußischen Vereins für Frauenstimmrecht«. Hier ging es zunächst einmal um ein Bürgerrecht. Frauen sollten das Parlament ebenso wie die Männer wählen, bestimmen können. Erst nach der Niederlage von 1918 wurde dies den Frauen gestattet. Aber in den Diskussionen wurde viel mehr besprochen. Wie können Frauen sich zwischen Beruf und Ehe entscheiden? Wie können Frauen sich so entwickeln und so akzeptiert werden, wie es ihrer Intelligenz entspricht? In diesem Verein gab es viele Sozialistinnen. Edith Stein hat sich vom Sozialismus nicht angesprochen gefühlt. Ihr entsprach dessen internationale Tendenz nicht. Sie empfand das Preußentum, das Deutschtum offensichtlich als Teil ihrer Natur.

Ein junges Mädchen hat Freundinnen; es hat auch Verehrer. Edith Stein berichtet von einer Kaethe Scholz, einer jungen evangelischen Studentin, mit der sie viel beisammen war. Als diese nach Paris ging, schloß sich Edith Stein dem Studenten Eduard Metis an. Sie gingen an warmen Sommerabenden miteinander spazieren, sie lernten zusammen die gotische Sprache. Metis war im religiösen Bereich ein strenger Jude. Im Hause der Edith Stein aß er nur Obst; denn er war sich nicht sicher, ob die anderen Speisen genau nach den strengen Regeln koscher waren. Um so mehr regte es Edith Stein auf, daß er in anderen Beziehungen ihren ethischen Postulaten nicht entsprach. Metis verfaßte Buchkritiken für die Buchbeilage der »Breslauer Zeitung«, einem liberalen Blatt, das besonders von den jüdischen Bürgern gelesen wurde. Und hier las Edith Stein eine Besprechung, die ihrer Ansicht nach etwas sehr frivol war, die Erotik eines Buches etwas mehr lobte, als sie dies für richtig hielt. Das störte sie.

Sie wollte einen Menschen um sich haben, der in einem nicht spießbürgerlichen, in einem strengen Sinne des Wortes rein war. Die Mischung zwischen einer sehr veräußerlichten Gläubigkeit, die es dem jungen Mann verbot, ihre Aktentasche am Samstag auf der Straße zu tragen (dadurch würde das mosaische Sabbat-Gesetz verletzt), und derartigen Aufsätzen, die dem Zeitgeist ohne Rücksichten auf Moses entgegenkamen, war ihr von Herzen zuwider. Vielleicht war sie zu streng. Aber ihre Strenge hatte nichts mit den Fassaden des konservativen Bürgertums zu tun.

Sie protestierte gegen eine Doppelmoral; sie war nicht verklemmt, sondern sie mochte ganz einfach die verklemmte Welt nicht. Vielleicht war sie in ihrer Sehnsucht nach einer intellektuellen Reinheit, die alles Tuscheln über diese gewissen Dinge als Beleidigung empfand, gar nicht so weit entfernt von jenen emanzipierten Vorkämpfern einer Moral, die eine Erotik der Ehrlichkeit wünschten. Nur war ihr Weg ein völlig anderer.

So sehr Edith Stein in studentischen Kreisen aktiv war, so gern war sie doch auch im Kreise ihrer Familie. Die gemeinsamen Ausflüge und Ferien mit Erna und Hans Biberstein blieben ihr in Erinnerung. Sie hatten noch zwei Freundinnen bei sich, beide Töchter aus jüdischen Familien: Rose Guttmann und Lilli Platau.

Der Ferienaufenthalt zwischen den Semestern war eine Zeit der persönlichen Begegnungen. Wenn man sich auch manchmal über Hans Biberstein ärgern mußte. Edith Stein erlebte wieder das Sommerglück. Sie gab sich voll und ganz der Natur hin. Die jungen Leute fuhren nach Groß-Aupa, nach Oberschreiberhau; es war südschlesisches und nordböhmisches Land. Es war das Land eines Mittelgebirges, das einen utopischen Glanz hatte. Im Sommer 1912 verbrachte Edith Stein ihre Ferien in Grunwald an der hohen Meuse, einem idyllischen Dorf, das sich rühmen durfte, der höchstgelegene Ort Preußens zu sein.

»Die ständige Anspannung aller Kräfte erweckte das Gefühl eines hochgesteigerten Lebens«[6] – Edith Stein berichtet von ihrer Hochstimmung, dem jähen Empfinden der Jugend. Und im gleichen Absatz ihres Buches schreibt sie von einer Erinnerung, die sie entsetzte, die uns heute noch viel mehr entsetzt. Sie schlief mit Erna in einem Zimmer, das noch keine elektrische, sondern Gasbeleuchtung hatte. Die beiden Schwestern drehten in der Nacht den Hahn nicht ganz ab. Vielleicht wollten sie noch ein wenig Licht haben. An einem Morgen stürzte die Schwester Frieda herein; sie spürte den Gasgeruch. Die Flamme war ausgegangen, das Gas strömte aus. Die beiden jungen Mädchen lagen totenbleich da. Frieda öffnete das Fenster, stellte das Gas ab, weckte die Schwestern. Die Rettung glückte. Aber Edith reflektierte: »Wie schade! warum hat man mich nicht für immer in dieser tiefen Ruhe gelassen?«[7]

Natürlich war diese Todessehnsucht zu einem Teil die Reaktion der Nerven eines jungen Menschen, den das hochgesteigerte Leben beglückte und gleichzeitig quälte. Natürlich war es eine Reaktion auf ein Studentendasein, in dem die Fülle des Wissens sich über dieses immer noch ein wenig armselige Leben ergoß, in dem die Natur eine Verheißung war, die das Herz verbrannte. Edith Stein sehnte sich nach einer Reinheit des Denkens, nach einer Einheit der Erkenntnis. Und das fand sie in Breslau nicht – bei aller Liebe zu dieser Universität, zu den Bekannten und den Freundinnen, zu dieser barocken Umgebung der hübschen Ausblicke und den Ausfahrten in eine liebliche Landschaft.

Im Seminar bei William Stern hatte sie im Sommersemester 1912 und im Wintersemester 1912/1913 Referate über Denkpsychologie gehalten. Bei ihren Vorbereitungen war sie immer wieder auf eine Literaturangabe gestoßen: Edmund Husserl, »Logische Untersuchungen«. Und eines Tages empfahl ihr ein Kommilitone ganz entschieden eine neue Lektüre. Er gab ihr den zweiten, philosophisch grundlegenden

Band dieser »Logischen Untersuchungen«. Und er erzählte ihr von Husserl, den er kannte, von der Phänomenologie, dieser ganz andersartigen neuen Wissenschaft. Edith Stein wurde von dem Buch, von der Denkweise dieses Philosophen gepackt. Und dann sah sie auch noch in einer der illustrierten Zeitungen das Bild einer gelobten Schülerin von Edmund Husserl: Sie hieß Hedwig Martius, sie hatte sich eben mit einem älteren Schüler Husserls verlobt, mit Hans Theodor Conrad. Also Husserl förderte Frauen. Er, der der große Philosoph der Zeit war.

Am Sylvesterabend 1912 gab der Freundeskreis ein lustiges Programm. Es war ein kleines Cabaret, bei dem sich jeder etwas betroffen fühlen sollte. Und so sangen Lilli Plattau, Rose Guttmann und deren Schwester:

»Manches Mädchen träumt vom Busserl,
Edith aber nur vom Husserl.
In Göttingen, da wird sie sehn
den Husserl vor sich stehn.«[8]

Edith Stein träumte wohl von dem in Göttingen lehrenden Husserl. Aber vor allem träumte sie von der absoluten Wahrheit.

Die Schülerin von Edmund Husserl

Es fällt uns heute nicht ganz leicht, der Faszination nachzuspüren, die Edmund Husserl auf die jungen, philosophisch interessierten Menschen seiner Zeit, also zu Beginn unseres Jahrhunderts, ausübte. Edith Stein war schließlich nicht die Einzige, die voller Begeisterung nach Göttingen pilgerte, wo der große Mann lehrte. Heute gehören Husserl und seine Lehre längst zum festen Bestand der Geschichte unserer philosophischen Entwicklung. Auf ihn geht die Phänomenologie zurück. Das läßt sich in die entsprechende Schublade packen. Er entwickelte eine Lehre, die das Denken des 20. Jahrhunderts bewegte, die Martin Heidegger ebenso bestimmte wie Jean-Paul Sartre. Man kann einzelne Denkstrukturen und ihre geschichtliche Entwicklung nachzeichnen und Menschen durch Ausdrücke wie phänomenologische oder eidetische Redundanz verschrecken und verunsichern.

Aber was packte denn die jungen Leute in ihrem Inneren, was wollten sie denn bei ihm erfahren? Es gab sicher verschiedene Gründe, viele innere Motivationen. Es muß erlaubt sein, hier zuerst einmal die Wissenschaft zurückzustellen und auf die Reize des äußeren Anspruchs einzugehen, die scheinbar wenig mit der Lehre zu tun haben, die aber zuerst einmal die Lehre zu einem Ereignis werden ließen.

Edmund Husserl leitete sein Buch »Ideen zu einer reinen Phänomenologie und phänomenologischen Philosophie« mit diesen Sätzen ein: »Die reine Phänomenologie, zu der wir hier den Weg suchen, deren einzigartige Stellung zu allen anderen Wissenschaften wir charakterisieren, und die wir als Grundwissenschaft der Philosophie nachweisen wollen, ist eine wesentlich neue, vermöge ihrer prinzipiellen Eigentümlichkeit dem natürlichen Denken fernliegende und daher erst in unseren Tagen nach Entwicklung drängende Wissenschaft. Sie nennt sich eine Wissenschaft von ›Phänomenen‹. Auf Phänomene gehen auch andere, längst bekannte Wissenschaften. So hört man die Psychologie als eine Wissenschaft von den psychischen, die Naturwissenschaft als eine solche von den physischen ›Erscheinungen‹ oder Phänomenen bezeichnen; ... Wie verschieden in solchen Reden der Sinn des Wortes Phänomen sein und welche Bedeutung es irgend noch haben mag, es ist sicher, daß auch die Phänomenologie auf all diese Phänomene und gemäß allen Bedeutungen bezogen ist: aber in einer ganz anderen Einstellung, durch welche sich jeder Sinn von Phänomen, der uns in den altvertrauten Wissenschaften entgegentritt, in bestimmter Weise modifiziert. Nur als so modifizierter tritt er in die phänomenologische Sphäre ein.«[1]

Wer eine solche Charakterisierung der philosophischen Wissenschaft hört, möchte vielleicht zuerst von stolzen Worten reden. Da gibt es ein Nachdenken, das zur Grundwissenschaft par excellence wird und das dem natürlichen Denken, dem Gehirn des gebildeten Durchschnittsmenschen, fernliegt; dies phänomenologische Nachdenken ist erst in unseren Tagen verwirklichbar. Es steht also leuchtend auf der Höhe der Zeit. Was in vergangenen Zeiten die Wissenschaften geleistet haben, wird erst die Phänomenologie ganz erhellen und erklären. Das Erstaunliche an dieser Aussage ist dies: Hier spricht kein Überheblicher, hier spicht keiner, der sich zu irgendeinem nicht gerechtfertigten Anspruch hinaufstilisiert; hier spricht kein Guru – um einen modernen Ausdruck zu verwenden. Hier redet ein Mann von seiner gedanklichen Arbeit, der sich sehr wohl bewußt ist, daß er Mühen auf sich genommen hat, um sein Werk, die Arbeit an der Phänomenologie, beginnen zu können. Denn Husserl ging es immer um den Anfang, um den notwendigen Beginn des neuen Denkens.

Für die Ehrlichkeit des Denkens spricht das strenge Leben. Edmund Husserl wurde 1859 in Prosnitz im damals österreichischen Mähren geboren. Er studierte Mathematik, Naturwissenschaften und Philosophie. Sein bedeutendster Lehrer war der Wiener Philosoph Franz Brentano. Dieser war ursprünglich katholischer Geistlicher gewesen, hatte aber seinen Stand verlassen. Dennoch nahm er ein Stück des katholischen Denkens hinüber in seine philosophischen Betrachtungen, die er seinen Hörern faszinierend vortrug. Gegen Immanuel Kant, den großen Philosophen Deutschlands und der deutschen Universitäten des neunzehnten Jahrhunderts, stellte er die Autorität des Aristoteles. Die aristotelische Tradition war ihm ja nicht zuletzt durch jenen Thomas von Aquin geläufig, der in der katholischen Kirche als »Doctor Ecclesiae«, als *der* schlechthin verbindliche Theologe und Philosoph verehrt wurde.

Husserls Bildung wich also von der konventionellen Philosophie des neunzehnten Jahrhunderts ab. Weltanschaulich mußte er sich freilich nicht viel um Brentanos Vergangenheit kümmern. Husserl war jüdischer Abstammung, war aber sehr früh zum evangelischen Glauben übergetreten. Ein bürgerlicher Liberalismus hielt ihn davon ab, sich in ein Glaubensghetto zu begeben. Erst viele Jahre später, als er schon großer, hochverehrter Ordinarius war, sollte ihm der Glaube zu schaffen machen. Dem jungen Husserl ging es um die Philosophie. In seiner Habilitationsschrift aus dem Jahr 1887 »Über den Begriff der Zahl« hatte er sich noch an dem gängigen Psychologismus der damaligen Zeit orientiert. Er übernahm die Vorstellung, daß alles, was scheinbar objektiv ist, scheinbar also wirklich, also Gegenstand unserer Beobachtung, nur im Subjekt gegeben ist, in seiner Vorstellungsweise. Die wahrgenommene Welt existiert nur in der subjektiven Wahrnehmung.

Husserl entfernte sich keineswegs mühelos von dieser geläufigen Auffassung. Und er machte es sich auch nicht leicht. 1887 wurde er Privatdozent an der Universität in Halle an der Saale und mußte dort bis zum Jahr 1901 in dieser Position ausharren. In diesen Jahren rang er um ein neues Denken, in dem das Objektive, der Gegenstand unserer Wahrnehmung, eine andere Rolle spielen sollte.

Der Erscheinungstermin wirkt geradezu symbolisch: 1900, als das Jahrhundert zu Ende ging, erschien der erste Band von Husserls »Logischen Untersuchungen«. Hier setzte er sich kritisch mit der vergangenen und der gängigen Philosophie, auch den »psychologistischen Vorurteilen«, auseinander. 1901, zu Beginn des neuen Jahrhunderts, erschien der zweite Teil dieser »Logischen Untersuchungen«. Auch hier geht es Husserl um das Bewußtsein. Aber dieses Bewußtsein ist kein mechanischer Rahmen, in den sich ein Weltbild einspannen läßt. Dies Bewußtsein hat eine »intentionale« Struktur. Was ist Intention? Das Bewußtsein nimmt nicht einfach Gegenstände auf, so wie es eine objektive, nicht von Menschen bediente automatische Kamera eventuell könnte. Was den Gegenstand mit dem Bewußtsein verbindet, ist die Tatsache, daß von einem Objekt etwas auszugehen scheint, das im subjektiven Bewußtsein eine Intention auslöst. Das Bewußtsein tritt mit diesem Ding in Beziehung. Und dieses In-Beziehung-Treten überzeugt das Bewußtsein erst einmal davon, daß dieses Ding »da« ist.

Um auf die Kamera zurückzukommen, die wir uns als reinen Automaten gedacht haben: Hier kann man seelenlos abstrahieren. Entweder diskutiert man über ihre Bilder, über das Aufgenommene: den Baum, die Eisenbahn, die Straße, den Hund, das Kind. Dann verliert man sich in eine Pseudo-Objektivität, in eine primitive Seinslehre, die jede neuzeitliche Philosophie übergeht. Wenn man aber auf der anderen Seite nur über den Aufnahme-Apparat, über die Technik sich Gedanken macht, dann kennt man zwar viele Kategorien der Wahrnehmung, aber man bleibt den Sachen völlig fern. Die Vorstellung einer statischen Bestandsaufnahme der Welt durch einen mechanistisch reagierenden, menschlichen Geist führt also auf doppelte Weise in die Irre. Im neunzehnten Jahrhundert war es vor allem der Psychologismus gewesen, die empirische Kritik und Auseinandersetzung mit jeder Form der Erfahrung, die das Erscheinungsbild der Philosophie prägte. Das kann eigentlich aus geistesgeschichtlicher Sicht nicht verwundern. Das neunzehnte Jahrhundert war die große Zeit des Subjekts, der Persönlichkeit, des Wahrnehmenden und danach Handelnden. Was im Hirn des Individuums vorging, war wichtiger als die Welt.

Die Lehre des Edmund Husserl veränderte den Aspekt. Der Husserl-Kenner Klaus Held faßt die Überlegungen zusammen: »Die Überzeugung vom An-sich-Bestehen des Erkenntnisinhalts gewinnt ihren Rückhalt ausschließlich in irgendwelchen subjektiven Vollzügen, in denen wir uns in konkreten Erkenntnissituationen das Erkannte unmittelbar zur Gegenwart bringen und so gewissermaßen bei der bis dahin bloß gemeinten, oder wie Husserl sagt: vermeinten Sache wirklich ankommen.«[2]

Auch wenn Husserl das subjektive Moment an keiner Stelle leugnet, so geht es ihm doch zuerst einmal um das, was er »Evidenz« nennt, also um das Heraustreten der Sachen im Bewußtsein und durch das Bewußtsein. Das Bewußtsein wird bei ihm das Bewußtsein von Etwas; dieses Etwas ist erkennbar als nicht bloß »Vermeintes«, sondern als Inhalt des Bewußtseins, als Gegenstand des Erlebens.

Wenn man sich mit diesen Gedankengängen vertraut gemacht hat, kann man anfangen, sich der Phänomenologie wirklich zu nähern. Denn in dieser Wissenschaft von den »phainomena«, den Erscheinungen – dies die wörtliche Übersetzung – der Dinge geht es um Abstraktionen in einem sehr neuen Sinn. Des Subjektiven ist man sich wohl bewußt; aber die private Zufälligkeit der vielfachen empirischen Wahrnehmungen soll erkannt und zurückgedrängt werden. Statt dessen soll man, will man das Wesen der Dinge, der

Sachen, aus den Eindrücken herausarbeiten. Husserl zieht ein griechisches Wort heran: »to eidos«, das heißt Bild, das heißt Wesen. Auf die Erkenntnis dieses eidos müssen wir unsere zahlreichen Sinnes- und Denkeindrücke reduzieren. Wir müssen das Unwesentliche abschleifen, die zum eidos führende, die »eidetische Reduktion« vornehmen.

Vielleicht stört man sich heute an dem Wort Wesen. Mit ihm wurde so viel Mißbrauch getrieben; es wurde entwertet und klingt fast wie Kitsch aus Philosophenmund, wie eine minderwertige und einnebelnde Weltanschauung. Aber gerade das war es bei Husserl nicht. Diese Denkart war für Husserl geradezu das Übel par excellence. Er machte sich und die Philosophie ganz bewußt frei von all dem, was man »wesentlich« nannte, von aller Pseudo-Innerlichkeit, von allem Schwulst, von dieser ganzen Welt der Empfindung, die nichts mit dem exakten Denken zu tun hatte.

Hedwig Conrad-Martius, eine der ersten Schülerinnen Husserls, die später zur wichtigsten Freundin Edith Steins werden wird, hat Husserls Aversion gegen Weltanschauungen und die seinen Gedanken entsprechende Einstellung seiner Schüler charakterisiert: »Die allerdings tief gemeinsame Art des Denkens und Forschens stellte – und stellt – einen Bezug zwischen den Husserl-Schülern her, den ich nicht anders bezeichnen kann denn als eine (natürliche) Geburt aus einem gemeinsamen Geist, der doch gerade *keine* inhaltlich gemeinsame Weltanschauung ist.«[3]

Gerade die Distanz von allem gedanklichen Schwulst machte Husserls Gedanken interessant. Die Strenge, mit der man sich, durch seine Überlegungen geschult, mit den wirklichen Dingen auseinandersetzen konnte, sprach die jungen Menschen der damaligen Zeit an. Bei diesem Husserl gab es kein gefälliges Wischi-Waschi der Beliebigkeit, hier wurde ganz exakt gedacht. Hier wurde dem jeweiligen Wesen, diesem »to eidos« nachgeforscht. Man fragte nach den Gründen der Erkenntnis. Warum sehen wir das so und nicht anders? Das, was sich im Bewußtsein festsetzte, wurde mit allen Mitteln der Logik wahrgenommen.

Klaus Held betont die Wirkung: »Die Rettung des Objektiven vor seiner psychologistischen Auflösung, die Wiedergewinnung einer gegenständlichen Orientierung der Philosophie, dies galt seinen ersten Anhängern als Husserls große Leistung. Sie verstanden die Philosophie als ›Wende zum Objekt‹, als Erforschungen des Wesensgehaltes der Gegenstände und machten die Maxime ›Zu den Sachen selbst!‹ zu ihrem Kampfruf.«[4]

Für sie war der Subjektivismus des neunzehnten Jahrhunderts überwunden. Eine neue Zeit brach an. Edith Stein erinnert sich: »Die ›Logischen Untersuchungen‹ hatten vor allem dadurch Eindruck gemacht, daß sie als eine radikale Abkehr vom kritischen Idealismus kantischer und neukantischer Prägung erschienen. Man sah darin eine ›neue Scholastik‹, weil der Blick sich vom Subjekt ab- und den Sachen zuwendet.« Es ging um eine Wirklichkeit. »Alle jungen Phänomenologen waren Realisten.«[5]

Und dies traf nicht nur auf erkenntnishungrige deutsche Studenten zu. Die Auseinandersetzung mit Husserl wurde notwendig für jeden, der sich nicht mehr am Empiriokritizismus orientieren wollte, der nicht mehr sein einziges Heil in der Beantwortung der Frage sah: »Wie kann dieses Ich, das ich bin, sich austoben in der Aufnahme von sogenannter Welt?« Die katholische Philosophie, die sich daran erinnerte, daß ihr Denken einmal von einer Ontologie, von einer Wissenschaft über das Seiende geprägt worden war, interessierte sich für die Wesensschau des Edmund Husserl.

Ein französischer Philosoph, der die guten oder schlechten Angewohnheiten des neunzehnten Jahrhunderts hinter sich gelassen hatte und spöttisch über die »Verdauungsphilosophie« jener sprach, die alles nur aufnehmen und in ihrem Inneren verarbeiten wollten, hat Husserls »Wende zum Objekt« sehr geschätzt. Es war Jean-Paul Sartre. In seinem

Aufsatz »La transcendance de l'ego«, der 1936/37 in Paris veröffentlicht wurde, führte er aus: »Die Phänomenologie ist eine wissenschaftliche, nicht aber kritische« *(das heißt nicht einseitig nur hinterfragende, Irrtümer aufklärende)* »Untersuchung des Bewußtseins. Ihre wesentliche Verfahrensweise ist die Intuition. Nach Husserl versetzt uns die Intuition in die Anwesenheit der *Sache*. Man muß somit verstehen, daß die Phänomenologie eine *Tatsachen*wissenschaft ist und daß die von ihr gestellten Probleme *Tatsachen*probleme sind...« Sartre fügt dieser Aussage eine Fußnote an: »Husserl würde sagen: eine Wesenswissenschaft. Aber von dem von uns eingenommenen Blickpunkt aus kommt dies auf dasselbe hinaus.«[6] So salopp wie Sartre hätten sich die ersten deutschen Husserl-Schüler wohl nie ausgedrückt. Aber die Begeisterung für ihren Philosophen hatte schon auch damit zu tun, daß der Ruf »Zu den Sachen« mit der Wesenswissenschaft gleichgesetzt wurde. Das führte zu Schwierigkeiten.

Aber noch sah alles harmonisch aus. Edmund Husserl mußte zuerst einmal die Möglichkeit haben, seine Schüler um sich scharen zu können. Der Privatdozent in Halle an der Saale war dazu nicht in der Lage. Doch er fand Hilfe. Seit 1897 war im preußischen Kultusministerium ein Friedrich Althoff als Ministerialrat für die Universitäten zuständig. Selbst ihm wohlgesonnene Kommentatoren geben zu, daß dieser energische Mann nicht ganz ohne Selbstherrlichkeit Entscheidungen traf. Aber wer hat im nachhinein etwas gegen eine Selbstherrlichkeit, die der richtigen Sache diente? Wir sind nur allzusehr an Selbstherrlichkeiten gewöhnt, die zur Förderung von fragwürdigen Parteianhängern führen. Althoff hatte aber keineswegs Parteivorlieben. Ihm imponierte Leistung.

Und weil dieser Herr in der preußischen Regierung von der Bedeutung des Denkers überzeugt war, verschaffte er Edmund Husserl einen außerordentlichen Lehrstuhl, eine Professur an der Universität Göttingen. Husserl und seine

Gattin Malwine konnten 1901 in die Stadt ziehen, die durch ihre Universität einen ganz besonders vornehmen Ruf hatte. Heinrich Heine hatte dieses Göttingen einmal in ironischer Manier mit der spanischen Gelehrtenstadt Salamanca gleichgesetzt. Der Widerstand der »Göttinger Sieben«, der Protest von sieben prominenten Professoren im Jahr 1837 gegen die Methoden ihres Fürsten, ihr Mut, die Vertreibung zu riskieren, gab dieser Universität zusätzlich eine Berühmtheit, die etwas mit liberaler Ethik zu tun hatte. Hier beugte man sich nur einer Instanz, der Wahrheit.

Und auf die kam es Husserl und seinen vielen Schülern, vor allem auch Edith Stein, ganz exemplarisch an. Malwine Husserl, der Frau des Phänomenologen, kam es auch noch auf etwas anderes an. Sie war der Typ der klassischen deutschen Professorenfrau. Die Schüler Husserls unterdrücken in ihren Erinnerungen den Verdacht nicht, daß Malwine das Wesen der Phänomenologie nicht ganz erkannt habe. Aber sie hatte erkannt, daß ihr Mann etwas Wichtiges entdeckt, daß er das Zeug zum ganz großen Professor hatte, und daß sie, Malwine, ihn in jeder Beziehung unterstützen mußte. Darin, in einer absoluten, manchmal fast kämpferischen Zuneigung lag der Sinn ihres Lebens. Anfangs konnte dies fast komisch wirken. Frau Husserl war die Gattin, die in die Vorlesung ihres Mannes ging, um die Hörer zu zählen. Sind es genug? Wird der Mann auch anerkannt? Und sehr viele Jahre später sollte die Energie dieser scheinbar nur braven Frau die Manuskripte Husserls vor dem Zugriff der Nazis retten.

Husserl war also nun in Göttingen. Das neue Jahrhundert hatte begonnen. Die Menschen kamen, um etwas von den Sachen zu erfahren. Im Jahr 1905 war es unter anderem Adolf Reinach. Er stammte aus Mainz, war wie Husserl jüdischer Abstammung. Er dürfte wohl der begabteste von Husserls frühen Schülern gewesen sein. In Göttingen habilitierte er sich und arbeitete als Privatdozent eng mit Husserl zusammen. Er bereitete die neu hinzukommenden Studenten auf die strenge Wissenschaft der Phänomenologie vor, nahm ihnen auch im persönlichen Umgang die Scheu vor dem großen Lehrer. Jeder, der zum großen Husserl der Göttinger Universität gelangen wollte, tat gut daran, sich zuerst einmal der pädagogischen Freundlichkeit Adolf Reinachs auszuliefern.

Daß wir heute den Namen Reinach nicht einreihen können in die Geschichte der Philosophie, hängt mit der Geschichte unseres Jahrhunderts zusammen. Reinach fiel im ersten Weltkrieg, im Jahr 1917, für Kaiser und Vaterland. Für etwas mehr hatte er gelebt. Er hatte sich in seinen Arbeiten mit dem historischen Ballast der Philosophie auseinandergesetzt, unter anderem auch mit Kant – wie sollte ein Husserl-Schüler dies vermeiden? Er hat die forschende, eindringliche Erkenntnismethode seines Lehrers übernommen, wenn er sich und uns über das »Wesen der Bewegung« Gedanken machte und versuchte, die Gedanken der Phänomenologie einem größeren Kreis von Interessierten zu vermitteln. In den ersten Jahren des Krieges kannte er auch andere Themen, die sein Leben bestimmten, es waren religiöse! Reinach starb als Christ der evangelischen Konfession.[7]

Wie Reinach kam Hans Theodor Conrad nach Göttingen; er verstand es, die jungen Leute in den intellektuellen Kreis zu integrieren. Er heiratete später die neben Edith Stein interessanteste Schülerin seines Lehrers: Hedwig Martius. Diese versuchte in vielen Schriften, Büchern und Aufsätzen, die Lehre des Edmund Husserl mit den modernen religiösen Bestrebungen ihrer Zeit in Verbindung zu bringen. Sie dachte philosophisch-phänomenologisch. Sie dachte nicht minder streng gläubig. In der Zeitschrift »Hochland«, die großen Einfluß auf die deutschen Varianten des »Renouveau Catholique«, der katholischen Erneuerung nach Jahren der kritischen Vernunft hatte, waren ihre Beiträge stets willkommen und viel gelesen. Das freilich in späteren Jahren.

Noch geht es der Phänomenologie um sich selbst. Noch

fragte sich keiner danach, ob sie zu anderen Lebenseinstellungen führen könnte. Man war mit ihr zufrieden. Man diskutierte, man entdeckte neue Möglichkeiten, man berauschte sich intellektuell an dieser Denkmethode und an allem, was sich aus ihr ergab. Husserl war im Jahr 1906 jene Ehre widerfahren, die aus dem deutschen Universitätsgelehrten erst einen wirklichen, wahrnehmbaren Menschen machte: Er war Ordinarius geworden. Also eigentlicher ordentlicher Professor für Philosophie. Man konnte von ihm entscheidend geprüft werden; seine Lehre hatte den Rang einer staatlich anerkannten Philosophie. Die Schwaden des Ungefähren verschwanden.

Im Jahre 1907 gründeten seine Schüler in Göttingen die »Philosophische Gesellschaft«. Conrad leitete sie bis zum Jahr 1912. Und damit kommen wir auf einen Aspekt der Phänomenologie zu sprechen, der von der reinen Betrachtung der Lehre aus gesehen primär vielleicht gar nicht einleuchtet. Dieses Denken in den neuen Kategorien bedeutete zwar eine Negierung jeder oberflächlichen Weltanschauung, aber es hatte sehr viel mit Ethik zu tun. Hedwig Conrad-Martius hat dies sehr gut formuliert: »Es war das Ethos der sachlichen Reinheit und Reinlichkeit ... Das mußte natürlich auf Gesinnung, Charakter und Lebensweise abfärben.« Sie zitiert dabei noch einen Mit-Schüler, der sich dem katholischen Christentum zugewandt hatte und für Reinheit und Reinlichkeit »Keuschheit« sagte.[8]

Die Empfindungen entsprachen dem Zeitgeist. Der Ruf »Zu den Sachen« widersprach dem totalen Subjektivismus des neunzehnten Jahrhunderts; die entschiedene moralische Haltung widersprach einem Liberalismus, der lediglich dann sich moralisch orientierte, wenn die hochgelobte öffentliche Meinung die Menschen dazu zwang. Jetzt aber war eine Zeit angebrochen, in der man direkt seine Sauberkeit im scharfen Denken und im richtigen Leben darstellen konnte. Eine Welt von Intellektualität trennt einen Edmund Husserl von der

Bewegung der »Wandervögel«. Aber es gibt eine Gemeinsamkeit des Zeitgeistes. Sie alle wollten nicht mehr den alten Schwulst: Sie wollten den Anstand des klaren Denkens. Die jungen Leute fanden sie in den Zelten einer Wanderbewegung und in den Seminaren, wo man ihnen das scharfe Nachdenken beibrachte.

Neben der Reinlichkeit erfuhren sie auch das Gefühl der Gemeinschaft. Sie gehörten zusammen. Sie waren von einem Geist, und dieser Geist ließ sich dann am besten vermitteln, wenn ein phänomenologischer Freund mit dem andern sprach. Die »Philosophische Gesellschaft« des Hans Theodor Conrad kam dieser Tendenz absolut entgegen. Im schönen Geiste einer intellektuellen Bruder- und Schwesternliebe konnte man sich über die Probleme der Philosophie unterhalten. Man stand sich bei, wenn es um das Denken, wenn es um das Leben ging. Natürlich war da recht viel Idealismus dabei; solche Vorstellungen verwirklichen sich nicht immer in der Realität. Die Sachen, jene nämlich, die Husserl nicht meint, die Sachen eines skeptischen Dichters Friedrich Schiller, stoßen hart sich im Raum.

Die jungen Husserl-Schüler hatten freilich weniger mit dem Autor des »Wallenstein«, der sich auf solche Formulierungen einließ, zu tun, als mit dem Jugendschwung, der mit Schillers Namen verbunden ist. Hedwig Conrad-Martius sprach von sich und ihrer Freundin Edith Stein: Sie fühlten sich wie wohl alle ihrer Mitschüler »geistig hochgeboren«.[9] Edith Stein hatte in Breslau etwas von dieser Ausstrahlung erfahren. Es hatte sie veranlaßt, mit aller Gewalt nach Göttingen zu drängen. Aber irgendwie muß sie auch Angst gehabt haben.

Die Welt in Breslau war für sie übersehbar. Die intellektuellen Abenteuer hielten sich in Grenzen. Als sie sich entschloß, nach Göttingen zu reisen, versuchte sie sich abzusichern. Sie meldete sich bei ihrem Professor William Stern für eine psychologische Dissertation an. Das war deutlich. Sie wollte nur einmal hinausschauen in diese Göttinger Philosophenwelt. Dann sollte es daheim weitergehen. Zudem empfahl sich Göttingen gerade aus familiären Gründen. Richard Courant, der Mathematiker, lehrte an dieser Universität. Und seine Frau Nelly, die brave Breslauer Jugendfreundin, sehnte sich nach Edith, schrieb ihr in diesem Sinne einen Brief. Und Edith Stein wollte ja auch nicht alleine nach Göttingen. Die Freundin aus dem klassischen Mädchen-Kleeblatt, Rose Guttmann, sollte mitkommen. Hatte sie sich doch an dem lustigen Spiel über Mädchenträume beteiligt, in dem sich das irdische Busserl auf den philosophischen Husserl reimte, also das absolut Gegensätzliche im Scherz zusammengeführt worden war.

Rose studierte Mathematik, und Göttingen war schließlich nicht nur ein Zauber-Ort für die phänomenologisch interessierten Studenten der Philosophie. In Göttingen lehrte auch David Hilbert, der geistige Vater von Richard Courant, des Vetters von Edith Stein. Bei ihm konnte man ebenfalls das Große, das Neue, das Interessante erfahren. Auch er riß neue Welten auf. So hat Hilbert sehr früh die Bedeutung Albert Einsteins erkannt.

Die Freundin war nicht allzuschwer zu überreden; aber konnte sie sich das Semester an der auswärtigen Universität, das dem Studium einen besonderen Glanz verlieh, auch leisten? Edith Stein hatte Sorge darum, und mit kindlicher Gesinnung wandte sie sich an die Mutter. Die sei doch eine reiche Frau! Die könne auch die Freundin unterstützen! Auguste Stein wäre dazu wohl in der Lage und auch willens gewesen, aber die karitative Tat der großherzigen Jüdin erübrigte sich. Die Guttmanns konnten es sich leisten. Und allzu anspruchsvoll waren diese jungen Mädchen ja nicht unbedingt.

Im April 1913 durften sie nach Göttingen reisen. Edith Stein war in diesen Osterferien vor dem aufregenden Wechsel der Universität in Hamburg gewesen, bei Schwester und

Schwager, Else und Max Gordon. Wahrscheinlich wollte sie noch etwas Sicherheit gewinnen. Denn einige Breslauer Freunde empfanden den Universitätswechsel als schmerzlich; hatte sie nicht doch vielleicht bloß elitäre Flausen im Kopf? Edith Stein, die sich für neue Gedanken interessierte wie für neue Umgebungen, für neue Straßen wie für neue Wissenschaften, wußte sehr wohl, daß auch das Abschiednehmen weh tun kann, daß man immer etwas von sich selbst verliert. Und so bot sich die Wohnung der Familie Gordon als Zwischenstation geradezu an. In dieser Umgebung hatte sie früher schon Abschied genommen von ihrem kindlichen Glauben.

Max Gordon freilich war allzu besorgt. Er wollte seine Schwägerin zuerst einmal zu Richard Courant schicken, daß der sie in Göttingen, zumindest für eine Nacht, beherberge. Das paßte der einundzwanzigjährigen Studentin gar nicht. Sie kam in diesem Göttingen doch allein zurecht – oder etwa nicht? Es war in einer Stadt, die im Vergleich etwa zu Breslau oder München oder Berlin so ausschließlich Universitätsstadt war, nicht ganz leicht für junge Studentinnen, ein gutes Quartier zu finden. An männliche Studenten vermietete fast jede anständige kleinbürgerliche Familie ein Zimmer. Denn wie die sich verhielten, konnte man sich vorstellen.

Aber wie verhielten sich die Blaustrümpfe? Wollten die sich vielleicht gar nicht gütig bemuttern lassen, sondern statt dessen selbst ihren Haushalt einrichten, also ein bißchen kochen, ein bißchen waschen, vielleicht sogar noch bügeln. Edith Stein kannte die Schwierigkeiten, aber sie hatte Glück. Im Haus Nummer Zwei in der Langen Geismarstraße, in der Altstadt Göttingens, gab es bei einer freundlichen jungen Frau für sie und Rose Guttmann ein Domizil. Es muß sehr idyllisch gewesen sein. Die Nonne Edith Stein erinnert sich, daß man in dieser Straße sehr nahe einem Kirchhof war. Ein Kirchhof war in Göttingen kein Friedhof, sondern ein Platz, an dem eine Kirche stand. Die Kirche in der Gegend der

Langen Geismarstraße war St. Albani, das älteste Gotteshaus der Stadt. Es war eine evangelische Kirche. Aber man läutete dort immer noch dreimal am Tag den »Angelus«, jenes Mariengebet, das zeitliche Ordnung und religiöse Bindung in das Leben der Menschen brachte: »Angelus Domini« – »Der Engel des Herrn brachte Maria die Botschaft...« Das konnte man dem Läuten gehorchend in der Frühe, am Mittag, am Abend beten. Und dann wußte man, woran man war – mit seinem Tagwerk, in seiner Seele.

Die Studentin Edith Stein mag damals Sicherheit empfunden haben. Dieses Läuten bewies ihr, daß es etwas Reales gibt, daß der Fluß des Subjektivismus nicht alles wegschwemmt. Die Sachen sprechen zu uns. Und dies in einer Stadt, die so intensiv sich dem universitären Intellekt verschrieben hat. Edith Stein ging in den ersten Tagen spazieren, sah sich all das Neue an. In dieser engen Altstadt gab es viele Gedenktafeln, die an die große Zeit der deutschen Gelehrsamkeit gemahnten. »Die Brüder Grimm, die Physiker Gauss und Weber und die anderen, die noch zu den ›Göttinger Sieben‹ gehörten – alle, die hier einmal gelebt und gewirkt hatten, werden den Nachlebenden beständig ins Gedächtnis gerufen.«[10]

Und dann gibt es auch noch den berühmten Stadtwall, der – wie Edith Stein weiß – schon Heinrich Heine berührt hatte und zu der ironischen Formulierung von den »Wällen Salamancas« inspirierte, so daß in des deutschen Bildungsbürgers Kopf Salamanca und Göttingen zu einer Einheit wurden – hier kann man denken. Und auf diesem Wall stand auch ein Häuschen, in dem der Gründer des Deutschen Reiches, Otto von Bismarck, als Student gewohnt hatte.

In den ersten Tagen erwanderte sich Edith Stein die Straßen der Stadt und sah sich die Umgebung an. Sie empfand es geradezu als symbolisch, daß hier das philosophische Seminar räumlich extrem entfernt vom psychologischen Institut lag. Also hier zumindest hatte die Philosophie nichts mit der

Nabelschau der Betrachtung der eigenen Psyche zu tun. Edith Stein muß die anmutige Umgebung von Göttingen geliebt haben, die Ausflugsorte, die von den Bürgern und den Studenten aufgesucht wurden, wobei die einen durch ihren Hut, die andern durch entschlossene Hutlosigkeit sich zu ihrem Stand bekannten. Sie erinnert sich an Details und zeichnet in ihren Memoiren eine Welt nach, die längst untergegangen ist.

Auch das Verhältnis zu den Professoren war so ganz anders, als wir es heute kennen. Es entsprach noch ganz dem neunzehnten Jahrhundert; das im Grunde Elitäre wirkt sich biedermeierlich aus. Man besucht den Herrn Professor, stellt sich vor, hilft ihm dabei, daß er sich ein Bild von einem macht. Bei Edmund Husserl, dem berühmten Mann, war es freilich schon zu so etwas wie einer Stufenordnung, einer Hierarchie, gekommen. Edith Stein geht nicht direkt zu ihm. Sie hält sich an den Rat von Dr. Moskiewicz, der ihr damals in Breslau von dem phänomenologischen Reden und Leben in Göttingen vorgeschwärmt hatte. Sie ging zuerst zu Dr. Adolf Reinach, dem dreiunddreißigjährigen Privatdozenten.

Man lernte die Lehrer in ihren Studierzimmern kennen. Edith Stein besah sich den Schreibtisch und das Wandgemälde, eine Reproduktion von Michelangelos »Erschaffung des Menschen«. Adam liegt auf der Erde und sein Finger wird fast von Gottes Finger berührt. Der Schöpfer schwebt über der Erde, die zur Heimat des erkennenden Menschen wird. Das Gemälde ist nur allzubekannt. Sicher hat mancher brave Bildungsbürger es sich an die Wand gehängt und die grandiosen Personen des großen Anfangs bewundert, so wie dies Edith Stein bei Reinach tat.

Und doch könnte man Reinachs Vorliebe für gerade diesen Michelangelo mit seiner Hingabe an die Phänomenologie in Verbindung bringen. Dieser alte Mann, dieser Schöpfer-Gott, hat er nicht alle Sachen geschaffen, ist er von ihnen nicht umgeben wie auf dem Bild von den Engeln in seinem

Mantel, tut er nicht diesem Menschen da vor ihm, der gerade erwacht, ihr Wesen kund? Da gibt es kein Porträt des Einzelnen, sondern dieser einzelne, einzige Adam ist dargestellt, wie er von der Fülle des Seins fast berührt wird.

Die Kunsthistoriker mögen mir die Allegorese verzeihen: Er wird ja nicht berührt. Der Finger stößt nicht auf den Finger. Das Wort ›fast‹ ist bedeutungsvoll. Ein Stück Abstand bleibt gewahrt. Und gerade dieser Abstand ist auch in der Phänomenologie vorhanden. Der Abstand soll sich im persönlichen Leben Adolf Reinachs ebenso wie in dem Edith Steins absolut verringern. Dann wird Gott nicht mehr nur der Schöpfer der Sachen, der Herr der Fülle des Seins sein, sondern der Eine, der dich erlöste.

Selbst rückblickend dachte Edith Stein nicht an eine solche Interpretation. Sie erinnerte sich an das junge Mädchen, das sie war. Und dies stand bewundernd in diesem Zimmer voller Kultur. Adolf Reinach trat ein; er hatte schon von ihr und ihrem phänomenologischen Interesse gehört. Edith Stein empfand sehr dankbar seine Freundlichkeit, seine Güte. Die moralischen Werte verbanden sich mit den intellektuellen. Er erzählte ihr von der »Philosophischen Gesellschaft« und machte ihr den Vorschlag, sie den Damen derselben vorzustellen. Edith Stein wehrte ab. Ihr Breslauer Bekannter Dr. Moskiewicz könnte sie ja einführen.

Das war wohl auch bescheiden gedacht. Warum sollten noch mehr Menschen sich um sie kümmern? Aber man könnte es auch als unbewußte Abwehr verstehen. Muß die Frau zuerst einmal den Damen vorgeführt werden? Muß sie zuerst zu deren Gemeinschaft gehören, ehe sie zur Gemeinschaft der Phänomenologen finden kann? In Edith Steins Verhalten wie vielleicht in dem vieler gescheiter Frauen ist manchmal ein Stück Emanzipationsverlangen zu spüren, das weiter geht als ihre ausdrücklichen Stellungnahmen. Adolf Reinach verstand alles sehr liebenswürdig. Ihm muß dieses Mädchen imponiert haben. Denn er konnte auch anders reagieren. Als sich Fritz Kaufmann, gleichaltrig mit Edith Stein und später ein bedeutender Lehrer der Phänomenologie bei ihm anmeldete, war er bedeutend kühler. Er wollte offensichtlich den Kreis um Husserl freihalten von Leuten, die lediglich neugierig waren und auch einmal eine Berühmtheit sehen wollten. Daß es bei Edith Stein um ein wirklich großes Interesse, um ein Entbranntsein des Geistes ging, erkannte er offensichtlich sofort.

Und nun ging sie also zu Edmund Husserl selbst. Er empfing im Philosophischen Seminar bei einer allgemeinen Vorbesprechung. Er rief dabei die Neulinge zu sich. Edith Stein war durch Reinach angekündigt; also beließ es der Herr bei der halb väterlichen, halb eitlen Examination: »›Haben Sie schon etwas von meinen Sachen gelesen?‹ – ›Die logischen Untersuchungen.‹ – ›Die *ganzen* Logischen Untersuchungen?‹ – ›Den II. Band ganz.‹ – ›Den ganzen II. Band? Nun, das ist eine Heldentat.‹ sagte er lächelnd. Damit war ich aufgenommen.«[11]

Husserl konnte zufrieden sein. Die neue Schülerin hatte sich nicht nur seine Kritik an der früheren Philosophie angeeignet, sondern auch seine breit angelegte neue philosophische Lehre.

War Edith Stein wirklich aufgenommen? Sie besuchte die Vorlesungen und die Seminare. Sie kam zu den Sitzungen der »Philosophischen Gesellschaft«. Georg Moskiewicz war nach ihr in Göttingen eingetroffen, und sie ging mit ihm und mit Rose Guttmann ganz selbstverständlich zu diesem exklusiven Treffen der Gehobeneren unter den Husserl-Schülern. Es entsprach ja schließlich auch Reinachs Anregungen. Zwar war Reinach wie die anderen Gründungsmitglieder dieses Clubs des phänomenologischen Denkens nicht mehr Gast der Sitzungen; aber diese waren nicht minder anregend. Und weil die Diskussionen den Geist von Edith Stein anrührten, ergriff sie ungeniert das Wort, wenn sie etwas dachte oder zu fragen hatte.

Das muß zumindest eine der erwähnten Damen ihr übel genommen haben. Gerade in jenem frühen Stadium weiblicher Emanzipation übernahmen die Frauen das Konkurrenzverhalten der Männer. Und sie verschärften den Stil, da es für sie ja bedeutend weniger Chancen gab, anzukommen, ernst genommen zu werden, als für ihre männlichen Kollegen. Und so entwickelten sie ihre Begabung für Intrigen. Es gab private Treffen der Phänomenologen. Zu diesen lud man Edith Stein nicht ein. Man nahm sie zuerst nur in den Gremien, im Seminar, in der Gesellschaft auf, in der man sie aufnehmen mußte. Die Herzlichkeit eines privaten Umgangs wurde ihr nicht gewährt.

Zweifellos war Edith Stein gescheiter als der Durchschnitt der Husserl-Schüler. Wir kennen ja heute nur die Namen der Hochbegabten, derer, die seine Lehre in Amerika und in anderen Ländern der Emigration weiterentwickelten. Die anderen Teilnehmer seiner Übungen sind vergessen. Doch damals konnten einige von ihnen den Versuch unternehmen, diese Neue auszuschließen.

Edith Stein hat davon später erfahren. Dank Reinachs Intervention war eine Neiderin geständig geworden. Empfunden hat sie es ursprünglich nicht, sowenig sie es als Mädchen empfunden hat, daß man sie als streberisch ansah. Erst als man es ihr sagte, fühlte sie sich verletzt. Intellektuell muß diese zarte junge Frau etwas mit einem gutmütigen Riesen gemeinsam gehabt haben, der seine eigene Körperkraft nicht kennt und immer wieder über die Wirkung erstaunt ist.

Unter den Meisterschülern des Edmund Husserl fand sie in den Jahren, die sie in Göttingen verbrachte, viele Freunde. Fritz Kaufmann wurde schon erwähnt. Winthrop Pickard Bell war ein etwas außergewöhnlicher Student der Philosophie. Er lernte zwar bei Husserl, gehörte aber nicht der »Philosophischen Gesellschaft« an. Richard Courant machte die Kusine auf ihn aufmerksam. Bell hatte eine Vergangenheit hinter sich, die exzentrisch wirkt: Er war Kanadier, stammte aus Halifax. Ursprünglich war er Ingenieur gewesen, »aber bei Fahrten im nördlichen Eismeer ... hatte er angefangen zu philosophieren«[12]. Die Erkenntnis der Philosophie erfolgte in der Umgebung einer außerordentlichen, gigantischen, ungefälligen Natur. Das Eismeer erinnert an die Wüste, in der Gott, der eine, einzige Gott von Moses und von vielen Propheten erfahren wurde. Zurückgekehrt in die Bereiche der Zivilisation arbeitete er bei Husserl und bemühte sich um eine Doktorarbeit; der Erste Weltkrieg sollte ihm, dem Untertan des britischen Königs, noch zu schaffen machen.

Auch Roman Ingarden, der mit Edith Stein befreundet war, der sich für sie einsetzte, war Ausländer. Er kam aus Polen, aus Krakau. Zwei Jahre jünger als Edith Stein, kam er 1913 nach Göttingen, lernte die Kommilitonin dort kennen. Diese menschliche Beziehung sollte später zu einer tiefen Verbundenheit heranreifen. Edith Stein konnte mit ihm über viele Schwierigkeiten, auch in ihrer Beziehung zu Husserl, sprechen. Es gab einen lebhaften Briefwechsel. Roman Ingarden, der patriotisch seinem Vaterland verbunden war, wurde später Professor der Philosophie in Lemberg und dann in seiner Geburtsstadt Krakau. Er hat die Folgerungen für die Ästhetik aus Husserls Lehre gezogen.

Ingarden setzte sich immer für Edith Stein ein. Im Jahre 1968, zwei Jahre vor seinem eigenen Tod, schrieb er an ihre in Amerika lebende Schwester Erna Biberstein: »Wenn sie das interessiert, so kann ich ihnen mitteilen, daß ich im letzten April bei dem hiesigen« (d. h. bei dem Krakauer) »Erzbischof Wojtyla einen Vortrag über wissenschaftliche Arbeiten von Edith Stein (in polnischer Sprache) hielt.«[13]

In Göttingen freilich lebte Edith Stein noch in einem Bereich des Geistes, in dem man nicht über Erzbischöfe und zukünftige Päpste nachdachte. Roman Ingarden gehörte zu jenen Göttinger Schülern Edmund Husserls, die später Koryphäen der philosophischen Wissenschaft werden sollten – wie

Alexandre Koyré, der Professor für Philosophie an der École des Hautes-Études in Paris wurde, wie Jean Hering, der als Ordinarius in Straßburg evangelische Theologie lehrte. Edith Stein erinnert sich auch an andere Husserl-Schüler: Zum Beispiel an den Sachsen Hans Lipps, der später einen ordentlichen Lehrstuhl in Frankfurt am Main erhielt, wie dies ja den begabteren Husserl-Schülern zustand, wenn sie keine Frauen waren.

In seiner Jugend war der hochgewachsene, kindlich hübsche Hans Lipps Dragoner im Leibgarderegiment in Dresden gewesen. In der Langeweile des militärischen Dienstes hatte er sich mit den »Logischen Untersuchungen« befaßt und war danach sozusagen mit fliegenden Fahnen nach Göttingen gekommen, um bei dem verehrten Mann zu studieren. Edith Stein muß von ihm fasziniert gewesen sein, wohl auch in ihn verliebt. Aber Hans Lipps hatte wohl nicht das Zeug dazu, wie Theodor Conrad ein philosophischer Prinzgemahl zu werden. Es kam zu nichts, angesichts der Strenge des philosophischen Lebens auch zu keiner Affäre.

Die Göttinger Schüler Husserls fühlten sich miteinander verbunden. Sie waren die ersten Schüler ihres Meisters; sie unterschieden sich von den Schülern, die Husserl erst nach seiner Berufung nach Freiburg im Breisgau kennenlernten. Sie fühlten sich der ursprünglichen Lehre des Meisters verpflichtet, den »Logischen Untersuchungen«, dem Ruf »Zu den Sachen!« Husserl hatte sich und seine Lehre weiterentwickelt. Das wurde schon den Lesern seiner »Ideen zu einer reinen Phänomenologie und phänomenologischen Philosophie« klar, die 1913 erschienen. Es verstörte seine treuen Göttinger, zu denen auch Edith Stein gehörte, die gerade erst nach Göttingen gekommen war.

Was war geschehen? Die Schüler sprachen von einer »idealistischen Wende«, also von einer Abwendung von der realistischen Sach-Bezogenheit des Frühwerks. Im Grunde war alles schon in Husserls Denken vorbereitet gewesen. Für ihn war die »eidetische Reduktion«, die Rückführung auf das Wesen der Sachen nur eine Vorstufe gewesen zur »phänomenologischen Reduktion«. Hier wird die Vielfalt der Aspekte der Anschauung reduziert auf das »phainómenon«, auf das Erscheinende, also auf das, was primär nicht mehr dadurch bestimmt wird, daß es ein Wesen ist, sondern dadurch, daß es in unserem Bewußtsein erscheint, von uns, also von Subjekten, wahrgenommen wird. Das Erscheinen hat ganz eindeutig einen Vorrang gegenüber dem Sein. Und das heißt, daß die Wahrnehmung wichtiger wird als die Sache, die man wahrzunehmen scheint. Husserl hat diesen Gedanken in vielfältiger Weise ausgebaut. Er kümmerte sich um die Bedeutung der Zeit im Zusammenhang mit der Wahrnehmung, also um die Möglichkeit des Menschen, sich vergangene Dinge zu vergegenwärtigen, sich ihrer in einem Stil zu erinnern, der zu einer gedanklichen Gegenwart des Vergangenen führt. Er befaßte sich auch mit der Frage der Intersubjektivität, also der Erkundung gemeinsamer Erlebnisse der Menschen und der Fähigkeit des Einzelnen, sich in ein Erleben eines Anderen einzufühlen. Edith Stein wird sich mit dieser Frage auseinandersetzen.

Aber das Wesentliche seiner »Ideen« bestand doch in der Lehre von der »Konstitution«. Es ging um die Frage, wie konstituiert sich Seiendes im Bewußtsein? Wie wird es etwas für mich – dadurch, daß ich es wahrnehme? Erinnern wir uns an das Gemälde von Michelangelo, dessen Kopie im Arbeitszimmer von Adolf Reinach hing. Der Finger des Schöpfers der Sachen berührt den Finger des Adam, des erwachenden und wahrnehmenden Menschen, nicht. Es bleibt ein kleines Stück Abstand gewahrt, man könnte sagen, ein kleines Stück Ungewissheit. Und gerade diese Nuance von Ungewißheit erspürten Husserls Schüler in der neuen Lehrmeinung ihres Meisters. Ist die Sache, die sich im Bewußtsein konstituiert, wirklich die Sache, die ihnen zum Ding an sich, zur Hoffnung auf eine neue, feste Lehre vom Seienden wurde? Entgleitet ihnen Husserl nicht? Wenn Husserl später von seinen früheren Schülern spricht, kann er fast ironisch fragen, wie es sich mit ihrer Realontologie verhält. Denn im Grunde haben sie das von ihm erwartet. Sie wollten in ihm einen Schöpfer einer neuen, auf Realien gerichteten Ontologie sehen, einen Lehrer vom Sein und vom Seienden, einen Lehrer von Sachen. Husserl war aber im Grund ein großer Reformator der Erkenntnistheorie, also der Lehre über die Art und Weise, in der und mit der ein Mensch etwas wahrnimmt.

Die Philosophie, die er schuf, enthält in ihrem Namen das griechische Wort für das Erscheinende, nicht das Wort für das Seiende. Aber Edmund Husserls Denken stand immer im Widerspruch zu dem jeweiligen Urteil über Husserls Denken. Wenn man sich ganz auf die Lehre von der Konstitution verläßt, dann sieht man in Husserl den Denker, der davon ausgeht, daß sich etwas im Bereich der Wahrnehmung konstituiert. Also doch einen Subjektivisten. Aber das war Husserl nicht. Seine Erkenntnistheorie hatte nichts gemein mit der philosophischen Psychologie, auch und gerade nicht in seinen »Ideen«, wie er dies ja auch ausdrücklich betonte. Er hinterfragte immer die Phänomene; er erlaubte es der Person, erfahrene Phänomene zurückzuweisen, wenn sie nicht einer tieferen Erkenntnis entsprachen. Er erlaubte es, einen Irrtum einzugestehen, wenn der Anspruch der Wahrheit sich gegen die Erscheinungsform des Irrtums wandte. Im Allerletzten seines Denkens ging es Husserl um das Ganze des Seienden, um das, was uns erscheint, und was uns Welt wird, aber auch um das, was uns Welt ist. Von vorneherein also als Welt für uns besteht. Aber wie kommen wir zu diesem Bestehenden?

Die Göttinger Schüler wollten nicht diesen so überaus unbequemen, denkerisch fast allzu erschöpfenden und letztlich sogar fragwürdigen Weg des Denkens auf sich nehmen. Sie kannten ja auch Husserls letzte Absicht nicht. Sie geht nicht aus den »Ideen« hervor. Sie erschließt sich im Grunde erst aus Husserls Nachlaß, aus dem, was nach seinem Tode publiziert wurde und was sein Bild als schöpferischer Philosoph erst abrundet. Sie hatten nur den Lehrer vor sich, der anscheinend seiner eigenen Lehre, dieser Lehre vom Wesen der Sachen, die sie so verehrten, ein wenig untreu wurde. Sie wollten, um zum Bild zurückzukommen, daß Adam seinen Finger vorstößt, um Gottes Hand zu berühren.

Sie hatten im Seminar ihrem Lehrer Husserl Fragen gestellt, hatten kritisch auf sein Buch reagiert, aber sie waren nach wie vor glücklich, seine Schüler zu sein. Husserl war ein Universitätsprofessor, der sich nicht an das Schema der Erwartung hielt. Er dozierte nicht selbstherrlich vom Podium herab. Er suchte den Dialog. In den Seminaren hatte er ihn direkt. Er kannte seine Schüler, hatte sie zuerst einmal nach dem Wissen über seine Lehre befragt, und so konnte er sich darauf verlassen, mit ihnen diskutieren zu können. Er wollte seine Ansichten nicht vortragen, sondern sie im Gespräch entwickeln und weiterführen. Natürlich setzte er in diesen Gesprächen einiges voraus. Er bot den jungen Menschen nicht gerade das, was ein Durchschnittsstudent, der sich auch ein wenig für Philosophie interessierte, von einem Professor erwartet. Er gab keine Einführungen. Umso mehr hatten von seinen gelehrten Unterhaltungen die Studenten, die wie Edith Stein schon ein Stück Phänomenologie begriffen hatten. Die so intelligent zu fragen verstanden, daß Husserl gerne antwortete.

Auch Husserls Vorlesungen waren im Grunde nicht Belehrungen, sondern – wie es Roman Ingarden ausdrückt – »Forschungsmeditationen«.[14] Wenn Husserl sich historischen Themen zuwandte, also zum Beispiel die Philosophie eines René Descartes behandelte, fragte er sich und seine Hörer, was dessen Lehre bedeutet in Bezug auf die phänomenologische Betrachtungsweise. Er hinterfragte die Vergangenheit, um durch diese Fragen etwas für sein Philosophieren zu lernen. Für den intelligenten, philosophisch vorgebildeten Zuhörer wurden diese Vorträge und diese Übungen zu einem

Genuß des Geistes, denn Husserl sorgte dafür, »daß die Zuhörer mit der lebendigen, werdenden Wissenschaft in Kontakt treten konnten«.[14]

Edith Stein lebte voll und ganz in dieser Welt. Sicher, sie belegte in Göttingen nicht nur philosophische Fächer. Sie dachte an das für sie notwendige Brotstudium, und so befaßte sie sich auch mit mittelalterlicher Literatur, hörte eine Vorlesung über »Börne, Heine und das junge Deutschland«. Sie besuchte die Vorlesung zur neueren Geschichte von Max Lehmann mit dem Thema »Die Reformierung des preußischen Staates im Zeitalter von Stein und Harderberg«. Es ging also um jenen Versuch preußischer Patrioten, aus dem Schock der Französischen Revolution etwas Positives für ihr Vaterland zu machen, Reformen einzuführen und durchzuführen, die den Nutzen liberaler Vorstellungen mit den Interessen eines verständlicherweise nicht revolutionsfreudigen Herrscherhauses verbinden sollten.

Edith Stein war nicht immer einer Meinung mit Max Lehmann. Dieser Historiker war ein Schüler des großen Leopold von Ranke, der sich als Vertreter einer objektiven, im besten Sinne liberalen Geschichtswissenschaft verstand. Ranke hatte die Einheit des deutschen Volkes begrüßt – sie war geschichtlich notwendig gewesen. Aber er war ein Gegner des neudeutschen Nationalismus geworden. Bei seinem Schüler Lehmann muß diese liberale Grundeinstellung zu Vorbehalten gegenüber der preußischen Mentalität geführt haben. Edith Stein zumindest stellt dies etwas tadelnd fest; sie betont, daß sie sich in dieser Umgebung »hier mehr als daheim der Vorzüge des preußischen Wesens bewußt«[15] wurde.

Das entsprach ihrem Sinn für Gerechtigkeit, der in seiner Absolutheit nun wirklich dem abstrakten Idol der preußischen Denkweise entsprach. Doch sie arbeitete fleißig bei Lehmann. In seinem Seminar verglich der liberale Professor die geltende Deutsche Reichsverfassung mit dem Verfassungsentwurf der Paulskirche, also jener liberalen Utopie eines Deutschlands der Bürger, vom Jahre 1849. Jeder neue Seminarteilnehmer mußte seine Fähigkeiten durch eine schriftliche Arbeit beweisen. Und so saß Edith Stein über dem Thema: »Die Verwirklichung der Parteiprogramme in dem Verfassungsentwurf von 1849.«

Edith Stein war über die historischen Übungen nicht so glücklich wie über die gedanklichen Experimente des Husserl-Seminares. Aber sie war fleißig. Und sie hatte Erfolg – was ihr Leben bestimmte. Da Max Lehmann etwas kurzsichtig war, konnte er Edith Steins Handschrift angesichts der blassen Tinte nicht ganz entziffern. Edith Stein besuchte ihn besorgt in seinem Haus, sah sich die Bücherregale an, die bis zur Decke reichten, und fragte Lehmann, ob sie die Arbeit noch einmal in Maschinenschrift einreichen solle. Aber der Herr Professor war freundlich gestimmt. Man hatte doch ihre Ideen im Seminar schon durchgenommen, er hatte bereits den besten Eindruck gewonnen. Und nun fragte er die Studentin, ob sie nicht die Arbeit als Staatsexamensarbeit bei ihm einreichen wolle. Er würde sie gerne annehmen, ein paar Ergänzungen wären noch vorzunehmen.

Edith Stein war nur für das Sommersemester 1913 nach Göttingen gekommen. Sie hatte sich durch die Annahme eines Promotionsthemas bei Professor Stern an Breslau gebunden. Sie wollte eigentlich zurück – und sie hätte dies alles vermutlich Professor Lehmann auseinandersetzen können. Aber die Gelegenheit war günstig, der Erfolg in der historischen Wissenschaft und noch mehr das geistige Zusammensein mit Edmund Husserl, Adolf Reinach und den anderen Phänomenologen hatten Edith Stein bereits entscheidend geprägt. Sie zog die Konsequenz und schrieb einen Brief nach Breslau an Professor Stern, sie habe sich mit dem vorgegebenen Thema in Göttingen nicht beschäftigen können, sie interessiere sich nun voll und ganz für die Phänomenologie. Sie stieß auf wohlwollendes Verständnis. Auch die

Familie, vor allem die Mutter also, legte keinen Widerspruch ein.

Es war schließlich der Stolz einer jüdischen Familie, ein Kind zu haben, das sich völlig dem intellektuellen Leben verschrieb. Gerade der jüdische Kaufmann, der es in seinem Stand zu etwas gebracht hatte, ganz im biblischen Sinn, der durch seinen Fleiß zu einer allgemeinen Achtung und zu einer Selbstachtung gelangt war, freute sich aus tiefstem Herzen heraus, wenn eines seiner Kinder ein Gelehrter wurde, ein Mensch, der es nicht nötig hatte, Güter zu erwerben und zu vermehren. Dieser Mensch, dieser Sproß des wohleingerichteten Hauses sollte statt dessen die großen Fragen stellen und, soweit dies einem Menschen möglich ist, beantworten. Wie steht es um unser Leben? Wie erkennen wir unsere Welt und wie interpretieren wir das, was sie zusammenhält? Auf solche Gelehrte konnte man sich verlassen, denn sie fügten dem Handel mit Gütern das Gute und auch die Güte des Handelns hinzu.

Edith Stein mußte nun tapfer das Große wagen, nämlich sich bei Husserl als Doktorandin anmelden. Der Meister war sehr verständnisvoll und stellte auch praktische Fragen. Wenn sie das Staatsexamen machen wollte, das ihr einen Beruf sicherte, so wäre es besser, sie würde diese Aufgabe vorziehen. Denn eine Dissertation in seinem Fach wäre außerordentlich schwierig und zudem eine langwierige Angelegenheit. Mit drei Jahren müßte man schon rechnen. Husserl kannte seine Schülerin wahrscheinlich gut genug, um zu wissen, daß sie dies nicht abschreckte. Sie verlangte nach den Erkenntnissen der Phänomenologie, und sie wollte hier etwas leisten. Also sollte sie ruhig in einer einzelnen Wissenschaft etwas Ordentliches sich erarbeiten, um dann ihre Fähigkeiten ganz in die Philosophie einzubringen. Aber Edith Stein wollte schon ein Thema für die Doktorarbeit. Sie berichtet: »Darum war ich nicht in Verlegenheit. In seinem Kolleg über Natur und Geist hatte Husserl davon gesprochen, daß eine objektive Außenwelt nur intersubjektiv erfahren werden könne, d. h. durch eine Mehrheit erkennender Individuen, die in Wechselverständnis miteinander stünden.«[16]

Wir wissen heute, da wir Husserls Nachlaß kennen, daß diese Frage ihn außerordentlich beschäftigt hat. Es gibt schließlich nicht nur den Einzelnen, der erkennt. Dieser befindet sich in einer Gesellschaft von Erkennenden, Empfindenden, und er muß sich in dieser Welt einfühlen, um als Mensch in der allgemeinen Welt bestehen zu können. Edith Stein sagte ihrem Lehrer, daß sie über das Problem der Einfühlung arbeiten wolle. Und ganz im Sinne einer höheren, akademischen Intersubjektivität war Husserl einverstanden.

In den folgenden Semestern arbeitete Edith Stein viel für das Staatsexamen. Sie beschäftigte sich mit dem Zeitalter des Absolutismus und mit den Stimmungen des Vormärz, der Zeit also zwischen 1815 und 1848, da Deutschland Napoleon überwunden und von der liberalen Freiheit nur ganz kurz geträumt hatte. Sie erfuhr etwas über das große Epos des Wolfram von Eschenbach, »Parzival«, und sie hörte sich an, was ihre Lehrer über die Literatur der Reformation dachten. Sie hörte natürlich vor allem Husserl, aber sie arbeitete auch bei den »Erkenntnistheoretischen Übungen« von Adolf Reinach mit. Wie kann ich eine Sache erkennen, in mich aufnehmen?

Ihre Freundin Rose Guttmann war nur ein Semester in Göttingen geblieben. Sie kehrte nach Breslau zurück. Edith Stein blieb in der Atmosphäre einer Universität, die sie liebte, in einer Umgebung, die sie genoß. Wenn man nicht über die Sachen nachdachte, konnte man wandern, Landschaften genießen, sein Herz verlieren in Tälern weit und Höhen. Sie hat sich in dieser Zeit sehr glücklich gefühlt.

Bereits in ihrem ersten Göttinger Semester lernte sie freilich auch einen Gelehrten kennen, der ihre Seele beeinflußte, obwohl er für sie und für die Wissenschaft nie einen so bedeutenden Rang einnehmen sollte, wie er einem Edmund Husserl zustand. Es war Max Scheler.

Schon rein äußerlich unterschied er sich von Husserl. Beide Männer hatten etwas von dem an sich, was den landläufigen Vorstellungen von einem großen Philosophen entsprach. Nur waren diese populären Vorstellungen einander fast diametral entgegengesetzt. Das eine Bild zeigt Husserl, den feinsinnigen Gelehrten, eingesponnen in sein bohrendes Denken, weltabgewandt, auf sich und seine Innerlichkeit bezogen; das andere Bild zeigt Max Scheler mit diesem quadratischen Kopf auf dem massiven Körper, mit diesem Denkschädel, einen Menschen in der Not, der um Erkenntnisse ringt. Husserls Leben entsprach, wie nicht anders zu erwarten, der ehrenwerten Universitätstradition. Schelers Leben war gekennzeichnet von Brüchen; seine Biographie gehört zur Geschichte seiner Philosophie.

Schelers Mutter war strenggläubige Jüdin; der Vater war, um die sehr attraktive, elegante und nicht unvermögende Frau heiraten zu können, vom evangelischen zum jüdischen Glauben übergetreten. Gesellschaftlich üblich war aus vielerlei Gründen eigentlich die entgegengesetzte Veränderung der Konfession. Der jüdische Partner wurde christlich; die Frau ließ sich im allgemeinen in die Religionsgemeinschaft des Mannes aufnehmen.

Das Kind wurde im streng mosaischen Glauben erzogen. Und das nicht irgendwo, sondern im katholischen München (Scheler wurde hier 1874 geboren). Das erklärt ein wenig, warum sein Verhältnis zur Religion immer ambivalent war. Das Andere, der Glauben der anderen, interessierte. Der Katholizismus, der nicht-ererbte Glaube, faszinierte ihn. Das war so etwas wie ein neues Ufer. Und jedes neue Denken ist für junge Menschen anziehend. Der gepflegte und liberal-sanft diktatorische Subjektivismus des neunzehnten Jahrhunderts hatte sie hungrig gemacht. Mit vierzehn Jahren befaßte sich Scheler bereits mit dem Katholizismus. Und er versuchte, zuerst einmal in seiner gebildeten Welt Fuß zu fassen. 1894, nach dem Abitur, studierte er zuerst einmal Philosophie und Psychologie in München; ein Jahr darauf verschrieb er sich der Medizin, ging nach Berlin. Dann fand er zu den Geisteswissenschaften zurück: 1896 kam er nach Jena. Dort lehrte Rudolf Eucken, ein Meister der klassischen Philosophie. Scheler wurde sein Schüler. Er promovierte 1897, habilitierte sich 1899.

Im gleichen Jahr nahm er den katholischen Glauben an. Seine Eheschließung, die der Konversion rasch folgte, mag einiges erklären: Die Frau, die er heiratete, stand wie er zwischen den verschiedenen Religionen. Beide Menschen hofften wohl, daß die private und religiöse Bindung zu einem glücklichen neuen Anfang führen könnte.

Scheler wurde Privatdozent und begegnete Edmund Husserl. Und jetzt konnte der Neuanfang vielleicht Phänomenologie heißen. Scheler warf sich mit Begier auf die neue Denkmethode. Er hat sich in späteren Jahren als Miterfinder der Phänomenologie empfunden. Ob das stimmt, ist nicht ganz leicht zu entscheiden. Der denkerische Ansatz ist zweifellos, wie auch Edith Stein immer wieder betont, ausschließlich bei Edmund Husserl zu finden. Aber Scheler konnte etwas tun, was Husserls Vorstellungen vom philosophischen Denken ganz einfach nicht entsprach: Er konnte betont Zeichen setzen.

Aber er hatte es an keinem Ort und zu keiner Zeit leicht. Die nicht unbegründeten Eifersuchtsanfälle seiner Frau führten dazu, daß er Jena verlassen mußte. Er tat das, was man damals »sich umhabilitieren« nannte: Eine andere Universität sollte ihm erlauben, zu lehren. Er ging in seine Geburtsstadt, nach München. Diese Stadt hätte seinem im Herzen brennenden, wenn auch in der Haltung unorthodoxen Katholizismus so etwas wie ein Stück Heimat geben können.

Manche begrüßten ihn; der Kreis der Phänomenologen; diese Loge eines neuen Denkens nahm ihn auf. Aber es gab wieder eine Affäre, eine Italienreise, ein gemeinsames Schlafzimmer mit einer Dame, die nicht Frau Scheler war, aber als solche angemeldet wurde. Und in der Heimatstadt gab die Sozialdemokratie eine Zeitung namens »Münchner Post« heraus. Es ist verständlich, daß die Sozialdemokratie katholisierende Professoren nicht besonders schätzte; es ist verzeihlich, daß den Redakteuren ihrer Zeitung Schelers Bemühungen um eine gerechte soziale Ordnung unbekannt waren. Aber mußten sich die Sozialdemokraten der »Münchner Post« zu Sittenrichtern aufspielen? Die Attacken der Zeitung und andere Intrigen hatten Erfolg. Scheler verlor seine Dozentur.

Der Phänomenologe ging dahin, wo die Phänomenologie zuhause war, nach Göttingen. Die »Philosophische Gesellschaft« der Husserl-Schüler akzeptierte ihn. An der Universität konnte er keine Vorlesungen halten; denn er war schließlich belastet von zumindest einem Skandal. Aber hier hörte man ihn an; hier konnte er vor wohlwollenden Menschen seine Ideen entwickeln. Privat konnte er in irgendeinem Hotel vor Freunden sprechen.

Er entwickelte seine Ideen, arbeitete an seinen Büchern, die »seine« Phänomenologie darstellten. Im Gegensatz zu Husserl hatte sein Denken sehr viel mit Weltanschauung zu tun. Es ging Max Scheler um die Ethik, um das moralische Verhalten der Menschen. Auch er begab sich in eine Opposition zu den Ideen Immanuel Kants. Dessen totale Reduktion auf die Kategorien der subjektiven Erkenntnis war von Edmund Husserl durch die Bezogenheit auf die Sachen, also auf die Objekte, in den Augen seiner ersten Schüler überwunden worden.

Aber es gab auch noch ein anderes Element in Kants Philosophie. Und es ist anzunehmen, daß, wer heute den Namen Kant hört und nicht gerade Student der Philosophie ist, daran zuerst denkt: an den kategorischen Imperativ, an die kalte, nüchterne Moral, an die Vorstellung, stets mußt du so handeln, daß das Gesetz deines Handelns das Gesetz des Handelns aller Menschen sein könnte. Der Mensch, der die Philosophie von Königsberg in seiner Brust gefunden hat, läßt sich quälen von einer strengen Pflichterfüllung. Er ist, wenn er dieser Vorstellung folgt, ein harter Protagonist der höchsten Sittlichkeit.

Scheler folgt einem anderen Prinzip. Für ihn ist die Moral nicht Entsagung, sondern Erfüllung. Er definiert den Menschen als »ens amans«, als ein Seiendes, das dadurch bestimmt wird, daß es liebt. Diese Liebe hat sehr viel mit der Intention zu tun. Wieder wird der Finger Adams ausgestreckt auf ein Ziel. Und dieses Ziel ist wieder der Finger seines Gottes. Nur ist es nicht mehr der Gott der Sachen, der Dinge, der in seinem Mantel das zu Erkennende birgt. Es ist ein anderer Gott, einer, der dem Katholiken nahe steht, ein Gott der Liebe und des Vorbildlichen; seine Welt ist die Welt der Werte, auf die alles ausgerichtet ist. Die Werte sind für Scheler das, was für den frühen Husserl die Sachen waren.

Aber ist es wirklich der Gott der Katholiken, besser gesagt: der Christen? Wäre deren Gott nicht einer, der unserer Intention nicht bedarf? Der durch sich und in sich auf den Menschen zukäme, dessen absolutes Sein jedem intentionalen Verlangen vorausging? Absolut und ewig vorausging!

Edith Stein studierte ab 1913 in Göttingen. Sie erlebte Max Scheler in der »Philosophischen Gesellschaft«. Sie hat später betont, daß sie durch ihn auf den Katholizismus aufmerksam geworden sei. Damit stand sie schließlich nicht allein. Mancher junge Phänomenologe fand durch Scheler zu jener Bindung, die man Religion nennt. Aber sie hatte gegen Scheler moralische Einwände. Die Art, wie er sich als Mitbegründer der Phänomenologie aufspielte, gefiel ihr nicht. Sie wußte zu gut, und sie betonte dies auch, daß die denkerische Leistung von Husserl vollbracht worden war. Und ihr gefiel auch nicht, daß Scheler in der »Philosophischen Gesellschaft« die

Sympathie derer auf sich zu lenken verstand, die von Husserls »idealistischer Wende« enttäuscht waren.

Ihr Sinn für ethische Reinlichkeit wurde von derartigem Treiben abgestoßen. Der Weg, den sie gehen würde, paßte nicht zu der Art und Weise, in der Max Scheler Zickzackwege benutzte.

Sie verteidigte ihn, wenn man auf seine Beziehungen zu Frauen zu sprechen kam. Sie wußte, daß es sich bei den Heiraten und den Trennungen nicht um erotisches Spiel handelte, sondern um Stationen einer Verwirrung, die ihre Parallelen im Denken hatten. Aber sie setzte sich in ihrem Werk nicht mit Schelers Vorstellungen auseinander. Für sie blieb er ein Mensch, der nicht so positiv wie Husserl wirkte.

Oder vielleicht doch? Vielleicht war sie, ohne sich dessen bewußt zu sein, von Schelers ethischen Vorstellungen sehr angesprochen? Sie hat später eine geistige Berührung durch eine Heilige der katholischen Kirche erfahren, die ihrem strengen Denken rein äußerlich auch nicht entsprach, durch Teresa von Ávila, der Lehrerin der absoluten Liebe zu Gott.

Edith Stein arbeitete weiterhin bei Husserl. Scheler führte sein Leben weiter, machte verschiedenartige, darunter auch katholische Phasen durch. Die Geschichte brachte Schicksale zusammen. Der Sohn Schelers, Wolfgang Heinrich, wurde im Konzentrationslager Oranienburg ermordet, einige Jahre bevor Edith Stein in einem entsetzlicheren Lager starb.

Aber noch ist die Zeit nicht soweit. Noch gehen junge Studenten durch ein schönes Göttingen; sie diskutieren über die Intentionen, über das Reale und über vielleicht mögliche Irrwege ihres Professors. Der Mensch kann ein »ens amans« sein, ein Seiendes, das liebt. Dem Kommilitonen einer anderen Nationalität ist man wohlgesonnen. Der Geist verbindet. Oder etwa nicht?

Man schreibt das Jahr 1914. Lichter gehen aus.

Die Gelehrte und der Krieg

Es war ein schöner Sommer. Im Frühling hatten die Kirschbäume geblüht, daß ihr weißer Glanz einem jeden durch das Herz ging. Und jetzt waren die Kirschen reif. Zwei Studentinnen gingen nach einem wichtigen Kolleg vor einem Zeitungsstand hin und her. Sie warteten hier in Göttingen auf die »B. Z.«, die Berliner Zeitung, auf die Nachrichten aus der Großstadt. Am Obststand hatten sie sich Kirschen gekauft. Da kam der Herr Privatdozent, der das Kolleg gehalten hatte, vorbei, mit Frau und Schwester. Und artig boten ihm die Mädchen von den Kirschen an.

Der Dozent nahm von den Früchten, ebenso seine Damen. Aber er war ein Kavalier. Seine Frau mußte sehr rasch auch Kirschen kaufen, um die Spenderinnen zu entschädigen.

Und auch er nahm von dem neuen Vorrat. Allerdings meinte er dann, die Kirschen dieser einen Studentin, die er intellektuell so außerordentlich schätzte, seien noch besser gewesen.

So klingt die Universitätsidylle. Die Studentin, die hier gesellig wirkt, war Edith Stein, der galante Privatdozent Adolf Reinach. Aber die Kirschen wirkten wie das Symbol einer Heiterkeit, die bald untergehen würde. Jammer, Tod und Not waren nahe.

Warum wartete man so begierig auf die Zeitung? Am 28. Juni dieses Jahres 1914 war der österreichische Thronfolger Franz Ferdinand in Sarajewo ermordet worden. Man spürte, daß etwas in der Luft lag, daß sich die Situation nicht mehr unter Kontrolle halten ließ; man wartete auf die Neuigkeiten. Und diese trafen ein: Am 1. August erklärte das Deutsche Reich Rußland den Krieg, am dritten August Frankreich. Der

Mechanismus war in Gang gesetzt worden. Die Menschen, die Bewohner der kriegsführenden Staaten, in London, in Wien, in Berlin und Paris, jubelten. Etwas war geschehen.

Wenn man nur an die törichten Patrioten denkt, die ein Karl Kraus in seinem Drama »Die letzten Tage der Menschheit« satirisch parodiert, erfaßt man kaum das ganze Wesen der damaligen Kriegsbegeisterung. Man hätte sich vorstellen können, daß die Göttinger Schule von Husserl eine Insel der besonnenen Ruhe geblieben wäre. Der Ruf des Philosophen war international, seine Schüler kamen aus den verschiedensten Nationen. Aber die Emotion, die durch die Kriegserklärung ausgelöst wurde, kam aus einer tieferen Schicht. Max Scheler, der Mit-Phänomenologe, konzipierte das Buch »Der Genius des Krieges und der Deutsche Krieg«, das 1915 erschien. Hier wird die Wertethik mit der neuen blutigen Weltlage in eine seltsame Beziehung gebracht. Der Genius dieses Kampfes wird als eine Kraft verstanden, die eine alte, überlebte Ordnung überwindet, die in sich faule Gesellschaft reinigt und die Möglichkeit zu einer Erneuerung freisetzt. Man könnte verkürzt sagen: Wie die Phänomenologie das mechanistische Denken der Spätaufklärung überwand, so zerstört der Krieg die pseudoliberale Bürgerordnung des Kapitalismus. Es wird für Neues Raum geschaffen. Max Scheler hat sich verhältnismäßig rasch von diesen Ansichten abgewandt. Aber das ändert nichts daran, daß sich sein »Genius des Krieges« in vielen Bücherschränken befindet, in denen man nach anderer phänomenologischer Literatur vergeblich sucht.

Die jungen Gelehrten von Göttingen wußten oder glaubten zu wissen, wohin sie gehörten. Es war noch vor der offiziellen Kriegserklärung: Adolf Reinach wurde von Fritz Kaufmann gefragt, ob er auch einrücken müsse. Reinach antwortete preußisch lakonisch und preußisch heroisch: »Ich *muß* nicht, ich *darf*«.[1] Und als es so weit war, meldete er sich als Freiwilliger. Er hatte keinen Wehrdienst geleistet, aber nun war er willkommen. Richard Courant, der gedient hatte, wurde ohnehin eingezogen.

Edith Stein nahm sich der Frau an. Nelly Courant, die sich in Göttingen nicht eingewöhnen konnte, sollte zu ihren Eltern nach Breslau fahren. Edith Stein begleitete sie. Sie schildert ihre Gefühle. Göttingen empfand sie als sicher; es lag im Herzen Deutschlands, weit entfernt vom Feind. Aber Breslau lag nahe der Grenze des damaligen Russischen Reiches. Im Fall einer Invasion war die Stadt bedroht. In einer solchen Zeit wollte Edith Stein zweifellos bei ihrer Familie sein; aber gleichzeitig faszinierte sie die Gefahr. Sie muß enttäuscht gewesen sein, als sie in einem Breslau ankam, dessen Bewohner gar nicht in einer besonderen Spannung lebten. Am ersten Abend im Elternhaus traf sie die ganze Familie an, auch Frau Biberstein. Sie konnte sich die gewöhnliche Unterhaltung am Teetisch kaum anhören, ging früh in ihr Zimmer. Die Studentin litt unter dem Bürgermilieu. Sie sagte sich: »Ich habe jetzt kein eigenes Leben mehr... Meine ganze Kraft gehört dem großen Geschehen. Wenn der Krieg vorbei ist und wenn ich dann noch lebe, dann darf ich wieder an meine privaten Angelegenheiten denken.«[2]

Mancher junge Mensch wird in seinen Studentenjahren, in denen er ja erst seine intellektuelle Pubertät durchmacht, eine ähnliche Aversion gegen die unpathetische Welt der Erwachsenen empfunden haben. Aber der Krieg bot diesem Bewußtsein so etwas wie eine höhere Weihe. Der erhabene Ernst des Lebens wurde den jungen Menschen von einem Vaterland geschenkt, für das sich jedes Opfer zu lohnen schien.

Bereits in Göttingen hatte Edith Stein beschlossen, sich dem Roten Kreuz zur Verfügung zu stellen. Es waren sehr viele junge Damen in Deutschland zum gleichen Opfer entschlossen. Edith Stein besuchte den Krankenpflegekurs für Studentinnen im Breslauer Allerheiligenhospital, aber sie kam danach nicht in ein Feldlazarett. Sie half weiterhin im Hospital aus, lernte die Not und Verlassenheit der Kranken kennen. Doch sie war anscheinend nicht stabil genug für diese Aufgaben. Sie erkrankte an einem Bronchialkatarrh. Und so entschloß sie sich fast etwas unwillig für die Weiterführung des bürgerlichen Lebens. Sie wollte wieder zurück nach Göttingen, ihrem Studium nachgehen.

In ihren Erinnerungen rekapituliert Edith Stein ein Ereignis, dessen Bedeutung sie wahrscheinlich erst lange nach dem Ersten Weltkrieg erkannt hat. Konservative Kreise empörten sich darüber, daß Edmund Husserl und andere Professoren einem englischen Untertanen die Doktorprüfung abgenommen hatten. Man beschimpfte sie als »vaterlandslose Professoren«[3], hetzte gegen sie und ihren Schützling, den Kanadier Bell. Dieser hatte sich in einer entschiedenen Weise pro englisch geäußert und war daraufhin in Haft genommen worden, was seine liberalen akademischen Lehrer von der fälligen Prüfung nicht abhielt. Derartige groteske Situationen hat es wohl in manchem Krieg und in manchem Land gegeben. Aber das Erschreckende tönte schon mit im Wort »vaterlandslos«. Dieser Ausdruck, der auf Sozialdemokraten ebenso wie auf intellektuell Arbeitende oder auf Juden – wie in diesem Fall – angewandt wurde, sollte dem Gerücht Nahrung geben, daß sich hier heimlich eine Schicht breitmachte, die internationale Verbindungen pflegte, die sich von dem absonderte, was die Nation, später die Volksgemeinschaft genannt wurde. Und das ließ sich schön mit dem Ressentiment verbinden, das der vorgeblich einfache Mann gegen Denkmöglichkeiten, die er nicht versteht, entwickelt – oder entwickeln soll.

Die Göttinger Professoren hatten sich nichts vorzuwerfen, was die Vaterlandsliebe betrifft. Ihre Söhne, ihre Studenten und Assistenten standen im Feld. Und nicht wenige fanden dort den Tod. Aber für sie war damit die Kraft des Humanen, der Freundschaft und der Fürsorge für einen ausländischen Schüler nicht erloschen.

Edith Stein kehrte im Oktober nach Göttingen zurück. Es

war stiller geworden, die Stadt wirkte leer. So wohnte die junge Studentin nun auch recht komfortabel in der Wohnung der Courants. Neben ihrer intensiven Arbeit übernahm sie die Aufgabe, die laufenden Angelegenheiten ihres Vetters und seiner Frau zu betreuen, gewünschte Sachen bald zu Nelly nach Breslau, bald zu Richard ins Feld zu schicken. Ihr muß dies Spaß gemacht haben. Sie traf sich mit Erika Gothe, die mit ihr zu dieser Zeit sehr freundschaftlich verkehrte. In ihr hatte Edith Stein eine Gesprächspartnerin für philosophische Themen. Einmal erhielt sie von ihr eine Skizze der Philosophiegeschichte, zum Studiengebrauch verfaßt von Husserls Schüler Jean Hering. Edith Stein schreibt: »Als Letztes« (als letzte Epoche E. E.) »war darauf das Zeitalter der Phänomenologie vermerkt; dabei stand: Ende aller Philosophie.«[4]

Das klingt leicht ironisch und war wohl auch so gemeint. Aber es entsprach ganz dem Gefühl der Phänomenologen. Sie hatten die Irrungen und Wirrungen des früheren Denkens überwunden und die Lehrmeinungen widerlegt. Nach dem phänomenologischen Blick auf die Erkenntnismöglichkeiten und die erkannten Dinge gab es keine neue philosophische Perspektive mehr. Das Gefühl, geistig in der Wahrheit zu sein, bestimmte das Denken vieler Göttinger Husserl-Schüler. Aber gleichzeitig war in ihnen eine Unruhe, die besonders durch die »idealistische Wende« des Meisters genährt wurde. Es muß das Verhältnis zu den Dingen noch von etwas anderem überhöht werden. Es muß noch eine Wahrheit jenseits der Wahrheit der Philosophie geben.

Edith Stein selbst war in diesen Monaten von solchen Fragen noch nicht geplagt. Sie führte das Leben der Studentin und das Leben des Mädchens in der Heimat, das sich um die »Feldgrauen« sorgt – wie man damals liebevoll-patriotisch die grau uniformierten Soldaten nannte. Sie strickte mit ihren Freundinnen für sie. Sie schrieb den Kommilitonen, die im Feld waren, schickte Päckchen, freute sich über jede gute Nachricht, über militärische Beförderungen. Reinach war

Leutnant geworden. Sie war bestürzt über jede Todesnachricht und trauerte mit den Hinterbliebenen der Gefallenen.

Gleichzeitig arbeitete sie für das Staatsexamen, für den Abschluß an der Universität, der ihr einen Brotberuf ermöglichen sollte. Sie hatte bereits im November 1914 die schriftlichen Arbeiten abgeliefert. Für das Fach »Philosophische Propädeutik« lautete das Thema »Die Einfühlung in fremdes Seelenleben mit besonderer Rücksicht auf die Lehren von Theodor Lipps«; es handelte sich um eine Vorstudie zu ihrer Doktorarbeit. Das geschichtliche Thema befaßte sich mit der Deutschen Nationalversammlung, dem Frankfurter Parlament von 1848/1849, jener großen liberalen Hoffnung Deutschlands: »Inwieweit sind die Parteiprogramme in der deutschen Reichsverfassung von 1849 realisiert worden?«

Am 14. und 15. Januar 1915 fand die mündliche Prüfung statt, in der zuerst einmal das dritte Fach behandelt wurde, Germanistik. Edith Stein wußte über mittelalterliche Epen wie über spätere Volksbücher Bescheid. Die philosophische Befragung war streng. Da es sich um ein staatliches Examen handelte, waren Schulbeamte, Gymnasialdirektoren, als Leiter und Überwacher der Prüfung anwesend. Und Edmund Husserl als eigentlicher Prüfer wollte sich nicht nachsagen lassen, daß er seine Schülerin zu gut behandle. Die letzte, die historische Prüfung behandelte Kriegsschauplätze, freilich jene der Perserkriege und den Alpenübergang Hannibals. Der Prüfer Max Lehmann, der alte Hannoveraner, ließ sie noch Preußens Verhältnis zum Militär mit dem Englands vergleichen. Ob seine nicht nur pro-preußischen Ansichten bei den jungen Menschen, die bei ihm studierten, angekommen sind? Bei Edith Stein, die ihn persönlich mochte, damals sicher nicht!

Sie hat die Prüfung »mit Auszeichnung« bestanden, also mit Note 1. Sie konnte zufrieden sein. Die Mutter gratulierte von Breslau aus. Sie hoffte, daß ihr Kind auch dem danken würde, der ihr diesen Erfolg schenkte. Aber Edith Stein hatte damals noch kein Organ für eine solche Haltung. Sie ehrte alle, die sich um Glaubensfragen bemühten; sie besuchte auch hin und wieder christliche Kirchen der evangelischen Konfession. Doch viel mehr als ein ganz allgemeines Interesse konnte sie nicht aufbringen.

Nun hätte sie nach Ablegung der wissenschaftlichen Prüfung ihr Referendarjahr der praktischen Erprobung ablegen müssen. Aber sie wollte jetzt endlich ihren Dienst in diesem Krieg ableisten. Sie war nach Breslau zurückgekehrt, fragte beim Deutschen Roten Kreuz an. Man verwies sie auf das verbündete Österreich; sie könne in ein Lazarett nach Mährisch-Weißkirchen kommen, in die heutige Tschechoslowakei. Dort wurden die Kranken der sogenannten Karpatenfront aufgenommen. Vor allem jene, die von den kriegsbedingten Seuchen befallen worden waren.

Nach Überwindung familiärer und anderer Widerstände wohlmeinender Menschen reiste Edith Stein im Frühjahr 1915 nach Mährisch-Weißkirchen. Und das sensible Mädchen, noch ermüdet von den Prüfungsarbeiten, das es einst trotz der schwesterlichen Nähe der werdenden Medizinerin Erna nicht zum Arzt-Beruf hingezogen hatte, arbeitete sich so schnell wie möglich ein. Vielleicht gerade, weil dies kein gewöhnliches Krankenhaus war, weil es eine besonders harte Anforderung für sie darstellte. Sie pflegte die Kranken der Typhus-Station – und das drei Monate lang. Zum Teil hatte sie Nachtdienst. In ihrem eigenen Bericht spürt man die Betroffenheit, das Mitleid mit den Schwerkranken. Aber sie schildert auch die Verschiedenheiten der Untertanen des habsburgischen Vielvölkerstaates, nicht ohne gewisse Vorurteile zu pflegen oder zu entwickeln – oder auch abzulegen. Der Ungar benahm sich im Krankenbett nicht immer wie der legendäre Heros der Geschichte seiner Heimat und auch mancher Berichte von der Front. Edith Stein sah den Zigeuner, der bald an Diphterie sterben sollte. Die Seuchen gingen ineinander über. Sie erfuhr den Tod jetzt außerhalb der

Familie, den vielfachen Tod an einem Ort, wohin man die Menschen einfach gebracht hatte.

Später arbeitete sie in einem Operationssaal. Drei der leitenden Ärzte waren Tschechen, einer Deutsch-Österreicher. Nachdem sie Edith Stein danach gefragt hatten, imponierte ihnen die Hilfskraft, die »in Zivil Philosophin war«.[5] Die vorletzte Station, auf der Edith Stein arbeitete, nahm solche Leute auf, die man im Krieg »Leichtverwundete« nannte. Im Frieden hätte man sie wohl anders eingestuft.

Im August 1915 arbeitete Edith Stein auf der chirurgischen Station, betreute die Schwerverwundeten, die fast tödlich Verletzten. Und wieder erlebte sie das Sterben der Jungen.

Im September machte sie Urlaub. Sie fuhr nach Breslau. Hier absolvierte sie noch offiziell ein Examen für Pflegeschwestern. Sie sollte nicht mehr nach Weißkirchen zurückkehren, denn die Front hatte sich nach Osten verschoben, das Lazarett war aufgelöst worden. Wir wissen nicht, ob Edith Stein alle jene Fähigkeiten besaß, die von einer guten Krankenschwester verlangt werden. Aber wir dürfen annehmen, daß ihr Wesen von der Grenzerfahrung geprägt wurde, daß ein Wort wie Einfühlung, das Titelwort der Dissertation, ihr nun mehr bedeutete: Die Phänomenologie neigte sich der Ethik zu.

Edith Stein arbeitete in Breslau weiter. Der Krieg, der sie nun interessieren mußte, war jener, in dem der herrliche Achill vom Zorn ergriffen wurde. Der Tod, über den sie las, war der Tod des weisen Sokrates. Edith Stein hatte ja schon griechische Studien betrieben, aber nun wollte sie das Graecum ablegen, jene Prüfung in der griechischen Sprache, die ihr den Glanz der humanistisch-gymnasialen Bildung verlieh, das Signum der intellektuellen Elite in dieser Zeit. Sie wurde auf eigenen Wunsch hin dem hochangesehenen Johannesgymnasium überwiesen. Der Gymnasialdirektor Geheimrat Landien, ein Mann, geprägt von der Würde und dem Anstand einer alten Welt, führte das Examen durch. Als sie über griechische Rhetoren und athenische Gebräuche Bescheid wußte, war er zufrieden. Er fragte anschließend, woran sie arbeite, auch an welcher Universität sie studiere. Edith Stein berichtete vom »Problem der Einfühlung«. Man fragte sie nicht weiter aus. Der Examinator wie der Überwacher schwiegen. Edith Stein schreibt, Herr Geheimrat Landien bat einen ihrer Bekannten »um Auskunft darüber, was ›Einfühlung‹ sei«[6] – am nächsten Tag.

Sie blieb nun in Breslau und stürzte sich mit aller Energie auf ihre Arbeit. Sie hatte sich in das Lazarett Unterlagen schicken lassen, hatte alle Schwierigkeiten ausgestanden, die ein junger Mensch mit seinem ersten wissenschaftlichen Werk hat. Aber jetzt schienen sich Lösungen anzubieten. Sie bekam die phänomenologische Methode immer mehr in den Griff und konnte sie auch selbständig anwenden. Mit ihrem Doktorvater stand sie im Briefwechsel, ebenso mit manchem Kommilitonen, der im Krieg war. Man rückte in dieser schweren Zeit enger zusammen. Edith Stein besuchte die Krankenhäuser, in denen ihre Schwester, in denen Freunde arbeiteten.

Dann kam aus Göttingen die Nachricht, daß Adolf Reinach für das Weihnachtsfest 1915 Urlaub erhalten habe. Die Schwester Reinachs schrieb, ob Edith Stein nicht kommen wolle. Schließlich hatte der Bruder auch am 23. Dezember Geburtstag. Edith Stein nahm die Einladung gerne an. Sie konnte auf diese Weise ja auch wieder einmal mit Husserl sprechen, von ihrer Arbeit berichten, die kurz vor ihrem Abschluß stand.

Es müssen schöne Tage gewesen sein. Der Leutnant Reinach war bei bester Laune. Der menschliche Kontakt wurde stärker. »Früher war ich ja fast nur als Studentin zu meinem Lehrer gekommen. Jetzt aber gehörte ich zum allernächsten Kreis, zu den ›Trauernden erster Ordnung‹, wie Reinach einmal scherzend sagte, als er sich ausmalte, wie es sein würde, wenn er fiele.«[7] Husserl machte seine Witze über die

Anziehungskraft, die der sehr attraktive Reinach auf die Studentinnen hatte.

Nach den Festtagen fuhr Edith Stein zurück, um bald darauf dies zu erfahren: Am 5. Januar 1916 hatte Husserl den Ruf an die besonders auf dem Gebiet der Philosophie hochangesehene Universität Freiburg im Breisgau erhalten. Diese Universität war bisher nicht durch eine besondere Sympathie für die Phänomenologie aufgefallen. Vielleicht lockte der Ruf gerade deswegen den Philosophen.

Es gab auch andere Gründe: In Göttingen hatte Husserl noch als Außenseiter angefangen. Nach Freiburg würde er als der große Ordinarius kommen. Und außerdem hatte ihn die Diskussion um seine »idealistische Wende«, die Reaktion seiner älteren Schüler, doch etwas verwundet. In Freiburg würde er gleich mit seinen neuen »Ideen« beginnen können.

Und so war der Abschied nicht schwer. Aber Schweres ereignete sich. Während des Umzugs erfuhren er und seine Frau, daß der jüngere Sohn Wolfgang gefallen war. Edith Stein war von dieser Nachricht sehr betroffen. Freilich erschreckte sie auch der Wegzug des Meisters. Wenn sie ihre Prüfung ablegen wollte, mußte sie nach Freiburg, wo sie die anderen Professoren nicht kannte. Und dazu kam, daß sie gerade jetzt in Breslau bleiben mußte. Durch den Krieg fehlten in der Viktoriaschule viele Lehrer. Man war auf die Frauen angewiesen, beschäftigte sogar Studentinnen, die das Staatsexamen noch nicht abgelegt hatten. Edith Stein, die noch keine praktische pädagogische Ausbildung hatte, sollte Latein-Stunden geben, obwohl sie diese Sprache nicht an der Universität studiert hatte.

Im Februar 1916 begann sie mit ihrer Arbeit, lehrte in der Obersekunda, der Unter- und Oberprima Latein, zusätzlich gab sie auch noch Geschichts- und Erdkunde-Unterricht. Es kam ihr etwas sonderbar vor, als sie nun im Lehrerzimmer saß, neben ihren ehemaligen Lehrerinnen an den Konferenzen teilnahm. Es war zweifellos eine harte Zeit für sie. Sie beeindruckte damals und später Menschen, derer sie sich annahm, deren Interesse sie teilte und deren Fragen sie aufnahm. Aber sie war keine geborene Schulpädagogin. Das Feuer einer direkten Darstellung, das sich freudige Verlieren in die Vermittlung von Wissen waren ihre Sache nicht. Dazu kam, daß sie sich in diesen Frühjahrsmonaten von den Schulstunden nicht erholen konnte. Sie arbeitete fast bis zum physischen Zusammenbruch an der Fertigstellung ihrer Dissertation, die immer umfangreicher wurde. Sie wollte sich wissenschaftlich beweisen; sie wollte Husserl zeigen, was sie konnte.

In den Osterferien wurde die Arbeit fertiggestellt. Die völlig erschöpfte, auch körperlich leidende Autorin schickte sie nach Freiburg. Sie hoffte in den großen Sommerferien dorthin fahren zu können, um das Rigorosum, die Abschlußprüfung des Doktorexamens, ablegen zu dürfen. Husserl freilich hatte seine Sorgen. Das erste Semester an einer neuen Universität verlangte viel Arbeit. Diese drei dicken Hefte, die ihm Edith Stein geschickt hatte, wirkten erschreckend. Er sah sie hin und wieder staunend und wohl auch etwas bewundernd an. Denn seine eigene Fähigkeit, Werke abzuschließen, war nicht sehr ausgeprägt.

In Breslau bereitete sich Edith Stein auf die Prüfung vor. Im Juli fuhr sie nach Freiburg. Sie erinnert sich später nicht mehr genau, ob sie auf der Hinfahrt damals oder später die Reise unterbrach, um Heidelberg und Frankfurt am Main zu sehen. Auf jeden Fall zeigte ihr Pauline Reinach, die Schwester des Privatdozenten und Leutnants, Frankfurt, vor allem die obligaten Sehenswürdigkeiten. Aber etwas beeindruckte Edith Stein besonders: »Wir traten für einige Minuten in den Dom, und während wir in ehrfürchtigem Schweigen dort verweilten, kam eine Frau mit ihrem Marktkorb herein und kniete zu einem kurzen Gebet in einer Bank nieder. Das war für mich etwas ganz Neues. In die Synagogen und in die protestantischen Kirchen, die ich besucht hatte, ging man nur zum Gottesdienst. Hier aber kam jemand mitten aus den Werktagsgeschäften in die menschenleere Kirche wie zu einem vertrauten Gespräch. Das habe ich nie vergessen können.«[8]

Hier erfährt Edith Stein jene Einfühlung, die sie wissenschaftlich behandelt hat. Aber wieweit berührt sie das, zu welchen Schichten in ihrem inneren Leben dringt es vor? Wir werden die Antwort auf diese Frage erfahren. Nach ihrer Ankunft hat Edith Stein andere Sorgen. Husserl hat die Arbeit immer noch nicht gelesen; er wird allerdings von seiner Frau bedrängt, dies zu tun. Zuerst verweist er seine Schülerin in die Vorlesungen, die er gerade hält. Offensichtlich tat es ihm wohl, in der neuen Umgebung doch noch Erinnerungen an Göttingen pflegen zu können. Edith Stein trifft als einzigen Bekannten den Polen Roman Ingarden wieder. Ein Herzleiden erlaubte ihm nicht, am Krieg teilzunehmen. Sein Patriotismus war freilich zu Recht auch ausgeprägt. Könnte dieser Weltkrieg nicht das Schicksal seines Vaterlands verändern, Polen wieder zur Nation werden lassen?

Schließlich rang sich Husserl dazu durch, Edith Stein zum Rigorosum zuzulassen, und erst in der Zeit, in der sie lernte, wollte er sich mit der Doktorarbeit auseinandersetzen. Das war eine Ehre für die Studentin. Sie gehörte zu den Spitzen, denen man vertraut. Edith Steins vollständige Arbeit ist nicht mehr erhalten. Der wesentliche Teil, die Behandlung des Grundproblems, wurde, wie dies üblich war, gedruckt. Zum Problem der Einfühlung führte Edith Stein aus, daß sie von der Methode der »phänomenologischen Reduktion« ausgehe. Der Unterschied zur eidetischen Reduktion spielt hier übrigens so gut wie keine Rolle. Sie nimmt alles Nebensächliche weg, schließt es aus der Betrachtung aus. Sie beginnt mit einer Empirie eigener Art. Die wirkliche Erfahrung wird befragt, auf sich selbst zurückgebracht. Man geht vom Nächsten aus. Der Freund, der eintritt, der Freund, der vom Tod seines Bruders berichtet ... wie kommt es, daß ich sein Empfinden aufnehmen kann, daß ich mich in ihn einfühle? Wir müssen uns selbst befragen, um zu einer Erklärung zu kommen. Wir haben ein direktes Erleben, aber wir können uns auch an etwas anderes erinnern. Wir fühlen uns in unsere vergangenen Erlebnisse ein, wobei wir nicht einfach auf eine bloße Wiederholung angewiesen sind. Wir verkürzen die Zeit, wir verlagern sogar die Akzente.

Und wie in der Erinnerung nehmen wir auch in der Begegnung etwas anderes auf; wir konstatieren es nicht nur, wir lassen uns hineinziehen. Die Freude des anderen ist primär nicht unsere Freude, aber wir nehmen sie auf. Es ist erstaunlich, daß Edith Stein an diesem frühen Punkt der Untersuchung plötzlich von Gott redet – sie, die Atheistin. Gott würde sich über die Erlebnisse der Menschen nicht täuschen – wie wir uns häufig täuschen, aber auch »für ihn werden ihre Erlebnisse nicht zu eigenen und nehmen nicht dieselbe Art der Gegebenheit an«.[9]

Edith Stein setzt sich dann mit verschiedenen philosophischen Theorien auseinander, grenzt wieder einmal die Phänomenologie von der Psychologie ab. Dann kommt sie zur wesentlichen Voraussetzung der notwendigen Erklärung. Sie schildert die Konstitution des psychophysischen Individuums. Das heißt, sie entfernt sich gedanklich von jenem »reinen Ich«, das gleichsam im abstrakten Raum empfindet, das wahrnimmt, aber dies in einer emotionalen Leere. In der Wirklichkeit ist dieses Ich eingehüllt in Gegebenheiten, die gleichsam im vorphilosophischen Raum als Realität empfunden werden und von denen man ausgehen muß. Es gibt die Schichten der Seele; es gibt den Leib, dieses seltsame Gebilde, das zum Ich gehört und doch auch Gegenstand der Wahrnehmung ist. Der Leib ist mehr als ein bloßer Körper, den ich als etwas Fremdes betrachten könnte. Ich sehe ihn – zum Teil. Ich sehe meine Hände, meine Füße. Ich sehe den Rücken indirekt im Spiegel. Denn dieser Leib ist zu mir nicht so offen wie irgendein anderer Körper. Aber ich weiß, er gehört zu mir. Durch ihn nehme ich Phänomene wahr: Ich sehe mit meinen Augen; ich fühle mit meinen Händen. Zweifellos gibt dieser Charakter der Bindung an den Leib manches Problem auf. Edith Stein verweist hier auf das nicht nur literarische Motiv des Doppelgängers, der sozusagen der Leib ohne ›Ich‹, ohne mich selbst ist.

Wenn wir uns nun über die Einfühlung in das andere Individuum Gedanken machen, in schöner phänomenologischer Methode Grundsatzbetrachtungen anstellen, dann fällt uns auf, daß es gerade der Leib ist, der uns den Weg ermöglicht. Nämlich der Leib des anderen, den wir in Analogie zu unseren eigenen Leiberfahrungen wahrnehmen und beurteilen. Ich sehe einen Menschen rot werden in seinem Gesicht. Das kann Scham bedeuten, das kann Wut oder Zorn bedeuten. Ich setze das in einen Kontext ein. Hat dieser Mensch vorher gerade etwas Dummes gesagt oder getan, dann mag es Scham sein. Zittert sein Gesicht, ballt er die Faust, dann ist es Wut. Aus verschiedenen Wahrnehmungen setzt sich mein Eindruck zusammen.

Edith Stein prüft eingehend alle Möglichkeiten der Korrektur einer ersten Wahrnehmung, die so nicht stimmen muß. Sie erwägt das Problem der Täuschung: Ich interpretiere einen Ausdruck falsch, entweder, weil ich die Zeichen nicht richtig verstehe, oder weil mein Gegenüber, der andere Mensch, mich täuschen will. Sie erkundet auch, welche Bedeutung die Einfühlung in eine andere Person für die Erkenntnis des eigenen Ich hat. In der Erinnerung etwa an unsere Kindheit sehen wir uns ja auch im Grund als eine andere Person. Und es kann Momente geben, in dem die Einfühlung eines anderen Menschen in uns es möglich macht, daß ihm etwas aus der Tiefe unserer Seele bewußt wird, was wir selbst nicht wahrhaben wollen. »Er bemerkt z. B., daß ich beifallsuchend um mich sehe, wenn ich eine Wohltat erweise, während ich selbst aus reiner Barmherzigkeit zu handeln meine.«[10] Eine solche Textstelle zeigt übrigens die Verwurzelung der Phänomenologie in einer verpflichtenden Ethik. Sie war nicht nur für Edith Stein typisch.

Interessant ist besonders der letzte Teil der Dissertation: »Einfühlung als Verstehen geistiger Personen«. Dabei setzt sich die Autorin mit dem Begriff der Geisteswissenschaft auseinander, wobei sie, wie manche ihrer Zeitgenossen, streng zwischen dieser und der Naturwissenschaft unterscheidet. Sie ist skeptisch bis ablehnend gegenüber Versuchen, naturwissenschaftliche Methodik zu übernehmen. Das ist kein neuer Gedanke. Auch ihr Zweifel am Positivismus innerhalb der Geisteswissenschaften und seinem Wert wurde von vielen gelehrten Intellektuellen der damaligen Zeit geteilt. »Die genaueste Feststellung alles dessen, was Friedrich der Große vom Tage seiner Geburt bis zu seinem letzten Atemzuge getan hat, gibt uns nicht einen Funken von dem Geist, der in die Geschicke Europas umgestaltend eingriff, während der verstehende Blick sich seiner in einer hingeworfenen Bemerkung, in einem kurzen Brief bemächtigt.«[11] Hier ist etwas sehr radikal, fast einseitig ausgedrückt. Aber der Kern trifft entscheidend die Wahrheit. Eine historische Person wird uns nur dadurch vermittelt, daß wir sie als Person, also in ihrem Denken und im Ausdruck ihres Denkens wahrnehmen, daß wir uns in sie einfühlen können. Die psychophysische Verbundenheit zwischen uns und ihr läßt sich nicht durch direkte Anschauung wahrnehmen. Mit anderen Worten: Ich kann mich in König Friedrich nicht unmittelbar einfühlen, weil ich ihn nicht sehe. Aber jene Menschen, die ihn gesehen haben, begründeten eine Tradition. Sie wurden Chronisten, sie überlieferten uns etwas, das uns auf einem Umweg Einfühlung und Verständnis ermöglicht. Und das macht uns – nicht nur nach Ansicht Edith Steins – Geschichte erfahrbar.

Edith Stein, die ihre Thesen vorbringt, versteht sich selbst als Atheistin. Aber das verhindert nicht, daß sie von einer religiösen Frage berührt wird. Einfühlung geschieht in psychophysischer Weise. »Wie steht es aber nun mit rein geistigen Personen, deren Vorstellung ja keinen Widerspruch in sich schließt?«[12] Man kann dies auch so formulieren: Wie steht es um die Erfahrung Gottes? »Es hat Menschen gegeben, die in einem plötzlichen Wandel ihrer Person das Einwirken göttlicher Gnade zu erfahren meinten ...«[13] Irrten sie nur? Lag Selbsttäuschung vor? Edith Stein schiebt die Fragen weg. Das Studium des religiösen Bewußtseins ist in diesem Zusammenhang nicht ihre Aufgabe. Nur möchte man fragen, wie kommt sie überhaupt auf diese Fragestellung?

Während Edith Stein sich in Freiburg auf ihr Examen vorbereitet, änderte sich das Leben des Ehepaares Reinach in Göttingen. Hatte der Krieg den Mann erschüttert? War er durch die Wende seines Meisters so im Innern getroffen, daß er empfänglich wurde für eine andere Erfahrung? Wir wissen es nicht. Aber wir wissen, daß Reinach und seine Frau, die von Haus aus Juden waren, sich dem Christentum zuwandten, sich taufen ließen. Ihre Konfession war die evangelische. Später wurde Anna Reinach katholisch. Die Konfessionsfrage war ganz offensichtlich untergeordnet der prinzipiellen Hingabe an das Christentum.

Es war eine Zeit, in der es religiöse Aufbrüche gab. Auch der Zionismus fand seine Anhänger; das Judentum suchte nach einer Erneuerung. Warum also die Taufe? Wenn man Edith Steins Überlegungen zur Frage der Einfühlung, die aus dem phänomenologischen Gemeingut der Gedanken hervorgingen, konsequent weiterdenkt, könnte man eine Antwort geben: »Und das Wort ward Fleisch, und wohnte unter uns, und wir sahen seine Herrlichkeit, eine Herrlichkeit als des eingebornen Sohn vom Vater, voller Gnade und Wahrheit.« So steht es im ersten Kapitel des Johannes-Evangeliums, im vierzehnten Vers. Unter den monotheistischen Religionen ist das Christentum die einzige, die Gott als Menschen in der Zeit zeigt. Jesus Christus, die zweite Person der Trinität, der

Sohn ist als Mensch erfahrbar durch die Überlieferung der Evangelisten.

Sein Wirken auf Erden, seine Reden, seine Gleichnisse, seine Handlungen entfernen ihn von der Abstraktheit eines Gottesbegriffes, der rein philosophisch wäre. Er ist erkennbar an einer Geste, erlebbar an einem Satz. Man kann sich einfühlen. Reinach bekannte sich zu diesem fleischgewordenen Gott.

Wir sind auf Vermutungen angewiesen, wenn wir nach dem tiefsten Grund von Reinachs Konversion forschen. Wie die meisten Phänomenologen, die sich bekehrten, wie später auch Edith Stein, war er sehr zurückhaltend in seinen Äußerungen. Aus der ursprünglichen Ethik erwuchs eine Keuschheit; sie wollten das, was sie berührte, nicht der allgemeinen Diskussion preisgeben, deren Stil sie nur allzu gut kannten. Schon im April 1916 notierte Reinach: »Religiöse Erlebnisse, insbesondere plötzliche lassen sich nicht ›verstehen‹. Sie sind nicht ›motiviert‹. Ist das ein prinzipiell wichtiger Gesichtspunkt?«[14] Natürlich ist dies ein prinzipiell wichtiger Gesichtspunkt. Die Religion ist in der Welt, in der Reinach lebte, in der wir leben, eine Privatsache, die entsprechend anerkannt und gewürdigt wird. Aber die Tatsache, daß ein Mensch überfallen wird von der Absolutheit des Glaubens, entzieht sich dem allgemeinen Verständnis, bis zu einem gewissen Grad sogar dem Verständnis dessen, der die Erfahrung macht. Das Wesen, das den Blick dieses Menschen auf sich zieht, ist etwas anderes als das Eidos, als das Phainómenon, das Husserl kennt. Wie kann man von ihm reden?

Reinach plagt sich ab mit religionsphilosophischen Versuchen. Ich möchte hier eine längere Passage aus einer Schrift zitieren, die sich in seinem noch unveröffentlichten Nachlaß befindet, weil ich glaube, daß sie auch über Edith Steins spätere Position Wesentliches aussagt. Sie wurde im Herbst 1917 niedergeschrieben. »Wer eines solchen Erlebnisses« *(der Erfahrung Gottes)* »teilhaftig geworden ist, der mag hinübergehoben werden über alle Nöte und Zweifel des Lebens, er mag eine Umkehrung und Wandlung in sich erfahren, die mit keinem anderen Erlebnis seines Lebens vergleichbar ist, er mag eine feste Richtung erhalten haben, die nunmehr alle Schritte seines Lebens fest und sicher macht – aber was ist über dieses rein individuelle Geschehen im Dasein eines Einzelnen hinaus geschehen? Inwiefern insbesondere ist wahre Erkenntnis gefördert, wie kann ein solches subjektives Erlebnis Gültigkeit beanspruchen für den Einzelnen oder gar für alle Menschen überhaupt? Soviel Zweifel werden sich bei der heutigen erkenntnismäßigen Einstellung der meisten Menschen regen, soviel Abweisung von vornherein, daß man sich kaum die Mühe nehmen wird, die Bedenken genau zu formulieren ...«[15]

Hier bricht der Text ab. Reinach hat zwei Dinge angesprochen. Auf der einen Seite steht die Absolutheit der Erfahrung des Religiösen; auf der anderen Seite erkennt er sehr klar, welche Schwierigkeiten entstehen, wenn man die Erkenntnis des Absoluten mit seinem normalen Leben und mit der Gesellschaft in irgendeine Beziehung bringen will. Reinach war kein religiöser Schwärmer wie andere Frischbekehrte. Er erahnte Schwierigkeiten, die er selbst nicht mehr erfahren sollte. Vieles blieb Edith Stein überlassen.

Das junge Mädchen in Freiburg ahnte nichts davon. Wir wissen nicht, wann sie etwas von Reinachs Taufe erfuhr. Sie machte sich später einmal Gedanken, er möge doch über der Religion die Philosophie nicht vernachlässigen. Jetzt aber, in diesem Sommer 1916, bereitete sie sich auf das Rigorosum vor. Sie besuchte den Dekan der Philosophischen Fakultät. Er erschien in feldgrauer Uniform, denn er war Hauptmann der Reserve und Ausbilder von Rekruten. Zu der Studentin war er freundlich. Man wußte schließlich, was man an Husserl hatte. Sie erfuhr die Namen ihrer Prüfer. Ihre Nebenfächer waren Germanistik und Geschichte. Edith Stein wünschte sich als Prüfungstag den 3. August, denn sie mußte hernach nach Breslau, zurück in die Schule. Man kam ihr entgegen. Sie ging zu den Professoren, stellte sich vor. Es war eine etwas seltsame Situation; sie wurde von Gelehrten geprüft, die sie nicht kannten. Aber die kleine, zarte, intelligente Person muß einen positiven Eindruck hinterlassen haben.

Husserl las ein wenig geplagt ihre Arbeit und war von dieser geistigen Bemühung angetan. Er spürte sehr wohl, daß Edith Stein sich im Rahmen der Phänomenologie bewegte, daß sie aber selbständige Gedanken entwickelte, das gemeinsame Wissen bereicherte.

Edith Stein lernte fleißig und genoß dennoch ein Stück Sommerglück, Ferienglück. Erika Gothe war aus Göttingen zu ihr gekommen. Sie machten gemeinsame Ausflüge, bestiegen den Feldberg in aller Frühe. Die Schönheit des badischen Landes nahm Edith Stein in sich auf; es war eine Harmonie, die das ruhige, zielstrebige Arbeiten nicht stören konnte. Kurz vor dem Examen machten die Mädchen den großen Ausflug. Sie bestiegen den Hohentwiel und fuhren nachher an den Bodensee. Eine alte Frau brachte sie im Kahn auf die Insel Reichenau. Das Sonnenlicht brach sich in den Wellen; die Glocken der Kirchen läuteten.

Die Idylle wurde manchmal gestört. Es gab auf Freiburg Fliegerangriffe, zumindest das, was man im Ersten Weltkrieg darunter verstand. Und Erika Gothe weinte und zitterte um ihren Bruder, der drüben in den Vogesen an der Front war. Edith Stein versuchte, sie zu beruhigen. Sie ihrerseits wurde von Husserl beruhigt, der in seiner professoralen Attitüde sehr liebenswürdig anzudeuten verstand, daß ihre Arbeit ihm gefalle. Er formulierte es so, daß jeder Mensch es verstehen konnte, nur nicht ein der Prüfung entgegeneiferndes junges Mädchen. Die Sache stand gut – sehr gut sogar.

Husserl gab auch Einladungen. Bei ihm lernte Edith Stein den jungen Martin Heidegger kennen. Der später so ungeheuer einflußreiche Philosoph war kein Husserl-Schüler im

Martin Heidegger

engeren Sinne des Wortes. Er hatte in Freiburg, dem Zentrum seiner badischen Provinz-Heimat, brav studiert, erst Theologie mit Philosophie gemischt, dann reine Philosophie. Er promovierte noch bei dem Neukantianer Heinrich Rickert. Er kannte Husserls Werke sehr gut. Die »Logischen Untersuchungen« muß er mit großer Faszination, fast irritiert gelesen haben. Seine Verbundenheit mit der katholischen Theologie, in der die Sicherheit der Sachen wohlgeborgen ist in einer handfesten Lehre vom Sein, machte es ihm leicht, dem Ruf »Zu den Sachen selbst« intellektuell zu folgen. Er mag auch bereits gespürt haben, daß sich Husserl in einem solchen Schlagwort nicht festhalten ließ; er mag die »idealistische Wende« erkannt haben.

Was ihn von Husserls ersten Anhängern trennte, war die Tatsache, daß er nie in Göttingen war. Er hat die menschliche Verbundenheit des Kreises um den »Meister« nicht erfahren. Bereits frühzeitig konnte sich daher bei ihm ein Konkurrenzverhalten einstellen. Als Husserl nach Freiburg kam, wußte der eben zum Doktor geadelte Heidegger sehr wohl, wie er sich verhalten mußte. Er schloß sich der Phänomenologie an – mit Vorbehalten. Das Anbrechen eines neuen philosophischen Zeitalters verband sich für ihn nicht mit dem Namen Husserl. Heidegger war ehrgeizig.

Die Ambivalenz des Verhältnisses zwischen beiden Männern erklärt auch die spätere Entwicklung Heideggers, nicht nur manche Grundzüge seiner Philosophie, sondern auch sein moralisches Verhalten. Martin Heidegger schrieb für das »Jahrbuch für Philosophie und phänomenologische Forschung«, für Husserls Zeitschrift; aber er war kein Adolf Reinach. Es ware interessant, den Vergleich durchzuführen. Hier der Mann Heidegger, der sich aus dem konventionellen Christentum wegbewegte und so auf die Phänomenologie stieß. Dort Adolf Reinach, der um der Phänomenologie willen den Glauben an den Liberalismus der Ideen verlor und zu einem unkonventionellen Christentum fand.

Edith Stein hatte damals andere Probleme. Sie hatte gehört, daß Husserl einen Assistenten benötigte. Der II. Teil der »Ideen zu einer reinen Phänomenologie und phänomenologischen Philosophie« war von Husserl bereits konzipiert worden. Aber es bedurfte eines guten Husserl-Kenners, um das Entworfene zusammenzufassen, ja überhaupt erst lesen zu können. Husserl notierte seine Gedanken stets unverzüglich, beschrieb Zettel, und dies häufig in jener Gabelsberger Kurzschrift, die er in Österreich gelernt hatte. Man kannte damals in Deutschland den Ausdruck noch nicht: Aber was Husserl leistete, war ein klassischer Fall von »work in progress«. Nur müßte ein hilfreicher Mensch aus dem fortschreitenden Werk ein fortgeschriebenes machen.

Husserl führte eine Aussprache mit Edith Stein herbei. Es war auf der Straße. Der Meister hatte Erika Gothe und seine Frau ein wenig abgesondert. Und nun konnte Edith Stein die Frage stellen, die Husserl vermutlich erwartet hat. Ob sie ihm helfen könne, ob sie seine Assistentin werden könne? Der Professor war gerührt und nahm das Anerbieten an. Edith Stein fühlte sich glücklich. »Wir waren wie ein junges Paar im Augenblick der Verlobung.«[16] In den folgenden Gesprächen ging es um Konkretisierungen. Edith Stein würde ein Gehalt von 100 Mark im Monat bekommen, was natürlich auch für eine schlichte Lebensführung nicht ausreichte. Aber sie konnte sich ja auf die Familie verlassen. Der Stolz, eine junge Gelehrte ersten Ranges unterstützen zu dürfen, würde stärker sein als eventuelle Einwände, die dann auch nicht kamen.

Jetzt stand noch der Tag des Examens bevor. Es war ein heißer Augusttag. Edith Stein mußte sich ebenso konzentrieren wie ihre Prüfer. Als sie das Zimmer verließ, stand die Note im Grunde schon fest. Der Dekan, der die Prüfung lediglich überwacht hatte, schlug »summa cum laude« vor. Und die Prüfer folgten ihm gerne.

Die Note »summa cum laude« ist nicht mit einer schulischen Einsernote zu vergleichen. Dieser entspricht das »magna cum laude«, das bedeutet, der Doktorand war gescheit und fleißig. »Summa cum laude« heißt, der Doktorand ist so hervorragend, daß er sich habilitieren soll, also die Hochschullaufbahn einschlagen. Der Doktorand natürlich, von der Doktorandin ist die Rede nicht. Edith Stein, die ihre Note voller Euphorie aufnahm, mußte diese Bitternis erleben. Noch war es nicht soweit. Noch konnte sie sich an der schönen lateinischen Urkunde erfreuen.

Es ist ein historisches Kuriosum, daß der offizielle Rektor der Universität der Großherzog Friedrich II. von Baden war und der wirkliche Rektor nur als Prorektor ausgeschrieben wurde. Ein monarchischer Glanz lag über der Urkunde, die die »mulier doctissima« Edith Stein mit einem guten Titel und einem herrlichen Prädikat versah.

Am Abend des Prüfungstages wurde gefeiert, mit Roman Ingarden und anderen. Malwine Husserl und des Meisters Tochter Elly brachten dem Fräulein Doktor einen Kranz aus Efeu und Margariten. Er wurde ihr aufgesetzt. Und noch nach dem schönen Abend bei ihrem Doktorvater und seiner Familie trug ihn das junge Mädchen auf ihrem Heimweg durch die Stadt Freiburg, die verdunkelt war wegen der Fliegergefahr.

Edith Stein kehrte nach Breslau zurück. Sie mußte ihren Schuldienst erst einmal beenden. Man kann sich die Freude ihrer Familie vorstellen. Es hatte sich gelohnt, die Tochter zeichnete sich aus. Nach der Abwicklung aller Formalitäten kehrte sie nach Freiburg zurück, um am 1. Oktober in den Dienst Husserls zu treten. Ihre Aufgabe sollte es sein, die Notizen, die Skizzen auszuwerten, die Husserl angefertigt hatte für den zweiten Teil seiner »Ideen zu einer reinen Phänomenologie und phänomenologischen Philosophie«. Es war schwierig. Zuerst einmal mußte die Assistentin die Gabelsberger Stenographie erlernen, und dann mußte sie das Eng- und Kleingeschriebene lesen und einordnen. Sie mußte es abschreiben und dem Meister überreichen, der oft mit dem, was er früher gedacht hatte, nicht zufrieden war. In diesem Fall bat er seine Assistentin, diese Papiere doch zu verbrennen. Ein bitterer Lohn für die Arbeit.

Edith Stein hatte ein warmes Herz und war klug genug, den Meister zu verstehen. Sie kannte nicht nur den Stil seiner Arbeiten, seine Art zu denken, sondern auch den Stil seiner Arbeitsweise. Sie sah auch, daß Husserls Sehkraft nachließ, daß er mit dem, was er notierte, Schwierigkeiten hatte. Sie versuchte, das auszugleichen.

Manchmal hatte sie Sorgen. Im Dezember 1916 schrieb sie an einen Kollegen, der im Feld war und für den sie ein Weihnachtspaket zusammengestellt hatte, sie könne sich vorstellen, daß sie in eine Munitionsfabrik als Arbeiterin gehe, trotz der Arbeit an Husserls Ideen. Später wandte sie sich an Roman Ingarden, der ihr in Freiburg zu einem lieben, guten Freund geworden war. Sie erzählt ihm von Gesprächen mit Husserl, der sich plötzlich neue Konzeptionen seiner Philosophie überlegte, die das bereits Geschriebene zunichte machen würden.

Doch sie will offensichtlich die Skrupel des Philosophen überspielen. Das, was er geschrieben hat, soll in eine Form gebracht werden, die eine Vermittlung an andere ermöglicht. Es soll also druckreif werden. Da sie offensichtlich den Wert der Gedanken erkennt, will sie, daß diese formal abgeschlossen erscheinen können. Das Denken müßte zum Buch werden. Sie hatte damit beim Meister nicht viel Erfolg. Im Grunde lohnte es sich für sie nicht, daß sie vorderhand auf eigene philosophische Arbeiten verzichtete, daß sie deswegen sogar Depressionen auf sich nahm. Indem sie sich ganz auf die Koordination von Husserls Denken einließ, mußte sie sich selbst als zweitrangig empfinden, und dies sogar bei der Aufgabe, Husserls Denken zu einem gewissen Abschluß zu bringen.

Im Jahr 1960 sind in der französischen Zeitschrift »Révue Philosophique« von P. M. Schuhl Spekulationen darüber vorgetragen worden, daß die Schüler Husserls, vornehmlich auch Edith Stein, die Gedanken des Meisters geändert, variiert hätten. Es wäre natürlich schon sensationell, wenn man nachweisen könnte, daß eine Frau, die selig, später wohl heilig gesprochen werden soll, sich in ihrem Erdendasein mit der unbewußten oder bewußten Fälschung von grundlegenden philosophischen Ideen abgegeben hat. Aber wenn man von dem Reiz einer solchen Vorstellung einmal absieht, muß man sich fragen, wie eine solche Behauptung begründet werden kann.

In der relativ kurzen Zeit von Edith Steins Tätigkeit für Edmund Husserl häuften sich auf ihrem Schreibtisch die Papiere, die von des Meisters Hand beschrieben worden waren. Es ging längst nicht mehr um den zweiten Band der »Ideen«; es ging um eine Bearbeitung des ersten Bandes für eine Neuauflage, es ging um eine Passage aus den »Logischen Untersuchungen«, die ebenfalls neu ediert werden sollten. Dazu kamen Vorlesungsmanuskripte, z. B. über das Thema »Natur und Geist«. Für die Bearbeiterin ergab sich hier zweifellos die Möglichkeit zu vielfachen Querverbindungen, die sie in Husserls Denken vorfand und die sie aufnahm.

Der zweite Band der »Ideen« wurde 1952 aus dem Nachlaß des Philosophen publiziert. Das zugrundeliegende Manuskript zeigt Edith Steins Handschrift. Und es geht aus ihm hervor, wie Edith Stein Texte zusammenzog, die Gedanken einem Schema zuordnete. Edith Stein legte aber stets ihre Arbeiten vor, ja drängte Husserl geradezu, sich mit den Manuskripten auseinanderzusetzen. Es war Husserl, der zögerte, der immer wieder über sein früheres Denken unwillig wurde.

Roman Ingarden hat die Vorwürfe der »Révue Philosophique« gegen Edith Stein mit der Verve eines polnischen Kavaliers zurückgewiesen und seine persönliche Erinnerung an seinen Doktorvater wie an seine Kollegin in die Diskussion eingebracht.[17] Husserls Arbeitsweise war ihm bestens bekannt. Und die Haltung von Edith Stein dokumentiert er mit Briefen, die sie ihm schrieb, wenn er sich in der alten Stadt der Phänomenologie, in Göttingen, aufhielt. Daß er diese und viele andere Briefe aufbewahrte, zeigt, wie sehr er Edith Stein menschlich und intellektuell schätzte.

Nun findet sich freilich gerade in diesen Briefen eine Passage, die den kritischen Spürhunden recht geben könnte. Edith Stein schreibt am 5. Januar 1917, also zu Beginn der intensiven Arbeit. Nach einem Gespräch mit Husserl, der wieder einmal den ersten Teil der »Ideen« sich neu überlegen wollte, sei die Kommunikation mit dem Philosophen stagniert. »Ich habe mir jetzt vorgenommen, unabhängig von den wechselnden Einfällen des lieben Meisters ... sie in eine Form zu bringen, die es auch andern zugänglich macht. Wenn ich soweit bin und er sich dann immer noch nicht entschlossen hat, die Arbeit systematisch anzugreifen, dann werde ich auf eigene Faust versuchen, die dunklen Punkte aufzuklären.«[18]

Man darf freilich den Kontext des Briefes nicht außer acht lassen. Er ist in einer Stimmung tiefer Depression geschrieben. Edith Stein zweifelt an ihrer philosophischen Begabung; sie will nur einmal etwas Trotziges sagen. Sie hat gemerkt, daß sie hier als Dienerin des Meisters fungiert, als Dienerin, nicht unbedingt als Vertraute. Und diese Stimmung kehrt wieder. Selbst wahrscheinlich nicht so böse gemeinten Scherzen entnimmt sie nur den Ton, der sie verbittert.

»Die neueste Prognose des Meisters ...: ich muß zunächst so lange bei ihm bleiben, bis ich heirate; dann darf ich nur einen Mann nehmen, der ebenfalls sein Assistent wird und die Kinder desgleichen.«[19] Das wirkt auf sie schwer beleidigend.

Sollen aber wegen dieser Aussage die Kritiker recht haben? Wenn Edith Stein bewußt Husserls Ansichten gefälscht hätte, müßten wir von der Voraussetzung ausgehen, daß die prekäre Seelenlage Edith Steins ihren Charakter verändert hätte. Sie wäre dann eine boshafte Intrigantin geworden, der es Freude machte, ihr eigenes Denken als das des Philosophen auszugeben. Aber dazu war Edith Stein moralisch nicht in der Lage. Sie wollte dem trotz allem lieben Meister nichts Böses antun. Und sie hat auch nicht unbewußt den Text verfälscht. Dies wäre nur dann möglich, wenn Edith Stein Husserl noch auf ihrer Seite, auf der Seite der Göttinger Phänomenologie wähnte. Aber sie sah den Unterschied klar genug.

Im Februar 1917 nahm sie in einem Brief an Ingarden das Gesagte fast zurück. Sie wollte sich an Husserls Intentionen halten. Sie berichtet von einem Gespräch mit ihm, in dem er ihr seine Gedankengänge klarlegte. Und sie formuliert auch, was sie für den Urgrund der philosophischen Schau hält: »Eine absolut existierende physikalische Natur einerseits, eine Subjektivität bestimmter Struktur anderseits scheinen mir vorausgesetzt, damit sich eine anschauliche Natur konstituieren kann.«[20] Die »absolut existierende physikalische Natur« war ganz einfach in Husserls Umgebung Ketzerei, noch mehr absoluter Abfall von der reinen Lehre. Dessen war sich Edith Stein bewußt. Und darum hat sie es vielleicht nicht ganz so ernst gemeint. Zumindest war der Meister, dem sie später von dem Gedanken erzählte, nicht zutiefst schockiert. Oder er versuchte zumindest, nicht so zu erscheinen.

Denn er brauchte sie. In Göttingen hatte er als Professor von Ministeriums Gnaden seine Studenten selbst in die intellektuelle Geschicklichkeit des phänomenologischen Denkens eingeführt; dann hatte er diese Aufgabe Adolf Reinach überlassen. Nun sollte Edith Stein hier in Freiburg das werden, was Reinach in Göttingen war. Sie sollte die Studentinnen und Studenten dazu befähigen, Husserls Vorlesungen und Übungen folgen zu können. Der Meister stellte ihr dafür den Seminarraum zur Verfügung.

Edith Stein verbrachte einen Teil der Frühlingsferien zwischen den Semestern in Breslau. Als Lektüre hatte sie den zu überarbeitenden Teil der »Logischen Untersuchungen« dabei. Mit dem Sommersemester begannen die Übungen. Edith Stein setzte sich für die Vermittlung ein. Einige ihrer Schüler, wie die Schriftstellerin Gerda Walther, liebten die Stunden und profitierten von der Möglichkeit, mit Edith Stein persönlich zu sprechen. Bei anderen Studenten hatte sie es nicht so leicht. Eine gewisse Verärgerung über die Tatsache, daß man gerade in einer so elitären Umgebung von einer Frau belehrt wurde, war nicht immer leicht zu verkraften.

Zudem hatte Edith Stein im Scherz dieses philosophische Proseminar als »philosophischen Kindergarten« bezeichnet. Hätte Reinach dies in Göttingen gesagt, wäre der Witz gut angekommen. Hier aber lachten nur die ohnehin Wohlwollenden. Wenn man sich die damalige Rollenvorstellung der Geschlechter in Erinnerung ruft, kann man etwas Peinliches heraushören. Wenn eine Frau einen Kindergarten leitet, dann ist das keine Metapher mehr. Dann assoziert man die Realität des Bildes. Die Kindergärtnerin – das Kindergartenkind. Und wer ist das schon gerne am Anfang seines Studiums?

Und wie hat es Edith Stein selbst empfunden? Sie leistete das Ihre. Aber sie bildete gar nicht jene sogenannte Weiblichkeit aus, die Husserl zweifellos voraussetzte und die auch manche ihrer Biographen ihr zuschrieben. Sie wollte nicht die Frau sein, die gehorsam im Dienst eines Professors steht, um Zettel in eine Ordnung zu bringen. Was den Kindergarten betrifft, so erinnert man sich unwillkürlich an des kleinen Mädchens lautstarke Aversion gegen diese Einrichtung.

Sicher machte es ihr jetzt schon Vergnügen. Aber es sollte eben nicht alles sein. Sie wußte zu gut, was ihre Position von der Reinachs unterschied.

Sie durfte sich nicht habilitieren. Husserls Tochter Elly setzte sich für sie ein. Husserls Frau war ihr wohlgesonnen. Aber das nützte nicht viel: Husserls Haltung war noch geprägt von der Vorstellung, daß der Gelehrtenberuf ein Männerberuf sei. Er spürte nicht, wie sehr sich Edith Stein nach klärenden philosophischen Gesprächen mit ihm sehnte, die auf dem Niveau der Göttinger Unterhaltungen gewesen wären. Er spürte nicht, daß sie eigenständig arbeiten, ihre Gedanken verfolgen und niederschreiben wollte.

Man darf Husserl nicht verurteilen. Es war schwer für den Mann, eine Frau vollzunehmen angesichts der allgemeinen Vorurteile. Und er selbst war innerlich verstört. Getroffen vom Tod seines Sohnes, unzufrieden mit dem, was er geschrieben hatte. Zudem litt er unter dem Abfall mancher Schüler, unter der Konkurrenz eines Max Scheler, der die Phänomenologie gängiger lehrte, wohl auch schon unter dem jungen Martin Heidegger.

Und auch Edith Stein muß gelitten haben unter der Zeit. Im Jahr 1917 war viel von der anfänglichen Kriegsbegeisterung verloren gegangen. In Frankreich rieben sich die deutschen, die französischen und die englischen Truppen gegenseitig auf. Es klingt schon Trotz mit, wenn Edith Stein im Februar 1917 an Roman Ingarden schreibt: »Da mir nun das Erstarken des Selbstbewußtseins mit einer aufsteigenden Entwicklungstendenz verbunden zu sein scheint, so scheint mir die Organisation als ein Zeichen innerer Kraft und das Volk das vollkommenste (seiner Durchbildung als Volk, natürlich nicht seinen ›Charakteranlagen‹ nach), das am meisten Staat ist. Und ich glaube bei ganz objektiver Betrachtung sagen zu können, daß es seit Sparta und Rom nirgends ein so mächtiges Staatsbewußtsein gegeben hat wie in Preußen und im neuen Deutschen Reich. Darum halte ich es für ausgeschlossen, daß wir jetzt unterliegen.«[21]

Angesichts des späteren Schicksals von Edith Stein möchte man diese Zeilen am liebsten auslöschen. Aber ihr Glaube war ja in diesem Moment nicht einmal chauvinistisch. Es war der alte nationalliberale Stolz auf die Höherrangigkeit des preußischen Staates. Es war das Gefühl, daß diese Ansicht nicht nur auf Hegel beruht, sondern auch auf jenen Phänomenen, die man selbst wahrnahm. Dabei distanziert sich Edith Stein nicht nur aus Höflichkeit gegenüber dem Polen Ingarden von einer Verklärung irgendwelcher Charakteranlagen, deren Glorifizierung manche Zeitgenossen betrieben. Sie glaubt an jene geistige Form des Staates, mit der sie sich später genauer auseinandersetzen wird.

Aber die Politik und das Kriegsglück beruhen auf Realitäten, die man philosophisch nicht beweisen muß. Im April 1917 erfolgte die Kriegserklärung der Vereinigten Staaten an Österreich und Deutschland. Eine Friedensnote des Papstes Benedikt XV. vom 1. August war erfolglos. Und im Westen wurde weiterhin geschossen. Im Osten gab es Neues in diesem Jahr. Die Herrschaft des russischen Kaisers brach zusammen. Nikolaus II. dankte im März ab. Es gibt Koalitionen und Kämpfe zwischen bürgerlichen und sozialistischen Parteien. Wladimir Iljitsch Lenin kehrte in sein Heimatland zurück, er wird als Sieger aus den revolutionären Auseinandersetzungen hervorgehen. Eine grundlegende Veränderung der Welt hat begonnen. Die meisten Staatsmänner waren sich dessen nicht bewußt. Die Menschen in den westlichen Ländern betrachteten ihren Krieg wie ein tödliches Spielzeug.

Verglichen mit dieser stürmischen Entwicklung gab es im Westen nicht viel Neues. Für Edith Stein war es allerdings viel: Adolf Reinach fiel im November 1917 in Flandern. Nun gehörte sie zu den »Trauernden erster Ordnung«. Obwohl es Husserl nicht gefiel, fuhr sie nach Göttingen. Sie wollte mit der Witwe sprechen. Und es mußte der Nachlaß gerettet und bearbeitet werden. Der Philosoph Reinach mußte im Geist weiterleben. Edith Stein hatte auf dieser Reise Angst. Sie fürchtete sich vor Reinachs Haus, in dem sie so viele lehrreiche und fröhliche Stunden verbracht hatte. Sie wußte nicht, wie Reinachs Witwe reagieren würde. Findet sie eine Frau vor, die absolut verzweifelt ist, eine junge Frau, verloren im Schmerz? Es war für Edith Stein eine Überraschung, daß Anna Reinach gefaßt wirkte, daß sie den Tod nicht als Ende eines sinnlosen Daseins empfand, sondern daß sie wußte, der Tod ihres Mannes war eingebettet in das Mysterium des

Leidens in dieser Welt. Er war gerade in der scheinbaren Sinnlosigkeit dem Tod des Menschensohnes verbunden, der ans Kreuz genagelt worden und auf dem Berg Golgatha unter Qualen gestorben war.

Edith Stein begegnete einem Glauben, der nichts mit den sehr ehrenwerten Konventionen der bürgerlichen Welt zu tun hatte. Hier wurde Gott nicht anerkannt, weil es uns gut geht, weil wir im Rahmen seiner Gebote auch anständig leben können. Hier wurde Gott anerkannt, weil er jenseits aller irdischen Erwartungen war. Ein Gott, für den nichts sprach, als daß er das war, wonach sich Edith Stein sehnte: die Wahrheit.

Ihre innere Unruhe machte sie für die Stimmung der Anna Reinach aufnahmefähig. Aber sie wurde mit dem Erlebnis nicht gleich fertig; sie mußte sich noch einige Jahre in ihrem Hirn und in ihrem Herzen damit abplagen. Zumal es ja nicht der Gott der Väter war, zu dem sie einfach hätte hinrennen können, wie ein Kind, das sich verlaufen hat, sondern der Gott einer christlichen Welt, die sie zweifellos immer als andersartig empfunden hatte. Ihr war der Sohn Gottes, den man in den katholischen Kirchen in Brot, in der Hostie verehrte, bisher fremd gewesen.

Nun aber war er zumindest zum Phainómenon geworden, zu dem, was sich durch einen anderen Menschen hindurch wahrnehmen läßt. Vielleicht erinnerte sie sich in diesen Stunden an die Frau, die sie in einer Kirche knien und beten sah. Diese einfache Frau und Anna Reinach mochten etwas gemeinsam haben. Aber nun mußte sie arbeiten. Lange wurde mit den Freunden beraten. Zuerst dachte man an einen Gedenkband für Reinach. Es sollte jeder der Freunde ein Stück philosophischer und sonstiger Erinnerungen beisteuern. Dieser Plan zerschlug sich. Die innere Krise der Phänomenologie mag mit dazu beigetragen haben. Im Lauf des Jahres 1918 einigte man sich dann auf die Herausgabe von Reinachs »Gesammelten Werken«. Edith Stein bearbeitete darin eine nachgelassene Schrift Reinachs »Über das Wesen der Bewegung«. Der Band erschien im Jahr 1921. Es gab bei phänomenologischen Schriften immer wieder Verschiebungen des Drucktermins, die vor allem mit ökonomischen Schwierigkeiten der Verleger solcher Arbeiten in der damaligen Zeit zu tun hatten.

Edith Stein war nach Freiburg zurückgekehrt. Aber ihr Verhältnis zu Husserl wurde nicht besser. Sie benutzte die Frühjahrsferien 1918 dazu, ihm ihren Rücktritt schriftlich mitzuteilen. Vielleicht mag sie noch gehofft haben, daß der Meister dann in sich ginge und die wissenschaftlichen Beziehungen menschlich gestaltete. Husserl aber verstand sie lediglich. Er wollte den zweiten Band der »Ideen« im Grunde nicht mehr veröffentlichen.

Und so gab es dann in Freiburg nur mehr abschließende Arbeiten zu erledigen. Edith Stein beschäftigte sich mit einem neuen Projekt. Sie hatte Ingardens Einwendungen gegen einen Punkt ihrer Doktorarbeit ernst genommen. Das psychische Moment käme in der Analyse zu kurz. Nun ging sie daran, eine philosophische Begründung der Psychologie zu schreiben. Und sie erinnerte sich wohl, daß sie sich auch über den Staat schon Gedanken gemacht hatte. Das waren Themen, wie man sie für Habilitationsschriften aufgreift.

Es sah nicht gut aus in diesem Krieg. Die Schwestern von Edith Stein waren deprimiert. Sie spürte, daß es nicht nur in ihrem Leben eine Krise gab. Aber sie hoffte, daß aus dieser Krise etwas Neues hervorkommen werde. Nicht zufällig erwähnt sie in einem Brief neben der philosophischen Wende die neue Kunst des Expressionismus.[22] Es wird schwer sein, es wird lange dauern. Aber das Andere, das mit dieser alten Welt nichts mehr zu tun hat, wird kommen.

Im Herbst 1918 verläßt Edith Stein Freiburg, nicht im Streit mit Husserl, fast ohne Bitterkeit. Sie wollten in Verbindung bleiben, und sie blieben es auch.

Der Erste Weltkrieg ging zu Ende.

Die Mutter: Auguste Stein, geb. Conrant

Edith Stein (re.) mit ihrer Schwester Erna

Als Studentin
in Göttingen

Edmund Husserl

Thomas von Aquin

Raphael Walzer
Erzabt von Beuron

Erzabtei Beuron

Im elterlichen Haus in Breslau, um 1920

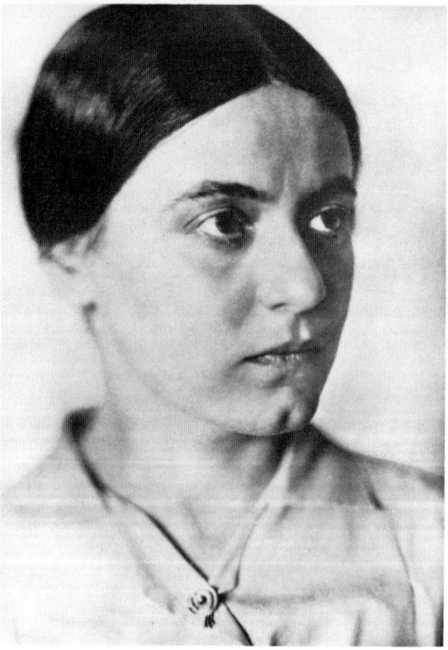

Auf einer Vortragsreise in Wien, 1931

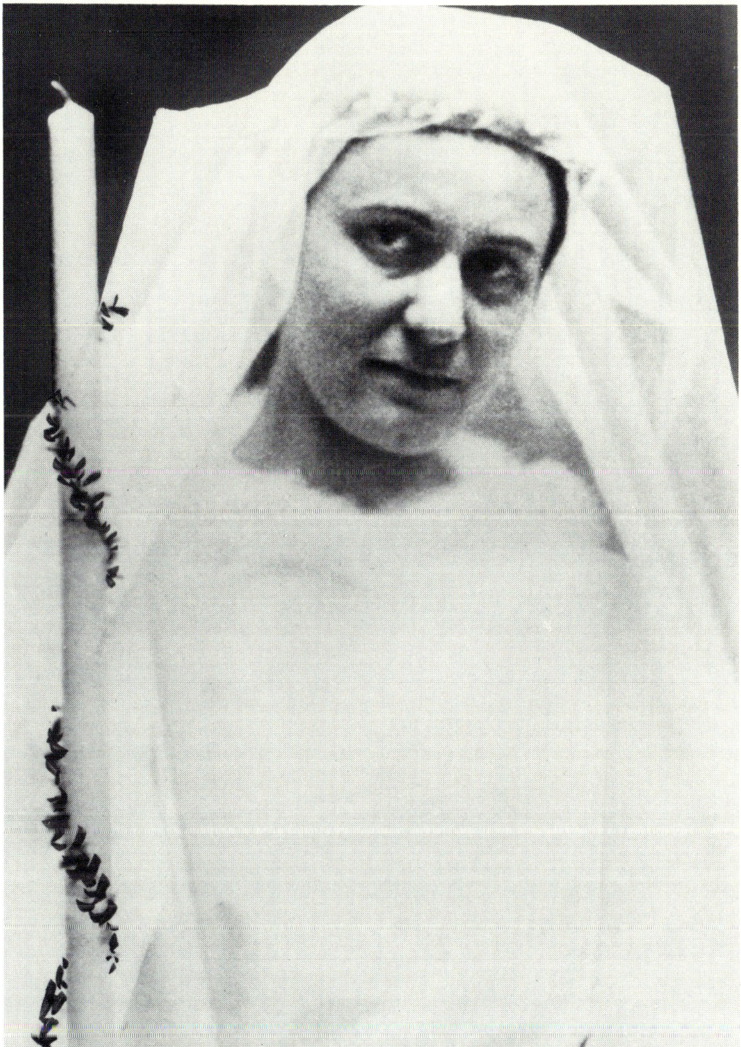

Als Braut Christi beim Eintritt in den Karmel, 1934

Die Nonne Soror Benedicta

Die Rampe von Auschwitz

Die Suchende – Die Findende

»Was ein Erlebnis, wie etwa das Leid eines besiegten Volkes, umspannt, das ist so gewaltig, daß der einzelne wie vor etwas Unermeßlichem und Unfaßbarem davor steht. Und nicht nur der, der als Fremder der Gemeinschaft gegenübertritt, sondern auch der, der zu ihr gehört, der an ihrem Erlebnis Anteil hat und es mitaufbauen hilft.«[1]

Diese Passage findet sich in Edith Steins Arbeit »Beiträge zur philosophischen Begründung der Psychologie«. Edith Stein wußte, wovon sie sprach, auch wenn es nur um ein Exempel ging. Sie meinte sehr konkret das Deutschland, das den Krieg verloren hatte. Nur zwei Seiten vor dem Zitat befindet sich eine Fußnote, die fast privat klingt: »Den Ausbruch des Krieges beispielsweise habe ich als Durchbrechung meines persönlichen Lebensganges erlebt und zugleich als unser gemeinsames Schicksal.«[2] Auch hier geht es ihr um den Nachweis, wie sehr ein Individuum mit der Gemeinschaft, in der es lebt, verbunden ist.

Aber diese Verbundenheit hat doch einen ganz besonderen Charakter. Edith Stein hat den Kriegsbeginn als ein Erlebnis empfunden, das ihre Person betrifft. Und ebenso hat sie die Niederlage des Deutschen Reiches als persönlichen Schmerz aufgenommen. Ihre Vaterlandsliebe war sehr verletzt worden; sie mußte sehen, wie sie damit zurecht kam. Eines half ihr: Ihr war von Anfang an der Kult um den Kaiser Wilhelm II. auf die Nerven gegangen, auch Sedansfeiern liebte sie nicht. Dieser Überschwang des Patriotischen hatte sie abgeschreckt. Was sie verehrte, war im Grunde nicht »Glanz und Gloria«, es war ein total verinnerlichtes Preußen, dessen Werte sich nur dem denkenden Menschen offenbarten. Und dieser Staat, der im Reich der Gedanken sein angestammtes Land hatte, war nicht besiegt worden und konnte nach Ansicht seiner Anhänger auch nie besiegt werden. Viele Widerstandskämpfer in der Zeit des Dritten Reichs starben für ihn.

Es gab viele Vorstellungen über die Zukunft. Schon in Freiburg hatte sich Edith Stein damit auseinandergesetzt. Sie redete mit ihren Studenten darüber. Sie hörte sich eine Studentin an, die das Heil im Marxismus sah. Davon wurde sie nicht überzeugt. Der Vetter, Richard Courant, schloß sich in diesen knappen Hoffnungsjahren der Nachkriegszeit der Sozialdemokratie an. Er war hellsichtig und wollte beides: Den sozialen Ausgleich, Hilfe für die Hungernden. Und sie hungerten in diesen harten Nachkriegsjahren alle damals, auch Edith Stein, selbst wenn sie wenig in ihren Briefen darüber schreibt. Courant wollte vor allem die Demokratie, jene Staatsform, die dem Volk das Recht gibt, über sich selbst zu bestimmen. Und das durch eine klare Wahl ohne ein preußisches Drei-Klassen-Wahlrecht, das die Armen von den Wohlhabenden trennte, aber auch ohne eine Diktatur des Proletariats.

Edith Stein entschied sich für die Deutsche Demokratische Partei. Es war eine neue Partei; aber sie hatte Mitglieder wie Walter Rathenau, die bekannt waren und deren Namen versprach, daß der Liberalismus hier eine Heimat finden konnte. Zitieren wir den Mann, der als erster Präsident der Bundesrepublik Deutschland in die Geschichte einging, Theodor Heuß, und hören wir, was er damals sagte: »Wir sind zwischen Gestern und Morgen gestellt. Das alte Deutschland liegt hinter uns – wir wollen es nicht schmähen. Es war die Heimat unserer Väter, das Land der Arbeit, des Fleißes, der Beharrlichkeit. Wir werden auch später aus seinem mancherlei Erbe und seinen Tugenden Kraft ziehen. Aber heute sind die Bänder zerrissen und wir müssen aus uns den Mut zum Neuen herausstellen... Nun stehen wir vor dem Neuen... Wenn wir heute staatsrechtlich neu denken sollen, so nehmen wir den Verfassungsentwurf des Jahres 1849 aus der Schublade und buchstabieren dort weiter, wo unsere Großväter aufgehört haben.«[3]

Die Partei, die im Sinne der neuen Verfassung demokratisch wirken wollte, wandte sich gegen die Dolchstoßlegende der Rechten, gegen die Feinde der jungen, schwachen Weimarer Demokratie. Ihre Anhängerschaft bestand hauptsächlich aus dem progressiv gesinnten Bürgertum, das in dieser jungen deutschen Republik alte deutsche Hoffnungen verwirklichen wollte. Es war also durchaus eine patriotische Partei, nur eben eine, die das Ideal der Gerechtigkeit hochhielt. Sie hatte es schwer – auch im Vergleich mit der entschiedenen Linken.

Edith Stein befand sich in einer Situation, die ein wenig jener der Partei glich. Für sie als Patriotin war das alte Kaiserreich zerstört, aber sie spürte sehr stark, daß etwas Neues im Entstehen war. Der Elan einer Innovation, wie ihn die Phänomenologie darstellte, der Elan des Expressionismus, des neuen Denkens und des neuen Gestaltens war nicht untergegangen, er wirkte nach diesem Krieg weiter. Edith Steins intensive Arbeit lebte von diesem Elan.

»Psychische Kausalität« lautete der Titel des ersten Teils, der ersten Abhandlung ihrer »Beiträge zur philosophischen Begründung der Psychologie und der Geisteswissenschaften«. Der zweite Teil des Titels erinnert an die Frage, die sie am Ende ihrer Doktorarbeit aufwarf: Wie soll man die Geisteswissenschaften einordnen? Aber ihr Hauptanliegen ist doch vor allem die Psychologie. Von der alten Psychologie der akademischen Lehrmeinungen hatte sich die Phänomenologie abgesetzt, hatte deren Vorherrschaft energisch negiert. Dennoch oder gerade deswegen mußte es einen phänomenologischen Zugang zu psychologischen Fragen geben. Man mußte nur die richtige Methode wählen. Man mußte von allen Äußerlichkeiten absehen, man mußte reduzieren auf das, was wir erkennen können.

So geht Edith Stein vor. Sie erkundet als erstes den reinen, ursprünglichen Bewußtseinsstrom. Wir erleben etwas, wir erleben ein Nächstes und ein Übernächstes. Das fließt durch uns hindurch wie ein Strom. Aber dabei bleibt es nicht. Wir verbinden das, was wir erleben, was uns bewußt wird, miteinander. Wir entwickeln Erlebniseinheiten. Wir erinnern uns an etwas, während wir es als Neues in uns aufnehmen. Es entstehen in unserer Psyche »Felder«, Einheiten, die sich aus verschiedenen psychischen und leiblichen Wahrnehmungen zusammensetzen: Hier wirken die aufnehmenden Sinne mit, aber auch die Erinnerungen und die Assoziationen, die sich uns aufdrängen. Das Ich, das schon vorhandene, geprägte Ich, die Person, ist dem Bewußtseinsstrom nicht einfach ausgeliefert oder hingegeben. Eine kleine Verschiebung in meiner Konstitution kann die Aufnahme des Bewußtseinsstroms verändern. Um es ganz banal zu sagen: Ich kann zu abgespannt, zu müde sein, um irgendwelche Eindrücke noch empfangen zu können.

Hier führt Edith Stein den Begriff »Lebensgefühl« ein. Und sie verbindet damit einen anderen Begriff, den der Kausalität. Das mag überraschen. Das Lebensgefühl, die Stimmungen, die sich uns täglich, stündlich aufdrängen, die Frische unserer Seele und deren Erschöpfung – haben sie wirklich etwas zu tun mit dem »Analogen der Kausalität im Reiche der physischen Natur«?[4] Die Kugel wird gerollt, sie stößt auf eine andere Kugel und setzt diese in Bewegung. Die Erlebnisse, die dem Lebensgefühl begegnen, versetzen es genauso in Bewegung, lassen es seine Position verändern, in eine andere Lage geraten.

Doch diese Kausalität ist schwerer auszumachen als die der physischen Parallele. Hier stößt die eine Kugel, hier dreht sich daraufhin die andere und bewegt sich. Wie anders ist es, wenn unsere Seele etwas aufnimmt. Man wird sehr wohl durch die Wahrnehmungen, durch die Gehalte, die diese mit sich bringen, bewegt; doch gleichzeitig gibt es in uns so etwas wie einen Modus, eine Art und Weise, in der unser Lebensgefühl reagiert. Ich empfinde Wärme, das klingt, um die Ausdrucksweise Edith Steins zu verwenden, ganz »ichfremd«; ich spüre es. Aber schon gesellt sich ein »ichlicher« Tatbestand dazu: Ich finde die Wärme an diesem Tag sehr angenehm.

Dieses Lebensgefühl, das einerseits vom Bewußtseinsstrom geleitet wird, andererseits ihn strukturiert, hängt von einer anderen Macht in meinem Innern ab, von der »Lebenskraft«. Sie macht uns fähig, etwas aufzunehmen; sie bedingt durch ihre Präsenz die Reaktionen der Psyche. Sie wird freilich dadurch, daß sie das Lebensgefühl speist, in Anspruch genommen. Sie wird strapaziert. Wenn Eindrücke uns bewußt werden, die im Grunde unsere Lebenssphäre nicht tangieren, dann ist die Strapaze nicht allzu groß. Die Erfahrung wirkt harmlos. Und ähnlich ergeht es auch dem Ich, wenn es sich auf gewisse Motive im Bewußtseinsstrom spezialisiert hat. Wer sich vor allem um die Aufnahme von Tönen kümmert, um die Harmonie der Instrumente und der Stimmen, wer also Musiker ist oder Musikkritiker oder begeisterter Konzertbesucher, der schont seine Lebenskraft. Er begegnet dem, worauf er sich innerlich vorbereitet hat. Aber es kann passieren, daß er plötzlich andere Interessen entwikkelt, daß ihn etwas berührt, das nichts mit Musik zu tun hat. Er beansprucht seine Lebenskraft. Oder er wehrt sich gegen die neue Erfahrung. Er zieht sich zurück, läßt alles, was ihn bewegen könnte, stumpf werden. Im Bereich der Lebenskraft gilt das Gesetz von Ursache und Wirkung, das Gesetz der Kausalität, wenn auch in einer etwas variierten Form. Die Lebenskraft kann zur Ermattung ihrer selbst und des Menschen führen. Dann geht nichts mehr.

Doch es gibt das absolut Andere, das Moment, das die Kausalität der Natur prinzipiell von der Existenz des souveränen Menschen scheidet. Es gibt für dessen Psyche die Kraft der Motivation. Edith Stein hat hier einen Begriff aus Husserls »Ideen« entliehen, der nach des Philosophen Absicht ein »phänomenologischer Grundbegriff« ist.[5]

Mit der Motivation beginnt das geistige Leben. Das Ich vollbringt geistige Akte und wird dadurch erkennbar. Und gleichzeitig orientiert es sich an dem, was es erkennen kann, was viel wertvoller ist als die Wahrnehmungen, die ihm der Bewußtseinsstrom vermittelt. Wenn wir selbst erkennbar sind und gleichzeitig erkennen, daß etwas anderes da ist, so wird die Existenz des Anderen auf uns motivierend wirken. Hier schreibt Edith Stein einen Satz, der durch alle moderne Philosophie hindurch ganz vorsichtig an frühe Gottesbeweise des jungen Mittelalters erinnert: »Es liegt im Sinne eines als wertvoll Erkannten, daß es zugleich als sein sollend dasteht.«[6] Die Motivation wird hervorgerufen durch etwas, das die Psyche als Wert erkannt hat. Und damit wird die bloße Kausalität, der bloße Ablauf von Bewußtseinsstrom, Lebensgefühl und Lebenskraft überwunden.

Aus der Motivation wachsen die Handlungen hervor. Der Mensch tut etwas, er wendet sich einem anderen Menschen, einer Idee zu. Aber auch diese Motivation ist nicht ganz frei. Gerade im geistigen Bereich gibt es »Stellungnahmen«, die sich im Menschen vollziehen, die sein Denken und Handeln bestimmen. Im vulgären Sprachgebrauch würde man sie als Voreingenommenheit bezeichnen (nicht zu unrecht: der Mensch, der eine Erfahrung macht, ist ja vor-eingenommen von sich selbst, von früheren Erfahrungen). Indem Edith Stein über gewisse Schwierigkeiten in diesem Zusammenhang spricht, kommt sie zu einer sehr wichtigen Formulierung: »... ein überzeugter Atheist wird in einem religiösen Erlebnis der Existenz Gottes inne. Dem Glauben kann er sich nicht entziehen, aber er stellt sich nicht auf seinen Boden, er läßt ihn nicht in sich wirksam werden, er bleibt unbeirrt bei seiner ›wissenschaftlichen‹ Weltanschauung, die durch den unmodifizierten Glauben über den Haufen geworfen würde.«[7]

Dieses Zitat, das sich auf eine mögliche Quelle der so

überaus wichtigen Motivation, der geistigen Triebkraft, bezieht, unterscheidet sich von manchem Text, den man sowohl in Edith Steins wie in Husserls Schriften findet, in denen von Gott und Religion die Rede ist. An dieser Stelle geht Edith Stein nicht von der Vorstellung aus, daß sich jemand nach Religion sehnt, daß jemand ein religiöses Erlebnis aus diesem Wunsch heraus erfährt. Im Gegenteil, die Existenz Gottes erscheint vor ihr wie eine »Sache« im besten phänomenologischen Sinne des Wortes nach alter Göttinger Tradition. Man wird dessen inne, aber man will es nicht wahrhaben. Zugunsten einer Weltanschauung, die allgemein üblich ist und mit der die Phänomenologen sich zum Teil abfinden.

So auch Edith Stein in ihrer Abhandlung, die auf das Problem nicht näher eingeht. Sie muß noch viel erklären. Etwa, wie es zu freien Handlungen kommt, in denen sich der geistige Mensch aus der Kausalität herauslöst, in denen er aus keinem Impuls heraus handelt. Sie befaßt sich mit den Momenten, die einen Menschen zum Handeln, zur Tat bringen. Am Anfang steht der Trieb; er gehört dem Bereich des Kausalen an. Eine höhere Stufe nimmt bereits das Streben ein, das sozusagen das materielle Verlangen verkörpert. Es ist ein schöner Tag. Mein Streben treibt mich zu einem Spaziergang, ich möchte mich an dieser Helle delektieren. Aber wieder gibt es etwas, das dem Geist entspricht: Es ist das Wollen, das mit Motivation korrespondiert: Ich muß arbeiten, ich muß meiner Pflicht nachkommen.

Im erkenntnistheoretischen Zusammenhang unterschieden sich Husserl und seine Schüler radikal von Kant und vor allem von den Neukantianern. Aber was ihre ethischen Verhaltensmuster betraf, so verhielten sie sich so gut preußisch-anständig wie der Königsberger Professor. Dabei weiß Edith Stein sehr gut, daß die scheinbar niederen Zustände der Psyche auch die Welt des Geistes trüben können. Die erlahmte Lebenskraft kann auch den Willen schwächen, ihn in die Müdigkeit hineinziehen. Die intellektuell höheren

Mächte, die Motivation, müssen ihn dort wieder herausholen.

Edith Stein weiß, wovon sie redet; sie weiß, wie erschöpft ein Mensch sein kann. Sie hat ihre Erfahrungen. Hat sie nicht für Husserl als Assistentin gearbeitet, bemüht sie sich nicht auch jetzt noch um seine Manuskripte? Sie hat seine zukünftigen Schüler unterwiesen. Und da kann sich schon häufig das Gefühl einstellen: Es geht nicht mehr. Zudem die Zukunftsaussichten nicht hell sind. Sie ist nicht Reinach. Sie hat als Frau eine geringe Chance, mit eigenen Arbeiten auf sich aufmerksam zu machen. Aber auch wenn dies gelingen sollte, wer will schon eine Frau als Philosophin? Manchmal spendet die sogenannte schöne Literatur etwas Trost. Man hält ein Buch mit vollendeter Prosa, mit guten Gedichten in der Hand; man liest und schöpft daraus Kraft. Es ist Lebenskraft, die uns ermutigt, weiterzumachen. Und es gibt auch die familiäre Wärme. Auguste Stein hat ebenfalls ihre Erfahrungen. Im Holzhandel geht es hart zu. Ihre zarte, gescheite Tochter kaut an der Erfahrung herum, daß es in der akademischen Welt vielleicht etwas vornehmer, aber nicht minder hart zugeht.

Edith Stein erahnt eine Ruhe, die über die Beruhigung durch ein paar sanfte, schöne Gedichte hinausgeht: »Das Ruhen in Gott ist gegenüber dem Versagen der Aktivität aus Mangel an Lebenskraft etwas völlig Neues und Eigenartiges. Jenes war Totenstille. An ihre Stelle tritt nun das Gefühl des Geborgenseins, das aller Sorge und Verantwortung und Verpflichtung zum Handeln Enthobenseins. Und indem ich mich diesem Gefühl hingebe, beginnt nach und nach neues Leben mich zu erfüllen und mich – ohne alle willentliche Anstrengung – zu neuer Betätigung zu treiben.«[8]

Dieses hier vorgestellte Ruhen in Gott wirkt wie ein Zusammentreffen von Gegensätzen. Es macht den Menschen still, entzieht ihn der Plage des Alltags, so wie ihn auch das absolute Nachlassen der Kraft, die Totenstille, entziehen würde. Aber es ist doch etwas ganz Anderes, etwas Neues. Man kann sich geborgen fühlen, kann gleichsam in etwas hineinkriechen, das wohl Glück bedeutet. Die Sorge des Täglichen berührt den Menschen nicht mehr, er ist entfernt von den Impulsen, die ihn zum Handeln zwingen. Aber dann entwickelt sich eine neue Kraft, die das Gegenteil der Erschöpfung darstellt: Ohne daß der Mensch seinen Willen strapazieren muß, ohne daß er sich selbst zu neuen Taten anspornen muß, wird ihm die Fähigkeit zuteil weiterzumachen, weiterzuarbeiten.

Die Phänomenologie verstand sich als strenge Wissenschaft. Und Edith Stein verließ sich nie auf einige oberflächliche Eindrücke, die sie in irgendeiner Kirche erfuhr. Sie entwirft das Bild des »Ruhens in Gott« nicht, um eine billige Lebenshilfe anzubieten. Sie formuliert aus der existentiellen Not des Menschen heraus eine große Sehnsucht, die wohl schon durchzogen ist von einem eigenen Erleben, selbst wenn sie sich gegen diese Ruhe noch innerlich sträubt.

Der Finger des Adam berührt sich bei Michelangelo nicht mehr mit dem Finger Gottes. Im Zeichen der Aufklärung und mancher modernen Philosophie schien es so, als habe Gott seine denkenden Kinder entlassen in eine rationalistische Frömmigkeit, in einen frommen Rationalismus, schließlich in einen humanen Rationalismus. Aber könnte sich Gott nicht seinem Entzug wieder entziehen und gerade dort wirken, wo er nicht religiös aufgefaßt wird?

Edith Stein stellt sich diese Frage nicht. Sie zieht sich scheu zurück, überläßt Probleme, die sie nicht oder noch nicht lösen kann, der Religionsphilosophie. Sie denkt weiter über die Kräfte der Seele nach. Und bei ihren Ausführungen könnte man sogar an so etwas wie einen stolzen freien Geist denken. Es gab die Motivation, es gab das Wollen. Aber der Gipfel des Selbstbewußtseins des Menschen wird erreicht, wenn er einen Vorsatz faßt. Das überwindet jede Kraftlosigkeit. Der autonome Mensch handelt, wie er handeln will. Er hat die entsprechende Energie. Er kann sich von der bloßen Kausalität, die sein Lebensgefühl berührt, absetzen und kann nun als ein freies Individuum wirken.

Es folgen im ersten Teil dieser Arbeit noch andere wissenschaftliche Auseinandersetzungen. Edith Stein widerlegt Einwände, die gegen die phänomenologische Methode erhoben werden können. Sie befaßt sich eingehend mit den Assoziationsprinzipien, weist dabei auf das Problem der Erinnerung hin. Sie spricht von den erloschenen Gefühlen, die vorhanden sind und doch dem Ich fremd wurden. Wie steht es um die Verschiebung der Fakten durch Erinnerung? Wir haben Dinge, Stimmungen in uns aufgenommen, und diese Vergangenheit unserer Psyche prägt die Art und Weise, in der wir Neues aufnehmen und verarbeiten. Unser Bewußtsein ist von unserer Erfahrung bestimmt.

Aber es bleibt die Spannung. Auf der einen Seite steht der Mensch, der aus sich selbst heraus den Fluch der Kausalität überwindet und seinen Vorsatz faßt und ausführt. Auf der anderen Seite – die unruhige Sehnsucht nach dem Ruhen in Gott. Das Eine entspricht der Höhe des Überlegens. Das andere hat etwas mit einem über-rationalen Wunsch gemeinsam.

Doch noch waren Edith Steins Erwartungen sehr rational. Sie wünschte sich eine Habilitation, die der erste Teil ihrer Abhandlung ermöglichen sollte, während sie weiterarbeitete. Wie sollte dieser Erfolg kommen? Die Arbeit war geschrieben. Zum Teil in Göttingen, wo Edith Stein sich immer noch um den Nachlaß Reinachs kümmerte. Sie zitierte in ihrem Buch auch Reinach, wo immer sie es konnte. Was ihr übrigens den Vorwurf einbrachte, sie habe Reinach nur aufgearbeitet, seine Ideen nur zu Ende geführt, sie sei also im Grunde nur reagierend-passiv, nicht schöpferisch vorgegangen. Dies stimmt nicht. Reinachs Gedanken mögen Denkanstöße gewesen sein, doch die eigentliche Arbeit der philosophischen Durchdringung leistete Edith Stein. Zum Teil arbeitete sie auch in Breslau, im Kreis der Familie, von der sie mit Stolz unterstützt wurde. Hier fand sie auch immer jemanden, eine Kusine zum Beispiel, die ihre Arbeit mit der Schreibmaschine in einen allgemein lesbaren Zustand versetzte.

Und nun sollte die Arbeit wirken. Edith Stein dachte an eine Habilitation in Göttingen. Hier mußte man sich doch an den frühen Husserl erinnern, hier hatte auch Reinach gearbeitet. Und ihre Arbeit war gewiß nicht schlecht. Sie hatte bereits ihre Überlegungen und Vorstudien befreundeten Phänomenologen gesandt und auf deren kritisches Urteil gehört. Auch Husserl erkannte sie an. Es mußte nur nicht gerade Freiburg sein – an seiner Seite wünschte er sich keine habilitierte Frau.

Man schrieb das Jahr 1919. In Deutschland gab es eine Republik und formal eine Demokratie. Daß dies eine Demokratie mit einigen, aber nicht allzuvielen Demokraten war, ist bekannt. Besonders jene liberalen Kreise, denen Husserl nahestand, hielten sich an die neuen Spielregeln. Auch Frauen standen Rechte zu. So konnte Edith Stein durchaus damit rechnen, daß Husserl ihr Verlangen nach einer Habilitationsmöglichkeit unterstützte. Er stellte ihr auch ein an und für sich glänzendes Zeugnis aus. Sie war »meine langjährige Schülerin«, sie hat eine »ausgezeichnete wissenschaftliche Abhandlung« geschrieben, »die sogleich nach ihrem Erscheinen das Interesse der Fachmänner erweckt hat.« Sie war seine Assistentin gewesen; die Leute, die sie in der phänomenologischen Methode unterwiesen hatte, taugten etwas. So kommt er zu dem Schluß: »Fräulein Dr. Stein hat in der Philosophie eine weite und tiefe Bildung gewonnen...

Sollte die akademische Laufbahn für Damen eröffnet werden, so könnte ich sie an allererster Stelle und aufs wärmste für die Zulassung zur Habilitation empfehlen.«[9]

Man spürt das Wohlwollen, das Husserl für seine Schülerin empfand, aber doch auch den skeptischen Unterton. Das Wunschdenken ging nicht gerade auf weibliche Privatdozentinnen und Professorinnen hinaus. Man muß sich allerdings auch fragen, ob ein anderer Ton Edith Stein in Göttingen sehr genützt hätte. Die Tatsache, daß Husserl nach Freiburg ging, hat die Bereitschaft nicht gesteigert, die Schüler seiner Lehre zu fördern. Husserl hat sein Zeugnis im Februar 1919 geschrieben. Im November 1919 wurde die Angelegenheit, wie Edith Stein selbst sagt, »in aller Stille erledigt«. Man ließ die Sache gar nicht vor die Fakultät kommen, da bereits eine Vorkommission befand, die Habilitation von Damen mache immer noch Schwierigkeiten. Einen Tag später eröffnete man Edith Stein, man habe ihr nur ersparen wollen, daß ihre Arbeit abgelehnt würde, weil sie die Psychologie, wie sie in Göttingen betrieben würde, »ganz aus dem Sattel heben wollte«.[10]

Edith Stein sieht die Verbindung verschiedener Motive sehr genau. Sie weiß, daß man sowohl etwas gegen Frauen wie gegen Husserl-Schüler hat. Aber sie hofft weiter. Vielleicht ergeben sich in Kiel neue Möglichkeiten. Dort kennt sie den Lehrstuhlinhaber für Philosophie. Und er vertröstet sie sehr liebenswürdig. Es gibt schon drei Privatdozenten und außerdem drei Anwärter auf eine Habilitation. Aber er will sehen, ob er etwas tun kann.

Nun fährt sie zu ihrer Schwester Else Gordon nach Hamburg. Ihr früherer Lehrer in Breslau, William Stern, lehrt jetzt dort Philosophie. Vielleicht versteht er ihre Sorge. Sie fragt sich freilich nicht, ob Stern so leicht darüber hinweggekommen ist, daß sie Husserl ihm als Doktorvater vorgezogen hat. Ihre Verehrung Husserls versperrt ihr die Erkenntnis, daß andere Gelehrte auf diese phänomenologische Fixierung gereizt reagieren könnten. Sorgen macht ihr allerdings, daß die Philosophie in Hamburg schon durch zwei jüdische Professoren vertreten wird. Sie fürchtet also den Antisemitismus, der sich nach dem Weltkrieg in Deutschland immer mehr ausbreitete.

Zu diesen Sorgen um die Habilitation kamen neue Probleme hinzu. Schüler von Husserl aus der Göttinger Zeit, die Soldaten gewesen waren, kamen zurück und wollten wieder am akademischen Leben teilnehmen, sich in der Phänomenologie auszeichnen, sich habilitieren. Und nun wurde die Diskussion um die »idealistische Wende« wieder virulent. Husserl wurde aus der angenehmen Ruhe in Freiburgs Umgebung aufgeschreckt. Es muß zwischen ihm und seinem Schüler Hans Lipps zu einem richtigen Krach gekommen sein, wobei beleidigende Worte fielen.

Edith Stein ist von ihrem Herzen her auf der Seite von Hans Lipps. Sie hört ihn sich an, hat Mitleid, verteidigt ihn. Von Göttingen aus versucht sie, in die Auseinandersetzungen einzugreifen, wobei sie nicht sehr viel Erfolg hat. Fritz Kaufmann, der sich in Freiburg beim »Meister« aufhält, nimmt ihr den Tonfall, der offenbar ganz für Lipps ist, übel. Aber sie wollte doch niemand Schmerzen zufügen. Sie mag eben diesen Lipps. Sie hat ihn lieber als andere Kommilitonen. Und darum denkt sie sich in seine Situation hinein. Sie muß sich nur aus der Verfahrenheit der Gefühle herausarbeiten. Denn offensichtlich hat Lipps sie auch recht lieb, wenn sie ihn tröstet, wenn sie sich für ihn einsetzt. Er hat ja als Soldat auch ihre Päckchen gerne entgegengenommen. Aber mehr ist nicht dahinter. Er will kein phänomenologischer Prinzgemahl werden.

Das alles ist schmerzhaft. Die Aufenthalte in Göttingen bleiben ein Intermezzo. Edith Stein lebt wieder in Breslau bei ihrer Mutter. Sie arbeitet mit aller Energie weiter an ihren »Beiträgen zur philosophischen Begründung der Psychologie«. Im zweiten Teil geht es um das Problem »Individuum und Gemeinschaft«. Das Erlebnis des verlorenen Krieges, Erfahrungen im Husserl-Kreis in Göttingen wie in Freiburg mögen sie zu dieser Themenstellung motiviert haben. Aber es gab da auch eine allgemeine Stimmung. Das Wort »Gemeinschaft« löste Emotionen aus in dieser Zeit.

Es gab einen Soziologen und Philosophen, Ferdinand

Tönnies, der im Jahre 1887 eine Schrift veröffentlicht hatte, mit dem Titel »Gemeinschaft und Gesellschaft«. Sie wurde damals nicht sonderlich beachtet. Tönnies führte weiterhin ein ordentliches Gelehrtenleben. In seinem Buch hat er zwischen dem naturhaften, organischen Leben der Gemeinschaft und der rein rational-mechanistischen Form der Gesellschaft unterschieden. Dabei betonte er, daß sich die Gemeinschaft zur Gesellschaft entwickelt hat, daß also das Natürliche langsam abstirbt. Die Parallele liegt auf der Hand: Aus der Kultur wird die Zivilisation. Die Ratio bricht überall ein.

Wer sich mit dem Begriff der »Gemeinschaft« auseinandersetzte, konnte Tönnies' Werk nicht außer acht lassen. Auch in Edith Steins Schrift finden sich Zitate. Vielleicht wäre sogar ohne diesen Einfluß ihre Arbeit nicht entstanden. Nun hat nicht nur ein Buch, sondern auch sein Einfluß ein Schicksal. Tönnies' Überlegungen führten zu manchen Vorstellungen, die in die verwaschene Ideologie der Nationalsozialisten eingingen. Da gab es die gesunde organische Volksgemeinschaft, die hinter ihrem Führer stand. Auf der anderen Seite die Gesellschaft der Demokraten, die seelenlos bleibt und dem »deutschen Wesen« total fremd ist. Aber man muß nicht nur an die Schrecklichkeit einer extremen Verwendung von Begriffen denken. In den Jahren der Weimarer Republik, in denen man jede demokratische Vorstellung rasch mit dem Etikett »seelenlos« verband, fanden Tönnies' Ideen Anhänger. Diese »Gesellschaft« ist nur etwas für die Nicht-Deutschen, für Engländer und Franzosen. Die wahre Gemeinschaft entspricht dagegen dem deutschen Wesen.

Und nun nimmt sich Edith Stein des Themas an. Sie ist eine Deutsche, die unter dem Ausgang des Weltkrieges leidet. Und sie hat Einwände gegen das Bild einer Gesellschaft, das sie nachzeichnet, wobei sie sich auch auf Untersuchungen von Max Scheler und dessen Wertethik stützt. Sie unterscheidet dabei schärfer und logischer als Tönnies zwischen Gemeinschaft und Gesellschaft. »Wo eine Person der anderen als *Subjekt* dem *Objekt* gegenübertritt, sie erforscht und auf Grund der gewonnenen Erkenntnis planmäßig ›behandelt‹ und ihr beabsichtigte Wirkungen entlockt, da leben sie in *Gesellschaft* zusammen. Wo dagegen ein Subjekt das andere *als Subjekt* hinnimmt und ihm nicht gegenübersteht, sondern *mit ihm lebt* und von seinen Lebensregungen bestimmt wird, da bilden sie miteinander eine *Gemeinschaft.* In der Gesellschaft ist jeder absolut einsam, eine ›Monade, die keine Fenster‹ hat. In der Gemeinschaft herrscht Solidarität.«[11] Die Gesellschaft wird hier also definiert als der absolute Zweckverband. Der eine Mensch wird für den andern zum Objekt, oder er wird zumindest nur als Objekt wahrnehmbar und so als verwendbar angesehen. Der Hinweis auf die Formulierung des Philosophen Leibniz von der »fensterlosen Monade« soll die Kälte der Gesellschaft charakterieren.

Im weiteren Verlauf der Abhandlung ist freilich erkennbar, daß Edith Stein diese reine Negativität der Gesellschaft nicht zu einem Zerrbild der Gegenwart macht. Sie weiß sehr genau, daß es diese reine Kälte menschlichen Zusammenseins in der Realität nicht gibt. Auch die Gesellschaft wurzelt in einer Gemeinschaft. In der Form freilich unterscheidet sie sich. Sie geht ihrem Wesen nach auf einen »Willkürakt« zurück. »Sie wächst nicht gleich einem Organismus, sondern erinnert an eine Maschine, die zu bestimmten Zwecken ›erfunden‹, ›konstruiert‹ und ihm in fortschreitender Verbesserung durch Abänderung von Teilen oder Einfügung anderer angepaßt wird.«[12]

Man muß solche Formulierungen in praktischen Zusammenhängen sehen. Gesellschaft ist für Edith Stein eine Gruppe oder auch ein Verein, der sich ein bestimmtes rational definiertes Ziel gesetzt hat, der also für Interessen eintritt. Dabei wird selbstverständlich der Vorsitzende des Vereins darauf achten, daß die richtigen Objekte zum Zug kommen, also daß *der* Schatzmeister oder Schriftführer wird, der besonders geeignet ist, die anstehenden Probleme den Behörden zu erklären und die Mitglieder zu motivieren, weiterhin für den Verein zu spenden und sich zu engagieren. Im Grunde ähneln natürlich die politischen Parteien diesem Gesellschaftsbild. Sie sind freilich auch das andere, sie sind auch und notwendigerweise Gemeinschaft, geben ihren Mitgliedern ein Gefühl der Geborgenheit.

Faszinierend ist es, daß Edith Stein den Versuch unternimmt, die beiden Wortbedeutungen der »Gesellschaft« miteinander in Beziehung zu bringen. Gesellschaft meint ja nicht lediglich eine Verbindung von »fensterlosen Monaden«, die durch irgendein Kalkül zusammengehalten werden. Es wird auch etwas sehr Vornehmes gemeint, etwas wie Elite, die oberen Zehntausend, die Menschen, die »dazugehören« und sich als »dazugehörig« empfinden. Für Edith Stein stellt diese Gesellschaft der Feinen und der Besseren eine Mischform dar. Natürlich gibt es Grundeinstellungen und Verhaltensweisen, die aus einem gemeinschaftlichen Fundus stammen. Wäre Edith Stein Engländerin, so ließe sich das knapp formulieren: Eton und Oxford, die richtige Schule und die richtige Universität. In Deutschland lagen die Dinge etwas komplizierter, aber man wußte trotzdem, woher einer kam und wohin er gehörte.

Wenn er aber in diese Gesellschaft eintrat, wurde auch er zum Objekt. Ein »ästhetisches Objekt, das man genießt«.[13] Man erfährt sich auf die angenehmste Weise durch die anderen Menschen. Er ist bedeutend, ich bin selbst bedeutend, wenn ich mich genauso wie der andere in die Gesellschaft einbringe. Ich spiele ja nicht den anderen, ich spiele mich selbst. Die Naivität der ursprünglichen gemeinschaftlichen Verbundenheit ist aufgehoben. An ihre Stelle tritt die Harmonie der Objektivierung. Personen beziehen sich aufeinander. Sie haben ihre gesellschaftliche Funktion im Rahmen der Ordnung, die man sich selbst gibt.

An dieser Stelle bringt Edith Stein den Begriff »Masse« als eigentliches Gegenteil zur Gesellschaft ein. Sie drückt sich hier noch etwas vage aus: Nur, daß die Masse die Objektivierung nicht kennt, wird vermerkt. Und daß die Gesellschaft im Grund immer aus wenigen besteht, daß sie sozusagen eine Elite innerhalb der Gemeinschaft darstellt, während die Masse oder auch das Proletariat die Gruppe der Vielen ist. Mit dem Begriff der Masse befaßt sich Edith Stein in einer späteren Schrift etwas genauer. Eigentlich kann sie damit nicht sehr viel anfangen. Ihre Vorstellungen sind von den Vorurteilen geprägt, die nicht zuletzt der erstarkende Bolschewismus in der Sowjet-Union, noch mehr freilich die Art, wie man ihn im Westen darstellte, ausgelöst hatte.

Was ist Gemeinschaft? Kein dumpfes Gefühl, keine brodelnde Volksseele. Die Gemeinschaft ist etwas, was man – nach Edith Stein – durchaus rational begründen, im Stil der phänomenologischen Methode betrachten kann; man analysiert also auch die Emotionen; man gibt sich ihnen nicht nur hin. Es gibt eine gemeinsame Trauer, wenn ein gemeinsam geliebtes Haupt einer Gruppe stirbt. (Edith Stein verwendet das Wort »Führer«; aber dieses Wort hat nach 1933 sich derartig mit einem Mann verbunden, daß es mir unmöglich ist, es hier zu benutzen.) Dieser Mensch, den sie hier bewundern, um den sie trauern, ist keineswegs ein Objekt. Er ist ein hervorragendes Mitglied der Gemeinschaft, das sich besonders um das verdient gemacht hat, das Ziel der Gemeinschaft ist. Nicht eine Beziehung von Subjekten aufeinander ist das Ideal der Gemeinschaft, denn das führt automatisch zur Objektivation, sondern die Subjekte leben miteinander, zu einander hin, weil sie »gemeinsam einem Gegenständlichen zugewendet sind«.[14]

Die Faszination des Gegenständlichen erinnert an den Glauben des Göttinger Kreises um Husserl. Die Sachen, um die es geht, können die Menschen zusammenbringen, sie zu etwas anderem werden lassen, als es bloße Gesellschaftsverbindungen vermögen. Sie können aber auch das Individuum herausheben. In einer Gemeinschaft, in einem Volk, bleibt selbstverständlich der Einzelne das, was er ist. Er wird nicht aufgesogen, er wird nicht verwandelt. Aber er hat die Möglichkeit, seine Erkenntnisse, seine Gedanken, seine intellektuellen Erfahrungen in die Gemeinschaft der Vielen einzubringen.

Immer freilich scheinen es herausragende Persönlichkeiten zu sein, die ihre ganze Kraft der Gemeinschaft zur Verfügung stellen. Im Grunde widerspricht dies der Idee der Gemeinschaft. Es sollten nicht nur ausgezeichnete Menschen sein, die sie prägen, große Vorbilder, an die sich die minderen Mitglieder halten können, um sich an ihnen zu orientieren. Die Gemeinschaft fordert die Ideale der französischen Revolution, die Edith Stein freilich nicht zitiert. Sie schätzt das Subjekt sehr hoch ein und will es nicht untergehen lassen, sie will es zur Erfüllung bringen: »Als höchste Form der Gemeinschaft sehen wir die Vereinigung von lauter freien Personen an, die mit ihrem innersten ›persönlichen‹ oder seelischen Leben vereint sind und deren jede sich für sich selbst und für die Gemeinschaft verantwortlich fühlt.«[15]

Dieser Satz erinnert uns an die Aussage eines Mannes, dessen Schriften Edith Stein vermutlich nicht kannte, dessen Ideen sie aber wohl durch Gespräche mit Studenten aufgenommen hat. Karl Marx schrieb im »Kommunistischen Manifest« von einer Assoziation, »worin die freie Entwicklung aller die Bedingung für die freie Entwicklung eines jeden ist.»[16] Die Vorstellung, daß die Freiheit des Einzelnen und die Freiheit aller nicht zum Gegensatz wird, daß das »für sich selbst« und »für die Gemeinschaft« sich nicht ausschließen, sondern sogar bedingen, war der Traum eines Liberalismus, der noch nichts wußte von seinem inneren Widerspruch, der darin besteht, daß die angeblich freie Gesellschaft zur Konkurrenzgesellschaft wird – in dieser Welt. Die freie Geistigkeit transportierte den Traum weiter in den Marxismus wie in die Phänomenologie.

Edith Stein sehnt sich nach der echten Gemeinschaft. Nach

ihrer Vollkommenheit, die freilich »durch keine irdische Gemeinschaft erreicht werden kann – und zwar nicht zufällig, sondern prinzipiell nicht –, deren Möglichkeit aber auf Grund dessen, was innerhalb der irdischen Gemeinschaft an Überwindung der absoluten Einsamkeit geleistet werden kann, einsichtig wird.»[17] Hier spricht Edith Stein von dem Schreckbild eines totalen Liberalismus, der jeden in die Einsamkeit des nur für sich und nicht auch für die anderen Freien hinausstößt. Schon im »Irdischen« aber werden Versuche unternommen, diese Isolation zu überwinden. Die Freundschaft unter den Göttinger Phänomenologen gehört ebenso zu diesen Versuchen wie die familiäre Verbundenheit der Steins und der Courants in Breslau.

Aber dennoch bleibt dies ein Abglanz von etwas anderem. Es ist der irdischen Gemeinschaft nicht gegeben, die Vollkommenheit ihrer Idee zu erreichen. Seit Reinachs Tod hat sich Edith Stein intensiv mit dem Christentum auseinandergesetzt. Und da sie alles, was sie unternahm, sehr gründlich ausführte, dürfen wir uns vorstellen, daß ihr das apostolische Glaubensbekenntnis, das beiden großen deutschen Konfessionen gemein ist, bekannt war. Hier findet sich die Formulierung: »Ich glaube ... an die heilige allumfassende (katholische) Kirche, Gemeinschaft der Heiligen...« Wenn man diese Worte mit einer frommen, braven Empfindung liest, kann man denken, daß die Gemeinschaft der Heiligen nichts anderes bedeutet, als daß die anständigen Menschen im Jenseits beim lieben Gott sind.

Aber der Sinn eines Menschen, der um eine neue Lebensbestimmung ringt, ist schärfer. Edith Stein hat nicht zufällig das Wort »irdisch« verwandt. Damit setzt sie bereits das Gegenteil voraus: die nicht-irdische, nicht vom lediglich Irdischen bedingte Gemeinschaft. Und dies entspricht jener »Gemeinschaft der Heiligen«, die schon rein sprachlichsyntaktisch eingebettet ist in die Vorstellung der allumfassenden Kirche. Ich halte mich hier bewußt an die alte Bedeutung des Wortes »katholisch«. Als dieses Wort, das im Griechischen »allumfassend« bedeutet, zur Bezeichnung einer Konfession wurde, verlor es im Grund den für das Verständnis dieser Stelle wichtigen Beiklang. Die im Glaubensbekenntnis gemeinte Kirche umfaßt zweifellos auch die auf der Erde lebenden Gläubigen, aber sie geht darüber hinaus und stellt die Verbindung her mit denen, die schon vorausgegangen sind. So ist die Gemeinschaft der Heiligen keine irdische, aber auch keine nur jenseitige Assoziation. Sie ist eine Gnadenverbindung zwischen hier und dort.

Und darin unterscheidet sie sich radikal von der Assoziation der Freien des Karl Marx. Diese Assoziation ist eine irdische, aber noch nicht existierende Gemeinschaft derer, die sich von der Unterdrückung einer geschichtlich bedingten Herrschaft freigemacht haben und durch ihre vereinigte Kraft die Utopie in eine Wirklichkeit verwandeln wollen. In Edith Steins Formulierung wird die ideale Gemeinschaft irdisch nie erreichbar sein. Aber sie ist im Irdischen spürbar und angelegt in Ansätzen, die auf eine andere Erfüllung hinweisen.

Gerade weil hier Karl Marx zitiert wurde, muß auf ein Moment im Denken von Edith Stein und der meisten Phänomenologen hingewiesen werden. Es gab da eine äußerste Zurückhaltung, ja fast einen Abscheu: Mit der Ökonomie setzte man sich nicht auseinander. Man lebte im Bereich des Geistes. Das letzte Kapitel von Edith Steins Schrift befaßt sich exemplarisch mit den Geisteswissenschaften, die sie freilich auch nicht der Ökonomie, sondern den empirischen Wissenschaften gegenüberstellt. Was schon in ihrer Arbeit spürbar war, wird hier ganz klar ausgesprochen: Die Welt des Geistes ist anderen Gesetzen als denen der naturhaften Kausalität unterworfen. Es gibt hier ein Reich der intellektuellen Reinheit, wo endgültig nicht der Trieb herrscht, sondern die Motivation.

Edith Stein arbeitet in Breslau im Haus der Mutter. Sie ist schon ziemlich am Ende mit ihrer Arbeit, als sie sich um eine neue Gemeinschaft bemüht. Sie interessiert sich für junge Leute, macht sie mit der Phänomenologie bekannt. »Von mir habe ich Ihnen zu berichten, daß ich mir faute de mieux selbst die venia legendi erteilt habe«, so schreibt sie an Fritz Kaufmann.[18] Sie unterrichtet Phänomenologie; es kommen über fünfzig Leute in ihre Kurse. Einer der Menschen, den sie ausbildet und fördert, heißt Norbert Elias.

Ihre Gesundheit leidet unter der Belastung, zumal auch die Schwester sie in Anspruch nimmt. Das Jahr 1920 wird für Erna zu einem sehr problematischen Jahr des Glücks. Sie kann zwar jetzt auf die Ehe mit ihrem Hans Biberstein hoffen, aber die beiden Mütter machten ihnen vieles immer noch zur Qual. Erna saß an Ediths Schreibtisch und suchte Rat, suchte Freundlichkeit und Verständnis. Sie wußte oft weder aus noch ein; das Verhältnis zur zukünftigen Schwiegermutter belastete sie. Der Bräutigam wollte die Ehe, aber er wollte auch weiterhin mit der Mutter zusammenleben. Die ganze Verwandtschaft, auch die Bibersteins, waren der Ansicht, daß dies nur zu Problemen führen könnte. Auguste Stein wollte ihre Tochter verheiratet sehen, aber ohne eine Schwiegermutter im Haushalt. Das führte zu Animositäten zwischen den beiden älteren Frauen, unter denen das junge Paar sehr zu leiden hatte. Trotz dieser Widerstände kam es im Dezember 1920 zur Hochzeit. Edith Stein, die sich so intensiv um die Liebenden bemüht hatte, suchte auch hier Harmonie zu stiften. Sie steuerte ein lustiges Gedicht für die Feierlichkeiten bei, in denen etwas prophezeit wurde, was auch in Erfüllung gehen würde: Zwei Kinder, einen Jungen, ein Mädchen, sollte das Paar haben.

Sie war freilich am Hochzeitstag erschöpft. Die Schwester, die Braut mußte anfangs mit etwas Morphium helfen. Doch als die Feier richtig in Gang gekommen war, fühlte sich Edith Stein schon so gesund, daß sie mit dem neuen Schwager Hans Biberstein den feschen Dreher und den langsamen Walzer tanzte. Sie muß das Fest der irdischen Liebe genossen haben, das auch ein Fest der Versöhnung, des Endes mancher Querelen war. Die Bibersteins machten eine Hochzeitsreise ins Riesengebirge. Und Edith Stein faßt zusammen: »Nun war ich beruhigt und fühlte mich frei, für mich selbst Sorge zu tragen.«[19]

Sie hatte Sorgen, die nicht nur mit der intellektuellen Überanstrengung zusammenfielen. In der Lebenskrise, in der sie sich befand, wurde ihr immer mehr bewußt, daß es etwas viel Höheres gab als einen bloßen Ausweg. Sie spürte in sich eine Unruhe, die das Herz befällt, die es hin- und herreißt, die ihm Lösungsmöglichkeiten vorgaukelt, bis es Ruhe findet in Gott; so hat es Augustinus erfahren, der große Kirchenlehrer. Sein Weg zur Taufe ist in mancher Beziehung ein Parallelweg zu dem Weg der Edith Stein.

Auf ihrem Schreibtisch lagen die Arbeiten befreundeter Phänomenologen, die sie sich anschaute, über die sie ihre Meinung abgab, so wie auch Ingarden und Kaufmann ihre Arbeiten beurteilten. Die Gemeinschaft war nicht tot. Aber gab es nicht eine andere Sache, zu der man finden mußte, wollte man in der Welt des Geistes sich selbst gegenüber ehrlich sein?

In dieser Breslauer Zeit hat Edith Stein eine große Abhandlung zumindest in den Grundzügen entworfen, die 1925 im »Jahrbuch für Philosophie und phänomenologische Forschung« erschien. Der Titel lautet: »Eine Untersuchung über den Staat«. Man erinnert sich an den Brief, den sie im Krieg an Roman Ingarden schrieb. Jetzt ging es ihr nicht nur um ein Vakuum, eine leere Stelle in der eigenen philosophischen Arbeit. Es ging um etwas, das zu einer neuen Identität des Volkes hätte führen können, um ein Bemühen, einen Begriff der alten Welt, der zusammengebrochenen Monarchie, in die neue Welt, in die der Weimarer Republik, hinüberzuretten und in die neue Konstitution einzubringen.

Es war Nostalgie und es war der Versuch eines mutigen Schritts in die Zukunft. Der Staat – das war eine verklärende

Erinnerung an das Preußen Friedrichs II. Edith Steins Sympathie für ihn, den man sich in seinem Habitus und seinem Intellekt so ganz anders vorstellte als Kaiser Wilhelm II., war schon früher erkennbar. Aber in dieser neuen Schrift schiebt sie fast noch entschiedener die Idee einer bloßen monarchischen Legitimität beiseite. Der Staat ist etwas Höheres als die Form der Regierung.

Edith Stein beginnt mit einer Rekapitulation von Gedanken, die sie schon in dem Beitrag »Individuum und Gemeinschaft« entwickelt hat. Sie definiert die »Masse«, die ein momentaner Zusammenschluß von Individuen ist – man hat das Gefühl, daß hinter dieser Vorstellung von Masse das Bild von einer Demonstration erscheint, in die sich Menschen emotional hineinlocken lassen. Die Masse hat nichts mit einer geistigen Durchdringung und Verbundenheit zu tun. Mit geistigen Beziehungen haben Gemeinschaft und Gesellschaft zu tun, wie wir bereits erfahren haben. Aber die Naivität der ersten Form einer Verbindung von Menschen und die objektive Kälte der zweiten Form werden überhöht durch den Rang des Staates.

»Der Staat muß sein eigener Herr sein.«[20] Die Souveränität des Staates bestimmt sein Wesen. Hier setzt sich Edith Stein mit den Juristen auseinander, die nicht immer der Souveränität diesen Vorrang zubilligen. Zweifellos hat dieser total geistige, vergeistigte Staat, der ein Hohes schlechthin darstellt, auch etwas mit anderen Gemeinschaftsformen zu tun – mit dem nationalen Gefühl, mit dem Lebensstrom, der Individuen miteinander verbindet, mit einem Volk, das durch seine gemeinsame Kultur zu einer »schöpferische(n) Gemeinschaft«[21] wurde. Aber seiner Struktur nach steht er über diesen menschlichen Bezügen. Er lebt von einer ganz anderen geistigen Substanz. Er kann Recht schaffen; er kann dies, weil er per definitionem souverän sein muß: »Das erste Recht, was gesetzt wird, ist das Recht, Recht zu setzen ... und zu regieren.«[22]

Es ist ein strenges Bild des Staates, das einerseits nichts mit der emotionalen Gemeinschaft oder auch nur mit der von Edith Stein ja bereits skizzierten geistigen Gemeinschaft direkt gemein hat (Bezüge, die vorhanden sind, werden dem Ideal untergeordnet), das aber in seiner Geistigkeit andererseits den platten Rationalismus übersteigt. Im Grunde fordert dieser Staat als Idee in seiner Geschlossenheit die absolute Monarchie. Da soll es diesen einen Herrscher geben, der aus seiner Sittlichkeit heraus Gesetze erläßt und die Geschäfte zugunsten des Staatswesens, also zugunsten seiner Untertanen, leitet. Es soll ihn geben. Edith Stein weiß auch um das Gegenteil dieser Geschlossenheit. Die Monarchie, die Alleinherrschaft eines wohlwollenden Mannes kann unversehens in die Despotie übergehen. Der Sohn, der Erbe muß den idealen Charakter nicht haben. Er kann zum Despoten werden, der nur an sich denkt, der jeden Idealismus vernichtet. Die Einheit und die Geschlossenheit des Staates werden durch ihn gefährdet.

Die Geschlossenheit gehört zur Monarchie, solang sie intakt ist. Aber sie ist nicht immer intakt. In einem kühnen Denkakt zieht Edith Stein daraus die Folgerung: Für den Bestand des Staates, also nicht nur für seine Geschlossenheit, gibt es nur eine Garantie, wenn wir uns auf die Idee verlassen. »In der Demokratie ist ihrer Idee nach der Bestand des Staates am sichersten begründet; aber die Anforderungen, die sie an die Gesamtheit der Staatsbürger stellt, sind – an der durchschnittlichen Beschaffenheit der Menschen gemessen – so hoch gespannt, daß ihre Erfüllung stets sehr unwahrscheinlich und die Gefahr der Entartung gerade bei dieser Staatsform sehr groß ist.«[23]

Hier offenbart Edith Stein sowohl ihre im Grunde demokratische Gesinnung – der von Preußen gelenkte Staat soll in den Staat aller Menschen übergehen – wie auch ihre Skepsis. Sind die Staatsbürger nicht doch durch die Anforderungen eines Gemeinwesens, das die Gesamtheit zum Souverän hat, überfordert?

Diese Frage ist sehr realistisch. Im gleichen Jahr, 1925, in dem Edith Steins Aufsatz endlich erschien, veröffentlichte Hans Kelsen sein Buch »Allgemeine Staatslehre«.[24] Kelsen war Jurist, Staatsrechtler. Er, der geborene Prager, wurde im Jahre 1920 zum Schöpfer der neuen republikanischen Verfassung Österreichs. Die Rechtslehrer, auf die er sich beruft, sind identisch mit denen, auf die sich Edith Stein in ihrer Untersuchung bezieht. Hier ist vor allem Georg Jellinek, der hochgebildete Sohn eines nicht minder gebildeten Rabbiners aus dem mährischen Raum zu nennen. Am Ende des neunzehnten, zu Beginn des zwanzigsten Jahrhunderts hatte der Jurist Jellinek seine Lehre von Recht und Staat entwickelt, die sehr dem Idealismus seiner Zeit verpflichtet war. Das Recht sollte Recht setzen und nichts mit verschwommenen Begriffen aus vagen Überlieferungen und Naturrechts-Vorstellungen gemein haben.

Kelsen, der im Jahr 1973, sehr fern seiner Heimat, in Berkeley, Kalifornien, starb, hat die Macht der staatlichen Rechte mit dem Recht der Demokratie verknüpft: Er sieht auf der einen Seite den Staat, den er geradezu fanatisch verehrt und dessen Rechte er so erklärt und verteidigt, wie dies auch Edith Stein tut; auf der anderen Seite will er diese Idee des Staates in der Demokratie voll und ganz verwirklicht wissen. Er ist nicht einseitig. Er weiß sehr wohl: Wenn es eine Erkenntnis, wenn es eine Weltanschauung, eine Religion gibt – oder gäbe –, die absolut richtig wäre, dann ist – wäre – auch eine Autokratie gerechtfertigt, die durch staatliche Herrschaft ihre alleinseligmachenden Ideen Menschen aufzwingt. Aber in einer Welt des kritischen Geistes, des Relativismus, wird die Demokratie zur Staatsform par excellence. Sie begünstigt die Mehrheit und schützt die Minderheit.

Gerade wenn man diese im umgangssprachlichen Sinn des Wortes idealistischen Forderungen Kelsens aufnimmt, versteht man die Angst der Edith Stein. Können Menschen diesen Anforderungen gerecht werden? Wer sich mit den psychologisch-historischen Grundlagen solcher Völker und ihrer Mentalität auseinandersetzt, bei denen die Demokratie relativ ungefährdet ist, der weiß, wieviel an herzlicher Vaterlands- und Vergangenheitsliebe dazu kommen muß, um die demokratischen Regeln über die Zeiten einer wirtschaftlichen Krise hinüberzuretten. In Deutschland wie in Österreich entbehrte die Demokratie jeder Unterstützung durch ein Heimatgefühl.

Es gibt viele Traditionen. Ist es wirklich ein Zufall, daß nicht wenige Menschen, die sich wie Edith Stein auf das gesetzte Recht beriefen, jüdischer Abstammung waren – Hans Kelsen gehört dazu – oder aus einem jüdischen Umkreis stammten? In der jüdischen Religion ist das zentrale Ereignis der Bund, den Jahwe, der Gott Abrahams, Isaaks und Jakobs mit seinem Volk schloß. Der Bund ist positives, also geschaffenes Recht. Die Verheißung des Herrn hat von Anfang an Vertragscharakter: Abraham dient ihm, der Herr verspricht ihm Nachkommen. Moses, der die Kinder Israels aus Ägypten in ihr von Gott verheißenes Land hinausführt, schließt in einer der großartigsten Szenen des Alten Testaments bewußt den Bund mit Gott. Und er erhält auch das gesetzte Recht. Auf dem Berge Sinai wird es dem Moses überreicht. Es ist eine von der Souveränität des Gottes, neben dem Israel keinen anderen haben soll, geprägte Rechtsordnung, die keineswegs nur die berühmten zehn Gebote umfaßt, sondern das Miteinanderleben der Israeliten und das Zusammenleben der Israeliten mit anderen Menschen grundsätzlich regelt. Ein sich offenbarender Gott, ein Gott, der Recht setzt.

Wie jede Verallgemeinerung verkürzt natürlich ein solches Denken über den Zusammenhang zwischen einer Religion und einem philsophischen Komplex die wirkliche historische Entwicklung. Immerhin hat aber Kelsen die Theorien der philosophisch gebildeten Juristen mit den Theorien der

Theologen verglichen, hat sogar die christliche Vorstellung der Menschwerdung Gottes mit der Unterwerfung des Staates unter das von ihm geschaffene Recht in Beziehung gesetzt.

Edith Stein geht andere Wege. Wie viele aus ihrem geistigen Freundschaftskreis erklärt sie den Staat aus dem positiven Rechtsdenken heraus. Aber sie weiß um ein im Grund höheres Recht. Sie nennt es das »reine Recht«; es ist ein absolutes Sittengesetz, das die Offenbarung auf dem Berg Sinai mit der moralischen Entschiedenheit eines Immanuel Kant verbindet. Es steht über der menschlichen Rechtsnorm, aus philosophischen, nicht aus juristischen Gründen.

Hier herrscht also die Entschiedenheit der Moral. Erstaunlich ist es immerhin, mit welcher Sicherheit Edith Stein das »natürliche Recht«, also auch das Naturrecht, ablehnt. Das Naturrecht war die eigentliche Gegenposition zum positiven Recht. Zum Teil wurde es in seinen Grundprinzipien von den Ideen der Aufklärung bestimmt; es entsprach damit den Menschenrechten, die viele Vordenker der Französischen Revolution und auch diese selbst verherrlichten. Zum Teil aber war es auch ein wichtiger Bestandteil der Philosophie der katholischen Kirche, der sich Edith Stein in diesen Jahren zunehmend verbunden fühlte.

Im aufklärerischen Sinn hatte es mit Menschenrechten zu tun; mit der Freiheit und der Gleichheit, auf die jeder Anspruch hat. Im Sinn der offiziellen katholischen Philosophie hat das Naturrecht sehr viel mit einer gottgewollten Ordnung zu tun – die mit Freiheit und Gleichheit nichts im Sinne hat, vielmehr mit einer Schöpfung, in der diese Begriffe nicht begründet sind, sondern in der es eine Ordnung gibt, die automatisch auch Unterordnung bedeutet. Die katholische Lehre kann mit ihrem naturrechtlichen Anspruch den Teil der zehn Gebote, in dem es um den Gehorsam gegenüber den Eltern geht, um das Verbot des Ehebruchs, des Mordes, der böswilligen Lüge, akzeptieren und die frühen Gebote als Teil der göttlichen Offenbarung aufnehmen.

Aber der Hauptakzent wird auf die Interpretation der Schöpfung gelegt, in deren Darstellung durch die Bibel gezeigt wird, daß alles gut war. Und dieses Gut-Sein wird aufbewahrt durch alle Lehren von einer Erbsünde hindurch. Eine Ur-Ordnung besteht – und die ist keineswegs mit einer demokratischen Ordnung identisch. Sie ist hierarchisch.

Edith Stein war anderer Ansicht. In früheren Kapiteln ihrer Schrift hat sie das reine Recht dem nur gesetzten Recht entgegengestellt. Das reine Recht war zweifellos das von höherer Seite gesetzte Recht. Am Ende der Abhandlung spricht sie ganz klar von der Religion: »Jeder Mensch untersteht zunächst und vor allem dem höchsten Herrscher, und daran kann kein irdisches Herrschaftsverhältnis etwas ändern.«[25] Man spürt in den folgenden Zeilen, daß hier nicht so sehr die Phänomenologin spricht, sondern die Christin: »Wenn der Gläubige einen Befehl von Gott empfängt – sei es unmittelbar im Gebet, sei es durch Vermittlung seiner Stellvertreter auf Erden –, so muß er gehorchen.«[25]

Diesen Satz kann nur ein Mensch formulieren, der sich bereits voll und ganz für den neuen Glauben entschieden oder ihn schon angenommen hat, der freilich noch nicht alle philosophischen Folgerungen nachvollziehen kann oder will, der vielleicht von der Lehre seiner Kirche noch gar nicht alles weiß.

Es war notwendig, auf Edith Steins philosophische Schriften so ausführlich einzugehen, weil sie mehr über die Gründe ihrer Konversion verraten als die noch vorhandenen Lebenszeugnisse, sei es aus ihrer eigenen Hand, sei es aus der Hand ihrer Bekannten. Erich Przywara, der Jesuit, der in den Zwanziger- und Dreißigerjahren das intellektuelle katholische Leben entscheidend mitbestimmte, der sich auch der Katholikin Edith Stein angenommen hat, berichtet, sie habe sich in der Zeit, als sie noch Atheistin war, mit den »Großen Exerzitien« des Ignatius von Loyola auseinandergesetzt. Sie habe das Buch aus psychologischem Interesse heraus gekauft.

Bei der Lektüre habe sie gespürt, daß man etwas derartiges nicht nur intellektuell konsumieren kann, sondern daß man die Exerzitien »tun« müsse.[26]

Ignatius von Loyola, der Gründer des Jesuitenordens, hat in der ersten Hälfte des sechzehnten Jahrhunderts, in einer Zeit der politischen und geistigen Erschütterungen, ein Übungsbuch für den Christenmenschen geschrieben, das tatsächlich zunächst das psychologische Interesse weckt. Es handelt nicht von Dogmen, es behandelt keine religiösen Streitfragen. Es geht in der Schrift im Grunde um das Thema von Edith Steins Doktorarbeit, um die Einfühlung. In den dreißig Tagen, in denen der Christ an sich Exerzitien vornehmen will, muß er sich zuerst einer allgemeinen Gewissenserforschung unterziehen, seine Sünden bekennen, aber auch aus seiner inneren Vorstellungskraft heraus sich eine Hölle vorstellen, die alle Schrecken und Qualen enthält. Aber dieses Relikt aus dem Mittelalter, da man mit der Androhung gräßlicher Strafen im Jenseits den Glauben als einzige Rettung zu erklären versuchte, ist nicht die entscheidende Argumentation.

Wir sollen uns die Gnade Gottes vorstellen. Das heißt, wir sollen uns in das Leben dessen versenken, der uns gerettet hat – nicht nur durch die Überwindung der Hölle, des Reichs des Luzifer, sondern dadurch, daß er zu uns kam, dadurch, daß er, der ganze Gott, ganz Mensch wurde. Und dem Menschen Jesus muß der Christ nachfolgen in seinen Betrachtungen. Er muß es sich ausmalen: Die Geburt in Bethlehem, die Jugend in Nazareth, dort oben in Galiläa, der Weg zum Jordan, wo Jesus durch die Taufe die Offenbarung seiner Gotteskindschaft voll erfuhr. Jesus Weg in die Wüste. Jesus Weg in die Gemeinschaft der Jünger, der Menschen; seine Bergpredigt. Es ereignen sich Wunder, man verehrt ihn. Und schließlich gibt es den Weg nach Jerusalem, hinein in die Welt des Leidens, den Weg nach Golgotha, der Schädelstätte.

Einiges, was Ignatius seinen Schülern zu betrachten, zu

imaginieren auftrug, mag nicht standhalten vor der modernen Bibelkritik, vor der Textuntersuchung an den Evangelien. Aber Edith Stein hat wahrscheinlich das Essentielle aufgenommen: Es war da ein Gott, der nicht nur im Jenseits, in einem Bereich der Macht existiert. Es war da ein Gott, der nicht wie die heidnischen Götter in die Welt kam, um seine Allmacht auf manchmal amüsante Weise auszukosten. Es war ein Gott, ein Sohn Gottes, der das Leiden annahm und den Schmerz bis zum bittersten Ende als Mensch erlitt.

Ihn kann die einfache Frau in der Kirche anbeten und ebenso auch der Phänomenologe Adolf Reinach.

Aber es war nicht die Schrift des Ignatius von Loyola, die Edith Steins Entschluß zur Konversion endgültig machte; es war ein anderes Buch, die Autobiographie einer Spanierin, die heiliggesprochen und viel später, nach Edith Steins Tod, zur ersten Kirchenlehrerin erwählt wurde – im Jahre 1970. Bis dahin war es das ungebrochene Vorrecht der Männer gewesen, der Kirche neue Gedanken und Ideen zuzuführen.

Teresa von Ávila wurde 1515 geboren, also in der Zeit, in denen sich ein Martin Luther zu einer neuen Frömmigkeit durchrang. Schon sehr früh bemühte sie sich um eine intensive Gläubigkeit, aber sie war umfangen von einer Umwelt, in der man sich nach Konventionen richtete, sich an die Spielregeln der Gesellschaft hielt. Man kann durchaus auch ins Kloster gehen. Ein solcher Eintritt bedeutet ja nicht, daß man sich verabschieden mußte von dem tändelnden Geist, der zum guten Stil der Gesellschaft gehörte. Teresa riß sich nach vielen Jahren der Unsicherheit, der Schmerzen, die auch quälende körperliche Schmerzen waren, von dieser Welt los. Sie reformiert einen Orden, wurde zur Gründerin der »Unbeschuhten Karmelitinnen«. Sie wollte im Verzicht auf alle Annehmlichkeiten ernst machen mit dem Glauben.

Teresa erlebte religiöse Erschütterungen, die fast über das hinausgingen, was ein Mensch zu ertragen vermag. Ihre mystischen Erfahrungen waren Gnaden, die zur Qual wurden. Es war das ganz Andere. Das paßte nicht in den Lebensstil Spaniens, nicht in diesen Katholizismus hinein, der es ganz gut mit allen Menschen meinte. Teresa wollte das Unbedingte: »O Herr meiner Seele und mein höchstes Gut, du gekreuzigter Jesus.«[27] Der Mann der Schmerzen, der Gegeißelte, wurde für sie zu jener göttlichen Majestät, der sie sich ganz hingab, der sie sich ganz unterwarf – mehr als jedem irdischen Herrscher, als ihrem König Philipp II. (Dem sie, wenn es darauf ankam, auch ihre Meinung sehr klar sagen konnte.) Alles, was sie tat, war nur für ihn bestimmt, für ihren Gott, den sie erfahren hatte, der ein geschlagener, erniedrigter Mann der Schmerzen und der Weltherrscher war. Sie rang heroisch um die christliche Vollkommenheit, bis sie erkannte, daß es dem Menschen nicht möglich ist, vollkommen zu sein. Er muß lernen, unvollkommen zu sein.

Edith Stein hat im Juni 1921 die Autobiographie der Teresa von Ávila, das »Libro de la Vida«, kennengelernt; sie entnahm das Buch der Bibliothek – im Hause ihrer Freundin Hedwig Conrad-Martius in Bergzabern. Es gibt eine schöne Schilderung über ihre Bekehrung, die eine Karmelitin, die Novizenmeisterin und spätere Priorin von Edith Stein, Schwester Teresia Renata Posselt, verfaßt hat. Danach habe Edith Stein an einem Abend alleingelassen in dem Haus in Bergzabern, das Buch fast zufällig ergriffen. Sie habe die ganze Nacht mit der Lektüre verbracht und sich dann für das Christentum entschieden.

Das ist psychologisch nicht sehr wahrscheinlich. Abgesehen davon, daß man das »Libro de la Vida« nicht in einer Nacht lesen kann und daß selbst ein sehr intellektueller Mensch wie Edith Stein sich ohne historische Vermittlung nicht in die spanische Welt hineindenken kann, ist es fast unmöglich, daß eine Frau so spontan reagiert. Auch Augustinus wurde nicht durch den Ruf eines Kindes, der gelautet hat »Nimm und lies!«, ganz rasch bekehrt. Es gab schmerzhafte Entwicklungen bei ihm und die machte auch Edith Stein durch.

Wir wissen aus dem Brief einer Breslauer Freundin, Gertrud Koebner, daß Edith Stein sich schon lange mit christlicher Literatur auseinandergesetzt hat. Sie hat Kierkegaard gelesen. Sie wußte sehr wohl, welche Rolle Teresa von Ávila gespielt hatte. Die Lektüre des Buches hat sie wahrscheinlich zu einer Wahl bestimmt. Sr. Maria Amata Neyer dürfte recht haben: Edith Stein entschied sich für den Katholizismus – nicht zuletzt aus Bewunderung für eine Frau heraus, die ihre Persönlichkeit in die Kirche mit Vehemenz einbrachte – und die das Enkelkind eines Juden war, eines Mannes, der zu den Bekehrten Spaniens gehörte – wohl eines unter gesellschaftlichem Druck Zwangsbekehrten.

Wie auch immer es sich abspielte, eines dürfte sicher sein. Edith Stein hatte eine schwere Zeit zu durchleben. Sie hielt sich sehr viel, zum Beispiel von Ende Mai bis Ende Ausgust 1921, bei Hedwig Conrad-Martius in Bergzabern auf. Es muß für beide Frauen, die sich herzlich mochten, aber in einer religiösen Krise steckten, die stets auch eine existentielle ist, nicht immer leicht gewesen sein. Hier sagte einmal Edith Stein zu der Freundin: »Secretum meum mihi«. Und dieses Geheimnis, das sie als das ihre für sich behalten wollte, kann nicht enthüllt werden. Wir sollen es nicht wissen und wir wissen es nicht.

Daß sie durch die Schriften der Teresa von Ávila bestimmt wurde, katholische Christin zu werden, ist wahrscheinlich. Die evangelische Konfession war besonders in Breslau gesellschaftlich sehr viel angesehener. Sie muß das nicht allzusehr gekümmert haben. Viel schwieriger war es schon, es der Mutter zu sagen. Edith Stein wandte sich an die Schwester Erna Biberstein, die ihr erstes Kind erwartete. Die Frauen wußten, wie entsetzlich schwer und im Grunde nicht verständlich es für die Mutter war.

In Bergzabern ging sie zu dem Pfarrer Eugen Breitling. Er muß ein sehr kluger Mann gewesen sein, denn er erkannte die geistige und religiöse Reife dieser Frau. Er versuchte sie nicht weiter zu belehren. Sie wußte schon sehr viel. Wahrscheinlich kannte er die Familie Conrad-Martius, wußte, daß diese Menschen sich um eine neue Religiosität bemühten. So wurde auch eine Dispens durch den Bischof von Speyer bewirkt: Die Taufpatin durfte die evangelische Hedwig Conrad-Martius sein.

Am ersten Januar 1922 fand die Taufe statt. Das christliche Fest an diesem Tag bezog sich auf die Beschneidung von Jesus; er wurde damit zum Juden, aufgenommen in die Gemeinschaft der Söhne und Töchter des Abraham, des Isaak, des Jakob. Edith Stein stand da in dem weißen Hochzeitsmantel der Hedwig Conrad-Martius, sicher ein wenig verlegen, sicher absolut hingegeben dem Geheimnis.

Der Pfarrer Breitling taufte sie. Er feierte die heilige Messe. Er erhob in der Wandlung das Brot, das durch seine Worte eine andere Substanz annahm. Er legte auf die Lippen der Edith Stein, die nach ihrer wirklichen und ihrer geistigen Patin nun Hedwig und Theresia hieß, die weiße Oblate, die für ihn und für sie das Andere war: der Leib des Herrn, des Juden Jesus von Nazareth.

Das Leben des Fräulein Doktor

Am 21. Februar 1922 wurde Edith Stein vom Bischof von Speyer, Ludwig Sebastian, in dessen Privatkapelle gefirmt. Das Sakrament der Firmung wird gewöhnlich den Heranwachsenden gespendet als eine Stärkung, ein Firm-Machen im Glauben. Bei einem Konvertiten, der sich als Erwachsener bei der Taufe zum Glauben bekennt, ist es mehr oder minder eine Formsache, ein Nachholen des Segens.

War das Datum ein Zufall? Am 2. Februar feiern die Katholiken das Fest Mariä Lichtmeß. Das Evangelium berichtet vom Gang Josephs mit Maria und dem Kind zum Tempel. Nach dem mosaischen Gesetz wurde mit diesem Weg die Reinigung der Frau nach der Geburt verbunden; sie durfte wieder den heiligen Bezirk betreten, gehörte wieder zur Gemeinschaft. War das Kind ein erstgeborener Knabe, so wurde er dem Herrn geweiht. Auch hier also, wie bei dem Tauftag, am Fest der Beschneidung, war ein deutlicher Bezug zum Alten Testament, zur jüdischen Religionsform gegeben. War das ein Zufall, oder liest man zugunsten einer Harmonisierung von Gegensätzen hier allzuviel hinein.

Für Edith Stein war der Besuch in Speyer ein Glück. Eugen Breitling hatte das Gefühl, daß Edith Stein geistig über ihm steht, daß er ihr nicht die Hilfe sein konnte, derer sie bedurfte. Er wandte sich an den ihm gut bekannten Generalvikar von Speyer, den Prälaten Joseph Schwind. Ihn lernte nun Edith Stein kennen. Schwind war mit philosophischen wie praktischen Fragen äußerst vertraut, er diskutierte mit Edith Stein und begann, ihre Nöte zu verstehen. Er wurde für sie das, was man im Katholizismus einen »Seelenführer« nennt. Und er war kein schlechter Psychagoge.

Edith Stein war ein Mensch, der sich nur dem absoluten Anspruch beugen wollte. Es entsprach ihrer Unbedingtheit, daß sie nicht einfach eine fromme katholische Christin sein wollte, sondern die Sache ganz zu ergreifen bestrebt war. Ihr Vorbild war Teresa von Ávila, und ihr Wunsch war konsequent: sich der strengsten Ordnung zu unterwerfen, in den Orden des Karmel eintreten. Nicht nur im Denken liebte sie die hochgestimmte Konsequenz.

Wenn Schwind ihr diesen Plan ausredete, dachte er sicher nicht nur an seine Pflicht, den Überschwang von Konvertiten zu dämpfen. Er dachte wie Edith Stein auch an die Mutter in Breslau, für die eine solche Entscheidung des Kindes unerträglich sein müßte. Zudem stellte sich die Frage: Edith Stein, die Jüdin, war getauft – war aber auch die Philosophin getauft?

Schwind war der Ansicht, daß sich sein Schützling mit dem *Doctor Ecclesiae*, dem Meister der wahren *philosophia perennis*, mit Thomas von Aquin, gründlich auseinandersetzen sollte. In diesen Fragen wird in den nächsten Jahren Edith Stein manches wichtige Gespräch mit dem Prälaten führen.

Doch ihr erster Weg führte nach Breslau. Sie mußte mit ihrer Familie zusammenkommen, mit der Mutter reden, ihre Angelegenheiten ordnen, Arbeiten abschließen. Es gibt die schöne Geschichte, Edith Stein sei vor der Mutter gekniet und habe sanft gesagt: »Mutter, ich bin katholisch.« Die Mutter hätte zu weinen begonnen. Und auch Edith Stein kamen die Tränen. Sie wußten, daß sich ihre Wege nun trennten.[1]

Wahrscheinlich hat es sich in der Realität nicht so melodramatisch abgespielt. Erna Biberstein wird sich bemüht haben, ihrer Mutter wie ihrer Schwester den direkten Schock einer solchen Konfrontation zu ersparen. Doch der Schmerz der beiden Frauen war dadurch nicht geringer. Hedwig Conrad-Martius hat die Situation mit einer Anspielung auf ein Jesus-Wort (Joh. 1,47) kommentiert: »Siehe, zwei Israelitinnen, in denen kein Falsch ist.«[2]

Dieser Satz wirkt harmonisierend. Aber es gab keine Harmonie. Jede der Frauen mußte in der anderen »ein Falsch« sehen, keine moralische Verfehlung, aber ein falsches Bild vom Herrn. Edith Steins Herz brannte in der Liebe zu dem Gott, der in der Person des Sohnes Fleisch geworden ist und sich der Welt als Mensch auslieferte, denen, die ihn nicht erkannten und ihn ans Kreuz schlugen. Es ist der Gott, der in der Person des Vaters den Sohn zu sich erhöht, der Sohn, der die Menschen erlöste. Es ist der Gott, der in der Person des Heiligen Geistes die Menschen tröstet und stärkt, die der Sohn die Seinigen nannte.

Auguste Stein liebte den Gott von ganzem Herzen und von ganzer Seele und mit brennendem Eifer, der ein Einziger ist. Das hat die Kinder Israels ausgezeichnet vor allen Völkern. Ihre Gottheit ist nicht aufgespalten in eine Vielfalt von mythischen Figuren. Er bedarf keines Gottes-Sohnes, ja die Fiktion eines solchen wäre ein Rückfall in die Bilderwelt der Heiden, eine Beleidigung für die Majestät der Allmacht und der Gesetzgebung und der Bundesgewalt des Einen Gottes. Moses sprach mit dem Einen, der keinen Namen hat, wie die Götter Ägyptens, weil es neben ihm keine Götter gibt. Ihm ist Israel *Sein* heiliges Volk; *Sein* Wort ist dem Juden ins Herz geschrieben. Für Auguste Stein ist Jesus ein guter, großer Mensch. Aber warum wurde er zum Gott gemacht?

Und dieses klare Bild eines streng geschlossenen Monotheismus ist viel mehr als eine theologische Definition. Die Juden haben für ihre Wahrheit Zeugnis abgelegt: Ermordung, Verfolgung, Enteignung, Diskriminierung, Hohn und Spott waren das Los derer, die ihren Glauben bewahrten. Wie wertvoll mußte ihnen ihr Bekenntnis sein.

Die Mutter liebte ihr Kind; aber sie verstand es nicht. Alle Versuche der Tochter, das Gemeinsame an den beiden Religionen aufzuzeigen, schlugen fehl. Sicher werden hier wie dort Psalmen gebetet, die Texte im Gebetbuch ähneln sich. Aber das überbrückte für Auguste Stein nicht die grundsätzliche Verschiedenheit. Eines war ihr sicher bewußt: Das Kind hatte sich nicht taufen lassen, um es in der Welt leichter zu haben. Nur war dies nicht unbedingt ein Trost, sondern vielleicht erst der Stachel. Der Mensch, der sich mit der Kraft der ganzen Glaubensfähigkeit dem Christentum ausliefert, verleugnet um so mehr die Religion der Väter.

Und Edith Stein? Was verstand die Jüngere, für die sich die Wahrheit im Katholizismus enthüllt hatte, in dieser Situation? Warum war ihr die Gnade der Erkenntnis zuteil geworden und nicht ihrer ganzen Familie, nicht der guten Mutter? Diese für den Gläubigen irdisch nicht lösbare Frage blieb der Stachel in ihrem Fleisch. Sie wird ein Leben lang mit dieser Frage ringen.

Die übrige Familie war schockiert. Der Ruf des Katholizismus war unter den besseren Ständen in Breslau nicht gerade gut. Man verband damit die Vorstellung von Hinterwäldlertum, Provinz, Dienstmädchenglauben. Und ein bißchen polnisch sah die Sache auch aus.

Es waren keine leichten Monate für Edith Stein in Breslau. Sie lebte mit der Familie zusammen, nahm an allem Anteil wie bisher. Sie ging zur Messe, interessierte sich für Fragen der Kirche; sie betete lange. Dazwischen arbeitete sie ihre phänomenologischen Studien durch, wobei sie auch spüren mußte, daß ihr Glaubenswechsel und ihre Glaubensintensität sie manchem Kollegen entfremdete. Husserl war getauft, aber die Energie, mit der manche seiner Schüler christlich zu denken begannen, hatte für ihn etwas von Häresie an sich. Das war Abfall von der wahren Lehre der Phänomenologie.

In Breslau wurde Edith Stein auch mit dem Domvikar Günther Schulemann bekannt, der hier als Studentenseelsorger wirkte und außerdem an seiner Habilitationsschrift arbeitete. Schulemann setzte sich sehr kritisch distanziert mit der Phänomenologie auseinander und diskutierte darüber ausgiebig mit Edith Stein. Wie Schwind ermunterte er sie, Thomas von Aquin zu lesen und zu studieren.

Edith Stein beichtete auch bei Schulemann, wenn sie sich in Breslau aufhielt. Der Priester erinnert sich, daß sie alle zwei Wochen kam. Nach der Vesper, dem Abendgebet der Kirche, das man gemeinsam gesprochen hatte, wartete sie auf ihn in der Kirche. Wenn er nicht daran dachte, klingelte sie bescheiden und erinnerte ihn an den Termin. Dergleichen klingt erbaulich. Man fühlt sich an den Stil der Hagiographen erinnert. Aber wir haben zuviel Zeugnisse verwandter Art, so daß wir Edith Steins Demut nicht in den Bereich der Legende abschieben können.

Es entsprach ihrem Sinn für konsequentes Handeln. Sie erkannte, daß die Zeit der jungen Privatgelehrten aus jüdischem Haus vorbei war. Sie wollte sich eine eigene Existenz schaffen. Das war in Speyer möglich. Joseph Schwind war behilflich.

Das Dominikanerinnenkloster St. Magdalena, das neben anderen Schulen ein Lehrerinnenseminar und ein Lyzeum unterhielt, benötigte eine Deutschlehrerin. Ostern 1923 sollte eine neue Niederlassung des Ordens in Mannheim mit dem Schulunterricht beginnen; die bisherige Deutschlehrerin vom Seminar war dorthin versetzt worden. Edith Stein konnte ihren Posten übernehmen. Sie arbeitete bis Ostern 1931 für Seminar und Lyzeum und gab Unterricht in Deutsch und Geschichte.

Das Kloster St. Magdalena hat eine lange Vergangenheit. Es wurde im dreizehnten Jahrhundert als »Reuerinnenkloster« gegründet. Es war ein Ort, an dem Frauen ihren geschlechtsspezifisch bewerteten Sündenfall oder ihre Sündenfälle bereuen konnten. Daher die Namenspatronage der großen heiligen Sünderin Maria Magdalena. 1304 übernahm der Orden des Dominikus das Kloster (dem Dominikanerorden gehörte auch Thomas von Aquin an), Jahrhunderte später, im Jahr 1802, wurde das Kloster im Zuge der Säkularisation von den Franzosen aufgehoben. Diese Maßnahme entsprach durchaus der Politik des Landesherrn, Max I. Joseph, des Königs von Bayern.

Die Pfalz war aus dynastischen Gründen an Bayern geraten und blieb auch noch lange nach dem ersten Weltkrieg mit diesem Land verbunden, so daß Edith Stein eine bayerische Lehrerin wurde. Im neunzehnten Jahrhundert war dies nicht schlecht für die Nonnen. Denn als König Max I. Joseph starb und sein Sohn Ludwig I. die Herrschaft antrat, wurde manches Alte wiederhergestellt. Ludwigs romantisch bestimmtes Weltbild machte ihn zum Förderer der Orden. Die Wiederbelebung der Klöster sollte ein Stück Mittelalter in sein Land zaubern. Aber das mußte sich auch für die Regierung auszahlen. Zu den meisten Klöstern gehörten noch Schulen – nach königlichem Glauben zum Nutzen des Volksganzen. So war das wiedergegründete Frauenkloster in Speyer ebenfalls eine Lehranstalt.

Das änderte sich auch nach dem ersten Weltkrieg nicht. Als Edith Stein hier unterrichtete, leiteten die Dominikanerinnen außer den erwähnten Instituten noch die Katholische Mädchen-Volksschule der Stadt Speyer, eine Handelsschule und eine Frauenarbeitsschule. Das Seminar, verbunden mit einem Internat, diente als katholische Lehrerinnenbildungsanstalt für die Pfalz.

Die Anstellung war für Edith Stein mit vielen Vorteilen verbunden. Sie mußte ihr Leben nicht aufspalten. Sie konnte weltlich bleiben und doch in einer ihr gemäßen Umgebung leben. Sie bezog ein Zimmer im Pfortenhaus, also in jenem Teil des Gebäudes, das denen Unterkunft bietet, die bis zur Schwelle des klösterlichen Lebens gelangen und doch nicht ganz dazugehören. Sie erhielt das Essen aus der Küche der Schwestern. Sie konnte sich ohne Umwege in der Kirche dem Gebet hingeben. In der Kargheit ihrer Umgebung beschäftigte sie sich mit den Fragen der Religion.

Als Lehrerin gab sie Unterricht in dem damals üblichen

Stil. Die Aufsätze, deren Themen wir zu einem Teil kennen, zeigen: Hier kümmert man sich um Literatur, um Geschichte der Dichtkunst und Ästhetik; aber man klammert auch die Probleme einer Welt nicht aus, der die Lehrerinnen und die gut erzogenen, katholischen jungen Mädchen später begegnen werden. So wurde gefragt: »Ist es Schiller gelungen, uns Wallenstein menschlich nahezubringen?« Da wurde behauptet: »Der Zorn verdirbt die Besten«, was am Streit zwischen Agamemnon und Achill darzustellen war. »Parzivals Entwicklungsgang« war nachzuzeichnen, ebenso eine Hauptgestalt aus Goethes »Hermann und Dorothea« zu charakterisieren.

Die Wiedergabe mancher Disposition, des Gerüstes eines Aufsatzes, zeigt die betont christliche Tendenz. Zu dem Thema »Arbeit ist der Tugend Quell« wird auch die Einschränkung formuliert, daß die Arbeit nicht alles vermag. Gottes Gnade, Gottes Führung sind entscheidend. Katholische Literatur der jüngeren Vergangenheit wird behandelt. Auch der nationale Tonfall ist vorhanden. Das altgriechische Frauenideal wird mit dem altgermanischen verglichen, zugunsten des letzteren.

Man muß betonen, daß in dieser Schule, diesem Schultypus, Wissen vermittelt wurde. Wer das germanische Frauenbild anhand des Walthari-Liedes skizzieren will, muß immerhin das Walthari-Lied kennen. Er wird auch von manchem anderen Werk des deutschen Mittelalters etwas erfahren. Die Prüfungsfragen nach dem Wesen der Lautverschiebung oder nach Lessings ästhetischen Kriterien setzen solide Kenntnisse voraus.

Daß die werdenden Lehrerinnen sich über das »pädagogische Problem« der »modernen Frauenkleidung« Gedanken zu machen hatten, gehörte nun einmal dazu. Sollten wir hoffen, daß ihre zukünftigen Schülerinnen in der Pfalz von ihnen etwas lernten und nicht der Berliner Sittenlosigkeit verfielen? Nein, als diese Schülerinnen so alt waren, daß sie sich um die Mode und ihre Reize kümmern konnten, war bereits die Zeit des sauberen deutschen Mädels und der bezopften blonden Mutter im Kommen oder schon da. Die Reinheit wurde nicht mehr durch Frauenkleidung gefährdet – wie noch die Disposition zu diesem Thema befürchten ließ. Ein anderer Aufsatztitel war dafür aktuell geworden: »Kann uns zum Vaterland die Fremde werden?«

War Edith Stein, die diesen Lehrstoff behandelte und ihren Schülerinnen auseinandersetzte, eine gute Pädagogin? Die Frage ist nicht leicht zu beantworten. Sie war intellektuell zweifellos unterfordert. Und auch die Themen als solche werden sie nicht fasziniert haben. Sie war nie eine begeisterte Germanistin gewesen. Doch die Gründlichkeit, mit der sie sich Wissen aneignete, garantierte dafür, daß die nötigen Kenntnisse stets parat waren. Sie bestimmten nur nicht ihr Denken. Edith Stein war fasziniert von der Frage nach der Wahrheit des Seins, die sie in der Philosophie und im Glauben verfolgte – buchstäblich wie ein Jäger das Tier. Was war ihr Wallenstein?

Sie wird nicht zu den Lehrern gehört haben, die Textstellen so vortragen, daß den Schülern vor Begeisterung die Ohren rot werden. So ist es nicht verwunderlich, daß es negative Erinnerungen an die Lehrerin Stein gibt. Es ist vielmehr verwunderlich, daß viele ehemalige Schülerinnen so positiv an sie zurückdenken. Sie mochten ihr »Fräulein Doktor«, wie sie die Gelehrte nannten. Dies läßt sich nicht nur damit erklären, daß sie ihre Briefe erst niederschrieben, als sie von den Umständen um ihren Tod wußten. Dazu wirken die Aussagen zu unmittelbar.

Um ein Beispiel herauszugreifen: »Fräulein Doktor hatte auch etwas Unnahbares, es war ein zu großer Abstand. Sie war eben zu gescheit und zu bedeutend. So hatten wir alle eine große Scheu vor ihr. Doch als Schülerin hatte ich wieder großes Vertrauen zu ihr. Meine persönlichsten Ansichten und innersten Gefühle konnte ich in den Schülerarbeiten, die nur in ihre Hände kamen, rückhaltlos niederlegen. Ich empfand ganz tief, hier darfst du alles sagen, hier kannst du ganz offen und wahr sein, ohne mißverstanden zu werden … Fräulein Doktor war eine Persönlichkeit, ein Mensch im Vollsinn des Wortes, da war nichts verkümmert und verbogen.«[3] Immer wieder wird auf diese Humanität verwiesen, auf die Art, wie sie vor allem minderbegabten oder gehemmten Mädchen hilft. Selbst wenn sie intellektuell überlegen ist und auch so wirkt, verschenkt sie doch ein Stück von sich. Wenn sie mit den Mädchen lacht, auf einen banalen Scherz eingeht, spürt man das. Aber vor allem beeindruckte die Direktheit ihrer Frömmigkeit. Eine Schülerin schreibt: »Wir waren noch sehr jung, aber den Zauber ihrer Persönlichkeit hat keine von uns vergessen. Täglich sahen wir sie auf dem Gebetsschemel knien, vorne im Chor, während der Messe. Da ging uns eine Ahnung auf, was es bedeutet, Glauben und Lebenshaltung in vollkommene Übereinstimmung zu bringen.«[4]

Das junge Mädchen sah hier einen Menschen, der anders war, offensichtlich auch anders als die Katholiken, die sie kannte. Es gab so viele, die recht und schlecht gutgläubig katholisch durchs Leben kamen. Es gab in Klosterschulen Lehrer und Lehrerinnen, die Tyrannen waren, die ganz dem bösen Bild des harten, herrischen Schulmeisters entsprachen, das zum literarischen Topos geworden ist. Und es gab gutmütige und lustige Pädagogen im Mönchs- und Nonnenhabit. Aber wie selten trifft man einen Menschen, der sich ganz einer Sache hingibt, selbst wenn es die Sache seines heiligen Glaubens ist.

Edith Stein lebte im Geist dieser Hingabe. Sie kannte keine religiöse Routine. Die Schülerinnen mit der entsprechenden Sensibilität fühlten dies. Und es gab Kolleginnen, für die Edith Stein zum Vorbild wurde; sie fanden eine Bestätigung oder auch eine Ermunterung ihres Glaubens. Sie fanden durch Gespräche mit ihr zu einem neuen religiösen Engagement.

Bei Edith Stein war es weit mehr als ein Engagement. Eine ihrer ersten Biographinnen, Hilda Graef, spricht von »Abtötung«[5], wenn sie die Einrichtung von Edith Steins Zimmer beschreibt, die sich auf das Notdürftige beschränkte, wenn sie schildert, wieviel Stunden Edith Stein im Gebet verbrachte – schon am frühen Morgen. Aber der Ausdruck stimmt so nicht. Edith Stein mochte einige ihrer äußerlichen Eigenschaften, etwa ihr jähes Temperament, niederhalten; sie leistete hierin nicht mehr als manche andere berufstätige Frau, die Rücksichten zu nehmen hat. Ihre Art zu wohnen und das lange Gebet waren das ihr Gemäße; hier wurde nichts abgetötet, sondern etwas lebendig gemacht. Es waren ihre Mittel, sich ihrem Gott, ihrer Wahrheit anheimzugeben.

In der Kirche hatte Edith Stein zunächst in den Reihen der anderen weltlichen Lehrerinnen an der Messe teilgenommen. Aber sie wollte einen anderen Platz, ja sie bedurfte dessen. So erhielt sie einen Gebetsstuhl nahe dem Altarraum, wo sie durch nichts abgelenkt wurde, wo sie ganz für sich sein konnte.

Wir wissen nicht, welche Worte Edith Stein zu ihrem Gott sprach. Sie glich nicht den Mystikerinnen, die ihre religiösen Erlebnisse in Bildern ausdrücken und selbst das Unaussprechliche durch analoge Erfahrungen in weltlichen Bereichen den Brüdern und Schwestern im Geiste mitteilen konnten. Es gibt zwar eine einschlägige Stelle in der von Edith Stein verfaßten Betrachtung aus dem Jahr 1931, die betitelt ist: »Wege zur inneren Stille«.[6]

Hier verweist Edith Stein auf das Morgengebet vor der Messe, das noch einmal Ruhe schenkt, wenn schon die Sorge des Tages auf den Menschen eindringt. Später, wenn die Mühen groß waren, wenn man zum Beispiel als Lehrerin vier bis fünf Schulstunden hinter sich gebracht hat, dann hilft »eine kurze Zeit vor dem Tabernakel« oder auch nur eine Einkehr in das eigene Innere, eine Verbindung mit Gott. Das bringt uns zur Stille zurück; wir schöpfen wieder Kraft. Daß ein solches Gebet als fromme Übung für den Gläubigen einen seelischen Nutzen bringt, dürfte auch jedem Nicht-Gläubigen einleuchten.

Aber Edith Steins Gebet erschöpfte sich kaum in einer solchen Lebenshilfe. Dafür war sie in der Zeit nach ihrer Konversion innerlich viel zu aufgewühlt. Vergleicht man die Bilder der Lehrerin Edith Stein mit den Jugendbildern, aber auch mit späteren Photographien der Nonne, so kann man eine gewisse Verschlossenheit konstatieren. Um die Ausdrücke der Schülerin zu verwenden, sie wirkte nicht verkümmert oder verbogen, aber sie wirkte unnahbar. Und dieser Eindruck läßt sich nicht nur durch die Tatsache erklären, daß sie die »Logischen Untersuchungen« des Edmund Husserl verstand.

Sie hatte einen Stuhl neben ihrem Schreibtisch für Menschen frei, die Rat brauchten. Sie diente den Menschen, aber sie klammerte die Menschen auch aus. 1930 schrieb sie einer Bekannten von St. Magdalena aus: »Ich habe all die Jahre in Speyer keinen Verkehr mit wechselseitigen Besuchen gepflegt.«[7] Es war ihr wichtiger, vor dem Altar zu knien und zu beten. Manches muß für sie sehr schwer gewesen sein.

Sie war Philosophin. Nun hatte die Regelmäßigkeit der Schule die Auseinandersetzungen des Geistes in die Stunden der Freizeit abgedrängt. Und als Edith Stein zum Philosophieren zurückkehrte, da war das Denken in ihrem Kopf verändert worden. Die Methode, die sie bei Husserl erlernt hatte, wurde konfrontiert mit dem philosophischen System des Thomas von Aquin. Für Edith Stein waren es jedoch nicht zwei Denkschulen, die man einander gegenüberstellen und mit historischem Interesse vergleichen konnte. Philosophie, so wie sie Husserl verstand, wie sie aber auch von Thomas verstanden wurde und wie seine Schüler sie tradierten, war *philosophia perennis*, also etwas Endgültiges. Man konnte sie weiterentwickeln, ihre Methodik ausbauen, aber man konnte sie nicht historisch auswechseln. Wenn man sich ihr hingibt, dann trifft man eine existentielle Entscheidung. Man bestimmt die Form, in der man in dieser Welt lebt.

Edith Stein stand mit ihren Fragen nicht allein da. Joseph Schwind war ihr eine Stütze, so gut er es konnte. Sie besuchte ihn am Sonntag und führte mit ihm lange geistliche Gespräche, die für den Domvikar nach eigener Aussage eine Erholung darstellten. Es war etwas anderes als die Sorgen des Alltags, die Querelen, mit denen es ein Prälat bei der Verwaltung der real existierenden Kirche zu tun hat.

Doch Schwind war über siebzig Jahre alt, als er sich der Konvertitin annahm. Er war wohl auch mit den modernen geistigen Strömungen nicht allzu vertraut. Und so konnte erst ein jüngerer Theologe die Begabung Edith Steins voll erkennen, nicht nur mit ihr reden, sondern auch ihre Fähigkeiten dem Dienst an der Kirche zuführen. Wobei dieser Theologe sicher zuerst an die Kirche dachte. Es war der Jesuit Erich Przywara.

Wenn man die Geschichte der katholischen Theologie und die daraus resultierende Auseinandersetzung mit der Philosophie in der Neuzeit verfolgt, kann der Eindruck entstehen, daß der katholische Glaube aus der intellektuellen Entwicklung herausgefallen sei. Die Lehre des Mittelalters, die Scholastik, wurde, so gut es eben ging, festgehalten. Wo man sich nicht mehr an sie hielt, in den Zeiten religiösen Niedergangs, agierte ein Teil der Geistlichkeit im Stil bloßer Anpassung an die aufklärerischen Tendenzen der Zeit.

Einige Kleriker polemisierten gegen die Moderne, was deren Vertreter selten zur Kenntnis nahmen. Das Volk hatte seine Messen und vor allem seine vielen Andachten und Prozessionen, deren ästhetischer Reiz selbst manchem Gebildeten zusagte. Der Inhalt aber war für ihn Aberglaube.

Im neunzehnten Jahrhundert änderte sich diese Situation. Nach den napoleonischen Kriegen, in der Epoche einer romantisch gefärbten Suche nach dem Glück des verlorenen Mittelalters, gab es neue theologische Ansätze. Aber die

Erneuerer hatten es nicht leicht; Rom reagierte gewöhnlich negativ. In der Umgebung der Päpste zog man eine verläßliche Tradition des immer schon Tradierten mitsamt dem dazugehörigen Schlendrian einer schwärmerischen, schwer kontrollierbaren Restauration deutlich vor. Die intellektuellen Reformer, die wirklich das Alte wiederherstellen wollten oder zumindest den Traum, den sie davon hatten, zu realisieren bestrebt waren, wurden ungern akzeptiert. Das roch nach Ketzerei.

Rom arbeitete mit dem Index, mit der Liste, auf die man die verbotenen Bücher setzte. Wer aber nicht nur geistig, sondern auch institutionell etwas erneuern wollte, stieß auf den Widerstand der Bischöfe und der residierenden Ortspfarrer.

Die Möglichkeit, Neues zu schaffen, kam von außen, aus einer Krise des Denkens und des Lebensgefühls im späten neunzehnten Jahrhundert und um die Jahrhundertwende. Schon lange vor dem Ausbruch des Ersten Weltkriegs nahmen viele Intellektuelle, Philosophen und Künstler die Krise der reinen Vernunft wie die des praktischen Verstandes wahr. Der Liberalismus des Bürgertums war verflacht. Ein neues Denken eröffnete den Bereich neuer geistiger Abenteuer, und auf die gültige Kultur reagierte man mit Kritik, die so hart sein konnte wie die Friedrich Nietzsches. Selbst der irrationale Kriegsenthusiasmus der europäischen Jugend von 1914 war zum Teil eine Folge dieses Krisenbewußtseins. Der Krieg brachte die Lichter eines verbindlichen, liberal-bürgerlichen Weltgefühls zum Erlöschen. So wuchs die Bereitschaft vieler, nach einem neuen Glauben zu suchen.

In diesen Jahrzehnten wurde der *Renouveau Catholique*, die katholische Erneuerung, zu einer geistigen Kraft, der sich langsam auch die Konservativen innerhalb der Kirche beugten. Wobei die Betonung auf dem Wort ›langsam‹ liegt. Für die poetische Seite dieser vielgestaltigen Bewegung stehe der Name Paul Claudel. Die französischen Vertreter des *Renou-*

veau Catholique waren zweifellos führend, so die Philosophen Jacques Maritain und Étienne Gilson. Und da auch der Papst Leo XIII schon im neunzehnten Jahrhundert die Beschäftigung mit Thomas empfohlen, ja zu einer neuen Aufgabe gemacht hatte, verband sich ihr Denken zumindest der Form nach mit den römischen Intentionen.

In Deutschland waren es unter anderen Martin Grabmann und Erich Przywara, die sich um eine innovatorische Thomas-Erklärung bemühten. Erich Przywara war zudem ein guter Kenner der zeitgenössischen Philosophie. Er beobachtete mit Interesse die Entwicklung von Husserls Gedanken, seine Abwendung von dem, was man etwas vage den Kantianismus und seine Folgen nennen könnte.

Im Jahre 1922, an dessen erstem Tag Edith Stein getauft wurde, hielt Przywara an der Universität Leipzig auf Einladung des Katholischen Akademikerausschusses fünf Vorträge unter dem provokatorisch wirkenden Titel: »Gott«. Sie wurden 1926 publiziert. Przywara behandelt die Gottesfrage als religionsphilosophisches Problem. Und er verläßt sich nicht nur auf die Wirksamkeit der Scholastiker. Wenn er von einer »Richtung zu Gott« spricht, so spürt man den Einfluß von Husserl und seiner Vorstellung des Intentionalen. Der Ruf »Zu den Sachen« wird aufgegriffen. »Das Stigma unserer Zeit nun ist die Wende zum Objektgedanken.«[8] Wo ein Objekt, eine Sache als Ziel einer Intention denkbar ist, kann man eine Nähe zum katholisch-christlichen Seinsverständnis konstatieren. Das bedeutet aber noch lange nicht, daß eine Identität gegeben wäre.

Aber eines steht fest. Wenn modernes Denken wieder zu den Sachen vorstoßen will, sie anerkennt, wird die kritische Subjektivität der Skeptiker überwunden. Für den katholisch Gläubigen offenbart sich im Objekt das Geschaffene und der Schöpfer. Erinnern wir uns an das Bild Michelangelos in Adolf Reinachs Zimmer. Nach der Lektüre christlicher Philosophen kann es dem Betrachter so vorkommen, als bewege sich der Finger Gottes auf den Finger Adams zu.

Und es gibt im Thomismus wie in der Phänomenologie Denkansätze, die miteinander vergleichbar sind. Max Scheler hat darauf aufmerksam gemacht; Przywara zitiert ihn. Und Edith Stein wird sich noch jahrelang mit der Vergleichbarkeit und der Unvergleichbarkeit beider Philosophien auseinandersetzen.

Erich Przywara wurde früh auf Edith Stein und ihre Arbeit aufmerksam. Er interessierte sich ja für die Entwicklung der Phänomenologie. Eine weibliche Assistentin, die noch dazu philosophische Einführungskurse leitete, war damals eine Sensation, die sich herumsprach. Außerdem verkehrte Przywara in München mit Dietrich von Hildebrand, einem Schüler Husserls aus der Göttinger Zeit, der sich mit schwärmerischem Elan den Sachen und der katholischen Sache zugewandt hatte und verständlicherweise die Entwicklung Edith Steins mit großem Interesse beobachtete. Als Przywara zusammen mit ihm und dem Benediktiner Pater Daniel Feuling eine Ausgabe der Schriften des englischen Kardinals und römisch-katholischen Heiligen John Henry Newman vorbereitete, empfahl ihm Hildebrand Edith Stein als Übersetzerin. Przywara ging darauf ein und gewann Edith Stein für die Übertragung der Briefe und Tagebücher aus Newmans vorkatholischer Zeit.

Newman war Konvertit wie Edith Sein. Er hatte allerdings nur die Konfession, nicht den Glauben gewechselt. Schon in seiner vorkatholischen Zeit rang er mit glühendem Eifer um die christliche Religion, um ihre Reinerhaltung und bekämpfte eine vulgär-aufklärerische Apologetik; hierin war er ein Kind des neunzehnten Jahrhunderts und dessen gegenrevolutionärer Sehnsüchte. Edith Stein hatte einen Zugang zu der religiösen Unruhe Newmans, das machte sie zu einer sehr einfühlsamen Übersetzerin, wenn sie auch die englische und anglikanische Umwelt nicht kannte, dieses seltsame Ambiente einer Frömmigkeit, die dem nationalen Lebensstil verbunden ist. Die Übersetzung erschien 1928 in München.

Doch schon vorher kam es zur persönlichen Bekanntschaft zwischen Edith Stein und Przywara. 1925 kam der Jesuit nach Speyer, und Joseph Schwind arrangierte ein Treffen. Es lohnt sich aus Gründen, die nicht philosophischer Art sind, Przywaras Erinnerung an diese Begegnung zu zitieren. Er war schon von Schwind darauf aufmerksam gemacht worden, daß man Edith Stein ihre Rasse nicht ansähe: »Er hatte recht, denn die Edith Stein, die uns entgegentrat, war eher vergleichbar einer Uta vom Naumburger Dom – wie sie auch bei aller unerschütterlichen Treue zu ihrem Volk nichts so sehr liebte, wie die Naumburger Gestalten und die reine Strenge der Kaiserkrypta von Speyer, die sie mir zeigte. – Das war überhaupt ein Eigenes bei Edith Stein: ganz reines, strenges jüdisches Patrizierblut, und doch deutsche Frau –«[9].

Man kann über diese begeisterte Darstellung lächeln, aber ihre Tendenz ist nicht uninteressant. Der Geistliche der Una Sancta Catholica empfindet es als besonders positiv, daß Edith Stein einem Idealbild gleicht, das sich völkisch Gesinnte anhand einer großartigen Skulptur von der deutschen Frau machten. Die jüdische Strenge wird dadurch gleichsam geadelt. Und dies war kein Ausrutscher von Przywara.

Die Ausdrucks-, die Sehweise entsprach der allgemeinen Vorstellung des Durchschnittsdeutschen, der nicht antisemitisch empfand. Przywara betont in seinem Aufsatz an anderer Stelle sehr positiv das jüdische geistige Erbe. Doch auch diese Beurteilung bringt ein Stück Abgrenzung mit sich: »Im innersten Instinkt ihrer Rasse hat sie immer gewußt, daß Abraham, der Vater der Heiden und Juden, aus dem asiatischen Ur in Chaldäa stammt, wenngleich sie ihrem ganzen Denken nach dem rationalen Westen verpflichtet war.«[10]

Sehen wir davon ab, daß weder ein Jude noch ein Christ die Heimat Abrahams, des Stammvaters der Israeliten, instinktiv weiß, geschweige denn die Mentalität von Chaldäern kennt, so läßt sich doch an dieser scheinbar positiven Bewertung von Rasse und Blut ablesen, welche negativen Vorurteile damals in den Köpfen spukten. Und das keineswegs nur in den Köpfen von potentiellen Hitlerwählern. Edith Stein muß diese Vorurteile empfunden, wohl auch gehört haben, denn sie war sehr sensibel gegenüber den Gefahren von rechts, sensibler als die meisten ihrer Freunde und geistigen Weggenossen.

Dennoch war für sie die Begegnung mit Przywara ein großes Glück. Denn er ermunterte sie, weiterhin philosophisch zu arbeiten, mit der ganzen Kraft ihres Denkens sich mit Thomas von Aquin auseinanderzusetzen. Er regte sie dazu an, ein Werk von Thomas zu übertragen und zwar in einem Stil, der die geistige Spannung zur Phänomenologie wiederspiegelt. Es sollten die Untersuchungen über die Wahrheit, die *Quaestiones disputatae de veritate* sein, mit denen sich Edith Stein in den nächsten Jahren beschäftigte.

Aber noch einige Jahre vor dieser Publikation erschien ein Aufsatz, der die Entschlossenheit der Autorin, zu ihrer Entscheidung ganz und gar zu stehen, dokumentiert. Aus Anlaß des siebzigsten Geburtstages von Edmund Husserl im Jahr 1929 wurde eine Festschrift herausgegeben, in der Schüler und Freunde zu Ehren des Meisters das Wichtige ihres Denkens vorstellten. Der berühmteste Beitrag stammt von Martin Heidegger und heißt »Vom Wesen des Grundes«. Es gibt Kenner des Philosophen, die diese Schrift sogar noch höher einschätzen als das weitaus umfangreichere Hauptwerk »Sein und Zeit« von 1927.

In diesem Band findet sich der »Versuch einer Gegenüberstellung«, den Edith Stein unternahm: »Husserls Phänomenologie und die Philosophie des hl. Thomas v. Aquino«. Edith Stein hatte ursprünglich ihre Gedanken in ein fingiertes Gespräch eingebracht, das die Philosophen miteinander führen. Martin Heidegger lehnte diese Form der Auseinandersetzung zu Recht ab, so daß Edith Stein nun einen Aufsatz schrieb, der in die Festschrift aufgenommen wurde.

Sie betont sehr deutlich das große gemeinsame wie das große trennende Moment. Beide Philosophen zweifeln nicht an der »Kraft der ratio«.[11] Daß dies so stark betont wird, daß Edith Stein die Philosophie als strenge Wissenschaft im Sinne Husserls versteht und auch Thomas so interpretiert, ist sehr bezeichnend. Man kann übrigens die Lehre des Thomas kaum anders auffassen. Aber die Skepsis gegenüber der Skepsis Kants hatte, wie ich schon betonte, viele Formen angenommen. Dazu gehörten auch zahlreiche Irrationalismen, geistige Fahrten in ein früheres Land, das nur in der Phantasie der Fahrenden existiert. Derartige Romantizismen sind Edith Stein fremd. Sie gehören für sie zu jenen Schwärmereien, die sich dithyrambisch formulieren lassen, aber philosophisch nichtig, höchstens schädlich sind. Sie ist mit Thomas und Husserl davon überzeugt, daß in allem eine *ratio* waltet und daß der strebsam Denkende mehr und mehr von ihr erkennen kann.

Nur ist Husserls *ratio* von vorneherein beschränkt auf die natürliche Vernunft, wenn man sich im Stile des Thomas ausdrückt, der natürliche und übernatürliche Vernunft unterscheidet. Husserl kennt diese Unterscheidung nicht; es gibt für ihn nur *die* Vernunft schlechthin. Natürlich entspricht diese Verschiedenheit zwischen den Denkern, die Edith Stein betont, der historischen Differenz. Es ist etwas anderes, ob man in einer Umgebung lebt, in der die Frage, wie sich Engel höherer Ordnungen mit Engeln niederer Ordnungen verständigen, bedeutsam ist und als rational durch eine Leistung des Denkens lösbar angesehen wird, oder ob die Umwelt mit freundlicher Toleranz die Religion als Privatsache gelten läßt. Die Engel gehören eher in die Kunstgeschichte.

Edith Stein erwähnt in ihrem Aufsatz auch lediglich, daß die Erkenntnis der Engel eine Frage für Thomas war. Aber sie spricht von Gott in philosophischem Zusammenhang ohne jede verklausulierende Zurückhaltung. Sie bricht die Sphäre des Privaten auf und redet mit der gebotenen Strenge von der

»Abhängigkeit der Philosophie vom Glauben«.[12] Die steht für sie fest, »da wir ja des Gottes, den uns die Offenbarung kennen lehrt und der uns persönlich nahe ist, im Glauben gewiß werden«.[13] Die Erfahrung der persönlichen Nähe Gottes ist für sie wichtiger als die rational begründeten Gottesbeweise. Deswegen wird freilich keine Irrationalität erlaubt – das muß man hinzufügen, um Edith Stein von jenem christlichen Tonfall zu scheiden, der sich an die Welt der Gefühle wendet. Sie fährt fort, indem sie die Spannung zwischen ihrer Erfahrung und dem Denkanspruch aufzeigt: »Die spezifische Glaubensgewißheit ist ein Geschenk der Gnade. Verstand und Wille haben die theoretischen und praktischen Konsequenzen daraus zu ziehen. Zu den theoretischen Konsequenzen gehört der Aufbau einer Philosophie aus dem Glauben.«[14]

Die ruhige Art, in der Edith Stein diesen Gedanken formuliert, läßt den Leser zunächst nicht erkennen, daß ihre Sätze in dieser Festschrift ein Skandalon sind. Hier wird nicht mühsam ein Anschluß an die moderne Philosophie gesucht, um den Glauben und seine Überlieferung aufzuwerten. Die Autorin muß sich nicht plagen; sie kannte das moderne Denken bereits sehr gut, ehe sie ihre Gotteserfahrung machte. Hier wird kein Thomas zurechtgetrimmt, damit er auch modern und interessant erscheinen kann. Hier zieht sich auch keine frömmelnde Seele in ihren beruhigenden Glauben zurück.

Edith Stein fordert keine Philosophie, die sich im religiösen Rahmen entwickelt, sondern eine, die rational vom Glauben ausgeht, auf ihn im Sinne des Thomas aufbaut und sich auf dem Niveau der denkerischen Auseinandersetzungen des zwanzigsten Jahrhunderts behauptet. Diese zweite Verpflichtung wird so nicht formuliert, ist aber in Edith Steins Sätzen implizit enthalten.

Auf dieses Ziel hin war Edith Steins philosophisches Schaffen in den nächsten Jahren ausgerichtet. Es wird sich hier die

Frage stellen: Ist ihr das gelungen? Aber im Grunde ist diese Frage auch wieder vorgeschoben. Denn die eigentliche Frage heißt: Ist das möglich?

Wenn dies möglich ist, dann gelten auch die Sätze über diese Gegenwart: »Es ist eine Zeit, die sich mit methodischen Erwägungen nicht mehr zufriedengibt. Die Menschen sind haltlos und suchen nach einem Halt. Sie wollen greifbare, inhaltliche Wahrheit, die sich im Leben bewährt. Sie wollen eine ›Lebensphilosophie‹. Das finden sie bei Thomas.«[15]

Sie geht dann auf die Entwicklung Husserls ein, betont, wo es eine gedankliche oder methodische Nähe zu Thomas gibt. Von allen philosophischen Strömungen der Gegenwart ermöglicht die Phänomenologie am besten den rationalen Zugang zur mittelalterlichen Philosophie. (Hier hat Edith Stein sehr recht. Auch Heideggers Denken ist noch geprägt von der Auseinandersetzung mit dem Thomismus.) Die Ausklammerung der subjektiven Willkür verbindet Husserl mit Thomas. Seine Vorstellung von Wesenswahrheiten lassen sich mit der Lehre von den principis, den Grundwahrheiten des Thomas, in Verbindung bringen, wenn auch nicht gleichsetzen. Und diese Verbindungslinien werden gerade deswegen wichtig, weil der Ausgangspunkt des Philosophierens radikal verschieden ist. Er »ist für Husserl das transzendental gereinigte Bewußtsein, für Thomas Gott und sein Verhältnis zu den Geschöpfen«.[16]

Mit diesen Worten endet der Aufsatz. Der Kern von Husserls Denken ist ein Ergebnis des modernen Philosophierens; bei Thomas ist es Gott, der die Welt erschuf und sich den Menschen offenbart. Edith Stein hat Abschied genommen. Sie ist nicht mehr die Phänomenologin, die eben einmal den Entschluß gefaßt hat, katholisch zu werden, und nun die Messe besucht. Sie ist eine Philosophin, wohlvertraut mit der phänomenologischen Denkweise, die das Sein und die Wahrheit aus dem Glauben heraus erkundet.

Dies setzt einen starken, einen immer wieder gestärkten

Glauben voraus. Der Unterschied zwischen der betenden und der schreibenden Edith Stein schwindet. Wir kennen das Bild des betenden Gelehrten Thomas von Aquin. Aber was zu dessen Zeit Ausdruck der Heiligkeit war, wirkt in unserem Jahrhundert anachronistisch. Und darum bedurfte der Glauben einer stärkenden Umgebung. Zu Speyer kommt ein zweiter Ort hinzu, zum Kloster der Dominikanerinnen ein Kloster des Benediktinerordens. Der Ort heißt Beuron.

Joseph Schwind, der Seelenführer, war am 17. September 1927 gestorben; er erlag im Beichtstuhl einem Schlaganfall. Für Edith Stein bedeutete dies einen schweren Verlust und einen großen Schmerz. Es war Erich Przywara, von dem Hilfe kam. Er empfahl ihr, nach Beuron zu fahren, zu den Benediktinern, die in Deutschland ein Stück Religionsgeschichte geschaffen hatten.

Beuron ist ein Ort in Hohenzollern-Sigmaringen, im westlichen Teil Württembergs. Es liegt in der Schwäbischen Alb, an der Donau, die dort noch ein junger, wilder Fluß ist. Die Landschaft ist reizvoll für jeden, der nicht so sehr die hochalpinen Sensationen liebt, sondern Wanderwege, die an Jura-Felsen vorbei oder zwischen ihnen aus dem Donautal hinauf in die Höhe führen. Doch dieser Ort Beuron ist nur ein Anhängsel des Klosters Beuron. Die Besucher des Orts sind, wenn es sich nicht gerade um tatenlustige junge Wanderer handelt, *homines religiosi,* die hier ein Stück Heimat gefunden haben, vielleicht einen Platz, ein Heiligtum, das Ausgang und Ziel einer besonderen Verehrung ist. Die Anhänger und Anhängerinnen einer bestimmten Form der Frömmigkeit, der liturgischen Bewegung, pilgerten nicht nur zu den katholischen Hochfesten nach ihrem Beuron.

Diese Sonderstellung des Klosters erklärt sich aus seiner Geschichte. Beuron war ursprünglich ein Augustiner-Chorherrenstift, das nach 1800 säkularisiert wurde. Das Klostergut erhielten die Fürsten von Hohenzollern-Sigmaringen. Eine verwitwete Fürstin dieses Hauses, Catherine von Hohenzollern-Sigmaringen (1817–1893) war von der neuen Religiosität ihrer Zeit sehr berührt, wollte an der Erneuerung des Klosterwesens teilhaben. Sie machte schmerzhafte Erfahrungen mit der offiziellen Kirche, die mit der religiösen Unbedingtheit dieser Frau nichts anfangen konnte, aber die Adelige nicht ganz zurückstoßen wollte. 1859 lernte sie den Benediktinerpater Maurus (bürgerlich: Rudolf) Wolter kennen, den Sohn einer katholischen Bürgerfamilie aus Bonn, dem die Erneuerung seines Ordens am Herzen lag.

Vier Brüder von Maurus Wolter waren Priester, zwei davon Benediktiner, eine Schwester Nonne. Zum Orden waren die drei Patres relativ spät gestoßen. Sie hatten als Lehrer gearbeitet. Rudolf Wolter hatte sich bereits als Student auch politisch engagiert, so hatte er beispielsweise 1817 am Wartburgfest teilgenommen. Für eine neue soziale Verantwortung der Kirche verwandte er sich durch seinen Einsatz in den katholischen Arbeitervereinen.

Der Abt des römischen Benediktinerklosters San Paolo fuori le mura strebte eine Reform an; er war dabei beeinflußt von den Ideen des katholischen Wiener Philosophen Anton Günther. Er zog die Brüder Wolter, die Geist von seinem Geist waren, nach Rom, in seinen Orden und in sein Kloster. Doch die Zeit war noch gegen sie. Ein entscheidender Teil der Sätze von Anton Günther wurde 1857 auf den Index gesetzt, also von der Kirche verworfen und verboten. Dazu kam, daß nach dem Beginn der italienischen Freiheitskämpfe, besonders nach der Schlacht von Solferino (1859), Deutsche in Rom nicht mehr sonderlich beliebt waren.

In diesem Jahr begegnete Maurus Wolter der Fürstin Catherine, die von seinen Ideen sehr angetan war und ihm das alte Beuron zur Verfügung stellte. Maurus Wolter orientierte sich in der französischen Reformabtei Solesmes über die Möglichkeit einer neuen Konstitution, um sie nach Deutschland zu übertragen. 1863 hatte er sein erstes Ziel erreicht. Papst Pius IX. und der zuständige Bischof von Freiburg im

Breisgau gaben die Erlaubnis: Beuron wurde wieder Kloster.

Es unterschied sich von den meisten anderen Klöstern. Es war nicht im Sinne der Aufklärung nützlich, es unterhielt keine Schule. Die Mönche sollten hier ganz dem Gotteslob leben, im Gebet und in der gemeinsamen Feier den Herrn verherrlichen. Was der Frömmigkeit diente, wurde später zu einer kulturellen Tat. In der Liturgie wurden alte Formen wiederaufgenommen und rekonstruiert, zugleich ein neuer Stil vorbereitet.

Die nächsten Jahre wurden zu schweren Zeiten. Das Kloster litt unter dem preußischen Kirchen-Kampf. Es wurde aufgehoben. Nur der mutige Einsatz der Fürstin rettete die Gebäude des Klosters vor einer neuen Verwendung und ermöglichte die Rückkehr. Aber gerade die Verfolgung erhöhte das Ansehen. Bald gab es Neugründungen wie Maredsous in Belgien, Emaus in Prag, Seckau in der Steiermark und andere. Die gemeinsamen Regeln vereinigten diese Klöster zur Beuroner Kongregation, die 1884 von Rom anerkannt wurde. Abt Maurus Wolter wurde Erzabt; er stand dieser Kongregation vor.

Zwei Jahre nach seinem Tod entstand 1892 die wohl bedeutendste Beuroner Niederlassung: Maria Laach. Für den deutschen Nordwesten wurde es zum Inbegriff der christlichen Erneuerung. Kaiser Wilhelm II. stattete ihm – wie übrigens auch Beuron – einen Besuch ab. Man sah in ihm ein neues Cluny, verglich es also mit dem großen Reformkloster des Mittelalters. Der rheinische Katholizismus fand hier auch einen gesellschaftlichen Mittelpunkt. Die Verbindung der Kongregation mit den katholischen Adelshäusern wurde durch die Faszination von Maria Laach begünstigt.

In Beuron verband sich das Gotteslob bald mit einer Arbeit, die gerade ein Aufklärer als sehr nützlich bezeichnen müßte. Es wurden Handschriften wissenschaftlich untersucht, alte lateinische Quellen neu erschlossen. Noch heute gehört das Beuroner Institut *Vetus Latina* zu den wichtigsten Forschungsstätten für frühe Bibelübersetzungen.

Und dann gab es die Beuroner Kunst. Viele der Heiligenbildchen in den Gebetbüchern der Edith Stein und in manchen anderen Gebetbüchern fortschrittlicher Katholiken sind von diesem Stil geprägt. Neue Kirchen und Kapellen sind durch ihn gestaltet worden.

Es war eine statuarische, antirealistische Kunst. Die Gesten der Menschen sind vorgegeben, haben symbolischen Charakter; dieser Symbolismus löst die Individualität auf. Die Gesichter sind Variationen eines Einheitstypus; die berechenbare Klassizität verbindet sich mit ägyptischen und byzantinischen Reminiszenzen. Man kann diese Malereien und Raumgestaltungen nicht nur ästhetisierend vom heutigen Standpunkt aus beurteilen. Im historischen Zusammenhang gesehen bedeutet diese Kunst die Überwindung eines christlichen Naturalismus, der Wirklichkeiten vortäuschte. Jesus hing am Kreuz in einer Agonie, die so harmlos keiner erfahren hat, der gekreuzigt wurde. In Beuron sieht man einen Körper am Kreuz, das edle Gesicht eines Menschen, der leidet. Wenn Maria und das Christuskind in Beuron getreu einem Kanon in absoluter Ruhe verharren, steht diese Darstellung in wohltuendem Gegensatz zu dem süßlichen Mutter-und-Kind-Kitsch der religiösen Malerei. Die Beuroner Kunst wollte nicht an die Empfindsamkeit appellieren, sie wollte zum Denken anregen. Sicher wurde sie trotz einiger Anerkennung nicht zu einer Richtung, die den Lauf der Kunstgeschichte beeinflußte. Aber sie war kein Kitsch und verhinderte religiösen Kitsch.

Doch nicht diese Kunst, sondern der Einfluß auf die Liturgie war Beurons Hauptverdienst. In der liturgischen Bewegung, die von Frankreich ausging, sollte das Gottesvolk hineingenommen werden in die Feier der Messe. Es sollte die Trennung zwischen dem (gebildeten) Priester am Altar, der die lateinischen Texte las, und der (unwissenden) Laienschar, die vor sich hinbetete, überwunden werden. Der erste Schritt führte dazu, daß auch der Laie die offiziellen Texte kennenlernen konnte, in seinem Meßbuch mit dem Priester beten und das nachvollziehen sollte, was am Altar geschieht. Er erhob sich bei bestimmten feierlichen Gebeten, er kniete nieder und wußte, warum er dies tat. Die Messe wurde damit rhythmisch eingeteilt. Bis zu einem Grad, der vom Engagement des Priesters und der Bereitwilligkeit seiner Gemeinde abhing, konnte die festliche Messe, das Amt, zu einem heiligen Schauspiel werden.

In Beuron war sie besonders in der feierlichen Form des Hochamts und bei den großen Anlässen wie Weihnachten, der Karwoche, des Oster- und des Pfingstfestes ein wahrhaftes Kunsterlebnis. Die liturgische Handlung wurde unterstützt durch den Gesang der Mönche, den gregorianischen Choral. Es war ein Wiederaufgreifen der frühen Formen. Die Expressivität der üblichen Kirchenmusik, komponiert von den Großen des Barock, der Klassik und Romantik, wurde zurückgenommen. Man hörte ein anderes Credo. Kein zartes Adagio mehr, wenn die Geburt des Herrn *e Maria virgine*, aus Maria der Jungfrau, verkündet wird; kein Jubel der Blasinstrumente mehr, wenn der Chor das *resurrexit* anstimmt, die Auferstehung feiert. Statt dessen hört man einen Gesang, der fast kühl wirkt, der sich wiederholt und nur durch kunstvolle Verzierungen eine Stimmung schafft, die hinführt zum Numinosen, zu »den Sachen selbst« des religiösen Geschehens.

Nicht nur der Messe konnte der Laie in Beuron folgen. Die Mönche gestalteten auch die Tagzeiten. Vom frühen Morgen bis hinein in die Nacht wurde im Abstand weniger Stunden das Gotteslob vorgetragen. Die Tagzeiten zu beten war Pflicht der Priester, sie gemeinsam zu feiern Aufgabe der Klöster. Ihre Texte waren im Brevier zusammengefaßt. Einen Hauptteil der Texte, das Corpus des Gotteslobs, bildeten Psalmen des Alten Testaments. In Beuron wurden die Tagzeiten zu einem Ereignis, an dem auch der Laie als betender Zuhörer teilhaben konnte. Das fiel ihm leicht, wenn er die lateinische Sprache beherrschte und sich im Brevier zurechtfand.

Es muß nicht betont werden, daß die Teilhabe an Messe und Stundengebet bestimmt war von einer Konzeption, die zur zweiten Stufe der liturgischen Bewegung führen mußte, zur Einbeziehung des Laien, also zur Einführung der Volkssprache und zum Wechselgebet zwischen Priester und Gemeinde. Aber dies war erst durch eine Weiterentwicklung und durch die Entscheidungen des zweiten Vatikanischen Konzils möglich.

Um die Klöster der Beuroner Kongregation sammelten sich fromme Laien, die hier für ein paar Tage oder für die Wochen des Urlaubs religiöse Erbauung suchten und eine ihrem Intellekt entsprechende Frömmigkeit. Und es ist kein Zufall, daß nach dem ersten Weltkrieg viele Frauen in diese Klöster kamen. Viele unverheiratete, berufstätige Katholikinnen fanden hier eine Heimat. Sie gehörten zu einer Generation, die den möglichen Partner durch den Krieg verloren hatte, die in einer modernen Welt lebte und nicht mehr nur die hilfreiche oder überflüssige Tante sein wollte. In einen Frauenorden wollten sie nicht eintreten, fühlten sich nicht dazu berufen. Und doch bestimmte die Religion ihr Leben.

Etliche von ihnen hatten das mit so manchem männlichen Besucher gemein, daß sie fast einen Fanatismus entwickelten: Das Beuroner Gotteslob war das einzige, das Gott wohlgefiel. Das abschätzige Wort »Liturgitis« war bald in kirchlichen Kreisen verbreitet. Das elitäre Bewußtsein der Anhänger Beurons konnte enervierend wirken.

Aber gerade dieses Hochgefühl machte auch die Distanz spürbar. Der Christ, der in seinem Brevier die Gebete liest, die im Chor von den Mönchen vorgetragen werden, empfindet sehr wohl, daß er zur Teilhabe, aber nicht zur Mitwirkung eingeladen ist. Die Christin muß dies um so mehr spüren, als der Mann doch immer potentieller Priester ist, während sie von vornherein wegen ihres Geschlechts ausgeschlossen bleibt. Zur Zeit der liturgischen Bewegung wurden nicht zufällig die Tendenzen unter den katholischen Frauen, besonders auch im Katholischen Frauenbund stärker, die zu einer Anerkennung der eigenständigen weiblichen Leistungen hindrängten. Es gab auch hier Frauenrechtlerinnen, die in der Tradition der bürgerlichen Emanzipationsbestrebung standen.

Aber sie kämpften für ein Ziel, das noch heute in der Zukunft liegt. Die Realität sah so aus: Die Frau, die in Beuron mitbetete, stand hernach vor der Tür. Die Tore der Kirche schlossen sich, die Türen der Klausur waren eine strenge Grenze; der männliche Laie konnte ihre Schwellen überschreiten, die Frau nicht. Hier entwickelte sich nun bei einigen Liturgikerinnen ein Hang zur Neugierde, zum Klatsch, zur Mißgunst. Es ist nur folgerichtig, daß dieses Verhalten wieder zu einem Seufzer der Männer über die Weiber führt. Der *circulus vitiosus* schließt sich.

In dieses Beuron nun kam Edith Stein im Jahr 1928 zur Feier des Leidens und der Auferstehung des Herrn. Und sie wird in den nächsten Jahren noch viele Hochfeste dort erleben. Sie war von den Gefahren einer Fehlentwicklung nicht bedroht. Dazu war ihr Charakter zu fest und ihre Religiosität zu unbedingt. Sie hielt sich abseits von dem normalen Beuroner Gästebetrieb.

Das Haus, in dem sie wohnte, stand auf dem anderen Donauufer. Die Familie Mayer, die Besitzer, hatten ein paar Zimmer für Gäste frei. Wenn Edith Stein zum Kloster ging, überquerte sie den Fluß auf einer schönen alten, überdachten Holzbrücke. Bei ihrem ersten Besuch hatte sie in das Gästebuch der Familie Mayer eingetragen: »*Laetatus sum in his quae dicta sunt mihi: in domum Domini ibimus.* – Ich freue mich, da mir gesagt wurde: wir wollen ins Haus des Herrn gehen.«[17] Später schrieb sie: »*Introducit nos in terram fluen-*

tem lac et mel.«[18] Er führt uns in das Land, da Milch und Honig fließen. Es sind Bibelzitate. Sie tragen das Zeichen einer Verheißung. Das Bild von Gefährten taucht auf, die hinziehen zu jenem Haus des Herrn, das Ziel ist und zugleich Heimat. Und der Herr, der *Dominus* der vielen Psalmen, führt sein Volk in das Land des Glücks. In der Bibel ist es das Volk Israel, das nach Kanaan geführt, von der Trostlosigkeit der Wüste befreit wird. In christlichem Gebet ist es das Volk der Gläubigen, die Gemeinde, die hingeführt wird in das irdische und überirdische Land der Erfüllung des Hoffens.

Einen Schimmer dieses Landes erfuhr Edith Stein in Beuron. Hier fand sie die Ruhe, fühlte sich losgelöst von dem Ärger des Alltags, wohl auch von den Spannungen, die der Aufenthalt in Breslau mit sich brachte. Hier konnten sich auch die Erinnerungen an erlebte Bitterkeiten verlieren. Sie betete stundenlang in der Kirche, feierte die Tagzeiten mit. Sie kniete vor der Pietà, vor dem Heiligtum des Klosters, das manchen Wallfahrer in die Kirche lockte. Sie hörte die Gesänge; aber sie verlor sich nicht in dem ästhetischen Genuß. Im Gegenteil, die Frage nach einer Trennung von liturgischer Formvollendung und religiösem Inhalt stellte sich ihr nicht. Sie beteiligte sich nie an den Diskussionen über diese Thematik. Für sie war die liturgische Darstellung Teil einer Offenbarung, die weit über das hinausging, was sich mit irgendeinem Kunstbegriff erfassen ließ. Die Sache Gottes und die Erscheinung in der gefeierten Messe ließen sich für sie nicht trennen.

Die Tagzeiten müssen für sie auch deswegen viel bedeutet haben, weil hier die großen Gebete und Lobpreisungen des Alten Testaments mit den Anrufungen der Kirche verbunden waren. Da sangen die Patres in den beiden Chören abwechselnd die Lieder der Hoffnung und der Verzweiflung des Menschen, das Lied inbrünstigen Flehens ebenso wie des überschwenglichen Dankens. Aber das Subjekt, das sich an Gott wendet, hat einen Namen; der ist Israel.

Das ist der Name des Knechts des Herrn, des Mannes, dessen Herz zerrissen und zerknirscht ist, der verlassen ist durch die Bosheit seiner Nachbarn; selbst wenn man bei einigen Stellen das Gefühl hat, daß hier ein Einzelner gemeint ist, so ist dieser Gerechte, der aus der Tiefe zu seinem Gott schreit, ein Kind Israels. Sein Schicksal ist davon gezeichnet. Sein Protest gegen die Heuchler, sein Erschrecken über die Menschen, die mit verstockten Herzen die Finsternis dem Licht vorziehen, soll beispielhaft sein für die Kinder Israels.

Auch die rein christlichen Teile des Stundengebets sind mit der Überlieferung des Alten Testaments verbunden. Im wahrsten Sinn des Wortes finden sich hier Vor-Bilder. So hörte Edith Stein es im Hymnus *Ad coenam Agni próvidi*, der ein Höhepunkt der Ostervesper und der Vespern der Osterzeit ist. Auf der einen Seite gibt es die Erinnerung an das Lamm, das die Kinder Israels aßen vor ihrem Auszug aus Ägypten, an das Rote Meer, das sie auf der Flucht vor dem Pharao durchquerten und das ihnen zur Rettung wurde; auf der anderen Seite gibt es das Mahl der Eucharistie, der Leib Christi und sein Blut, die für den gläubigen Katholiken Speise und Heil bedeuten. Und nun verkündet der eine Chor, wie jene, die das Pascha-Lamm beschützte, nicht bedroht waren vom Zorn des Rache-Engels und aus dem Reich des Pharao gerettet wurden. Und der andere Chor hebt an: *»Jam Pascha nostrum Christus est, / Qui immolatus Agnus est«* – Unser Pascha ist Christus, das geschlachtete Lamm. Die Wiederholung des Vergleichs intensiviert die Wirkung; aus der kunstvollen Verschränkung der Bilder ergibt sich eine Verbindung zwischen dem Rettungs-Geschehen der Israeliten und dem christlichen Heilsgeschehen.

Aber Edith Stein interpretierte wohl kaum den Hymnus. Für sie wurde die Botschaft des Neuen Testaments durch die alten Bilder verkündet, die aus der alten Bibel genommen worden waren. Ihr Sinn erfüllte sich in Christus, und der Sinn des Christlichen bestünde nicht ohne sie.

Es gab auch andere Texte, die in diesen heiligen Tagen in der Kirche gelesen wurden. In der großen Feier des Karfreitags findet sich der Gebetsteil der »großen Fürbitten«. Man betet für die Kirche, den Papst, die Regierungen der Staaten, für die Häretiker, für viele ... auch für die Juden. Ich muß die Vergangenheitsform wählen; das Gebet begann: *»Orémus et pro pérfidis Judáeis.«* Die offizielle Übersetzung lautet: »Lasset uns auch beten für die ungläubigen Juden.« Aber das Wort perfide gibt es auch als deutsches Lehnwort; es hat dabei einen Bedeutungswandel durchgemacht. Die Zuhörer der Karfreitagsliturgie wußten nicht alle, was ein Bedeutungswandel ist, aber alle wußten sehr wohl, was Perfidie ist, judaica perfidia – so heißt es schließlich etwas später. Und die Ausnahmesituation der Juden wird betont. Nach jeder Aufforderung zu einer Fürbitte wird gesungen. »Lasset uns beten. Beuget die Knie«. Und wenn die Gemeinde dem nachkam und still betete, erfolgte der Ruf: »Levate – Erhebet euch!« Nur bei dem Gebet für die Juden unterblieb der Kniefall. Man blieb stehen. Welche Gründe für diese Ausnahme auch sonst angegeben werden, man mußte jedenfalls meinen, daß die Juden den Kniefall nicht wert sind. Inzwischen ist das Gebet entscheidend geändert worden und der Kniefall auch hier obligatorisch. Aber diese Neuerung kam lange nach 1945.

Was hat Edith Stein bei dieser Fürbitte empfunden? Wir wissen es nicht direkt. Sie behielt auch dieses Geheimnis für sich. Aber ihr großes Gespür für die Gefährdung der Juden und ihre spätere existentielle Auseinandersetzung mit der Stellung des Judentums innerhalb des Christlichen weisen darauf hin, daß sie berührt war von solchen Konfrontationen. Sie lehnte sich nicht auf. Und wenn sich etwas in ihr auflehnen sollte, dann kämpfte sie es nieder durch den Gehorsam gegenüber dem katholischen Glauben.

Wir wissen nicht, um was sie Gott in ihren langen Gebeten bat. Um die Bekehrung der Mutter? Das wäre zu simpel. Um die Versöhnung von Judentum und Christentum, wie sie uns die Texte der Liturgie vorstellen? Aber die Texte stammen aus dem Alten Testament, aus der Zeit des Bundes mit Gott, der nach kirchlicher Lehre aufgehoben wurde durch den neuen Bund.

Die Familie in Breslau war den Kindern Israels nicht gleichzusetzen, die Moses aus Ägypten führte. Oder doch?

Edith Stein lebte in ihren Gedanken und in ihren Gebeten. Sie bewahrte ihr Schweigen auch am Mittagstisch. Sie hielt sich zurück, suchte keinen Anschluß.

Erich Przywara hatte sie nicht nur der Liturgie wegen auf Beuron verwiesen; er sandte sie auch zu Erzabt Raphael Walzer, der seit 1918 das Kloster und die Beuroner Kongregation leitete. Walzer sollte sich der Seele der Edith Stein, des religiösen Lebens in ihrem Innern annehmen. Der Erzabt war eine starke Persönlichkeit; er stellte sich den Auseinandersetzungen seines Glaubens und seiner Zeit.

Im Jahr 1918 hatte die Beuroner Kongregation Rückschläge erleiden müssen. So war unter anderem das Kloster Emaus in Prag von den Tschechen aufgelöst worden – nicht ohne Grund. Von Anfang an hatten hier die Mönche bei den Auseinandersetzungen zwischen den verschiedenen Nationalitäten Böhmens einen bewußt deutsch-österreichischen Standpunkt vertreten. Sie konnten in einem tschechoslowakischen Staat nicht mehr arbeiten. Die meisten dieser Exilmönche fanden ihren Platz in einem anderen Kloster. Nicht so der Abt von Emaus, Alban Schachleiter. Er schloß sich in seinem völkischen Ressentiment Ludendorff und Hitler an und suchte seine Heimat nicht in einer Abtei, sondern in der jungen NSDAP. Bis zu seinem Tod im Jahre 1937 war er der prominenteste und am meisten überzeugte kirchliche Anhänger der Nazis. Vielleicht hat die Auseinandersetzung mit seinem Fall Erzabt Walzer hellhörig gemacht.

Der Erzabt machte die Rückschläge reichlich wett. Er war ein großer Klostergründer. Um nur einige Namen zu nennen:

Neresheim, im württembergischen Härtsfeld, das zur klösterlichen neuen Heimat der Emauser wurde, Weingarten, vor allem Stift Neuburg bei Heidelberg, das dem Erzabt besonders am Herzen lag und in dem er selbst seinen letzten Aufenthaltsort finden sollte.

Ein Mann, der in seiner geistlichen Weise so in der Welt wirkte, erkannte sehr rasch die Begabung von Edith Stein. Und er wollte die Philosophin in die Welt einbringen. Sie sollte sich nicht in der Schule von Speyer vergraben und nicht nur übersetzen. Sie sollte in der Öffentlichkeit auftreten. Hierin stimmte er mit Przywara überein. Noch mehr, sie sollte ihren ursprünglichen Plan verwirklichen und sich an einer Universität habilitieren, die akademische Laufbahn einschlagen.

Der Mönch Walzer hatte keinen Sinn für Edith Steins Sehnsucht nach dem klösterlichen Leben, ihr Dasein *»in desiderio vitae monasticae«*.[19] Ihr Wunsch, in den Karmel einzutreten, wurde ihr von ihm wieder einmal ausgeredet. Er fand die anderen Möglichkeiten wichtiger, auch und gerade in ihrer religiösen Bedeutung.

Edith Stein gehorchte ihm. Sie hielt in den nächsten Jahren Vorträge, besuchte Professoren, arbeitete an einer philosophischen Schrift. Aber ihr Lebensstil war weiterhin asketisch. Sie kleidete sich so einfach es ging. Sie hatte für sich die drei mönchischen Gelübde abgelegt: Armut, Keuschheit, Gehorsam. Raphael Walzer schrieb nach ihrem Tod, Edith Steins Innenleben sei »schlicht und problemlos« gewesen. Wollte er sie mit dieser Aussage den Heiligenbildern der gängigen Hagiographie anpassen? Oder verglich er sie mit manchen Liturgikern, die hin und wieder auch von Glaubenszweifeln geschüttelt wurden, um eine lange Aussprache zu erpressen?

Wie immer auch, so »schlicht und problemlos« klingen die Sätze nicht, die Edith Stein in einem Brief schreibt.

Sie hatte Husserl 1930 zum erstenmal seit ihrer Konversion

besucht. Sie sprach auch über ihren Glauben offen mit ihm; er reagierte verständnisvoll. Aber sie hütete sich vor Illusionen. »Nach jeder Begegnung, in der mir die Ohnmacht direkter Beeinflussung fühlbar wird, verschärft sich mir die Dringlichkeit des eigenen holocaustum.«[20] Holocaustum ist ein Wort, das oft in der Bibel steht. Es heißt Ganzopfer. Das Opfertier wird völlig zur Ehre Gottes verbrannt.

Auch dies Wort hat einen Bedeutungswandel durchgemacht.

Das öffentliche Wirken

Als Edith Stein zum erstenmal in Beuron war, als sie zum erstenmal sich mit dem Abt Raphael Walzer unterhielt, hat sie ihm sicher erzählt, daß sie ein paar Tage nach dieser Feier einen Vortrag bei einer Veranstaltung des Vereins katholischer bayerischer Lehrerinnen halten sollte. Dies entsprach ja weitgehend der Intention des Abtes, sie zum Auftreten in der Öffentlichkeit zu ermutigen.

Das Thema des Vortrags lautete: »Der Eigenwert der Frau in seiner Bedeutung für das Leben des Volkes«. Als sie in Ludwigshafen ankam, ihr Referat hielt, ist sie noch erfüllt von der Beuroner Stimmung. »Man kann sich kaum einen größeren Gegensatz denken: dort das stille Tal des Friedens, wo unbekümmert um alles, was draußen in der Welt geschieht, Tag für Tag und Jahr für Jahr das Lob des Herrn gesungen wird – *a custodia matutina usque ad noctem* – und diese Versammlung, die sich zusammengefunden hat, um brennende Gegenwartsfragen zu besprechen.

Das war fast ein Sturz vom Himmel zur Erde. Aber vielleicht ist gerade dieser Gegensatz ein Symbol für die Aufgabe, die wir alle haben.«[1] Edith Stein litt unter diesem Gegensatz. Sie hatte sich der Verehrung Gottes und dem Gebet ganz hingegeben, fast aufgeopfert; jetzt muß sie Stellung nehmen zu einem Thema, das in der Welt diskutiert wurde, das in der katholischen Welt behandelt werden sollte, wobei durchaus eine Anpassung an die allgemeinen Zeittendenzen erwünscht ist, die aber auch nicht zuweit getrieben werden darf. Edith Stein, die ihr Leben bei den Dominikanerinnen in Speyer als ein klösterliches Dasein empfand, hat

Hemmungen. Aber sie packt mit dem ihr eigenen Elan die Sache an.

Sie geht von einem Wort des ihr vorgegebenen Themas aus: Eigenwert. Am Anfang der Frauenbewegung hätte man kaum diesen Ausdruck gewählt. Damals ging es um Emanzipation. Die Frau sollte befreit werden aus einem Sklavenzustand, wie dies dem Wortsinn entspricht: *emancipatio* bedeutete in Rom die Freilassung des Sklaven. In der Frühzeit kämpften die Frauen um eine Ausbildung, die jener der Männer gleichwertig war; sie kämpften um die Zulassung zu den Berufen, die bisher nur Männer ergreifen konnten. Edith Stein weist die Proteste der Konservativen, die im Haus den einzigen Platz für das Wirken der Frau sehen, scharf zurück, aber sie hat auch nicht viel für die Frauen übrig, die jede weibliche Eigenart leugnen und es nur dem Manne gleichtun wollen.

Die Spannung zwischen einem Emanzipationsverlangen, das Gleichheit voraussetzt und deren Verwirklichung in der Realität anstrebt, und einem Engagement für Frauenfragen, das gerade die Verschiedenheit der Geschlechter zum Wohle der Gesellschaft betonen will, wird in allen späteren Reden und Schriften Edith Steins zu spüren sein. Und diese Spannung bestimmt auch heute noch die Diskussionen der Feministinnen. Die Darstellung des weiblichen Eigenwertes hat sich gewandelt. Daß es ihn gibt, mag ein Gerücht sein. Doch Gerüchte haben ihre eigene Dynamik. Und was in den Köpfen spukt, wird mitunter zu einem Gespenst, das reale Auswirkungen hat.

Edith Stein ist der Ansicht, daß die Weimarer Verfassung eine Erfüllung von Frauenforderungen mit sich gebracht habe, die über vorhandene Erwartungen hinausging. Man könne nun ohne besonderen Furor die Eigenart der Frau definieren. Und damit sind wir beim »Unterschied«. Der Mann sei mehr sachlich veranlagt, die Frau habe eine persönliche Beziehung zu Menschen und Dingen. Das entspreche der Natur und stelle zunächst noch keinen Wert an sich dar. Es kann jedoch beim Mann zur völligen Hingabe an die Dinge führen. Wir würden sagen, der Mann unterliegt leichter einem Sachzwang und hält sich an die Logik von dessen Entwicklung.

Die Veranlagung der Frau wird von Edith Stein höher eingeschätzt. Die Person ist mehr als ein sachlicher Wert. Alle Werte, die wir in dieser Welt erfahren, sind eingeschlossen in die Person des Schöpfers, also des Gottes, der die menschliche Personalität nach seinem Bilde schuf. Das Menschentum ist dazu bestimmt, seine Kräfte in der Ordnung, die ihm von Gott vorgegeben ist, zu entfalten. Und zu diesem Menschentum ist jeder berufen.

Nur scheint hier die Frau besonders bevorzugt zu werden. Sie kann Gefährtin und Mutter sein. Um das allerdings in einem guten Sinn zur Stütze der anderen Person, des anderen Menschen zu vermögen, muß sie in sich selbst Ruhe finden können. Denn wir können nicht mehr von einem natürlichen Urzustand ausgehen. Die Frau, der Mensch, ist zunächst von seinem Urbild unterschieden. Edith Stein spricht hier das Wort Erbsünde nicht aus. Aber wenn sie von Entartung redet, so meint sie dieses Urübel. Und sie zeichnet nun ein ganz und gar nicht unrealistisches Bild einer Frau, jener Frau, die dem gesellschaftlichen Hang erliegt, die eigene Person in den Vordergrund zu stellen, die keine Kritik verträgt, die immer nach Geltung verlangt: Der eigene Mann ist der beste, die Kinder sind die schönsten und die gescheitesten. (Die Zuhörerinnen, die Lehrerinnen, wußten sehr gut, von welchen Gefährtinnen und Müttern Edith Stein sprach.) Und das verbindet sich mit einer sehr unangenehmen Neugier gegenüber anderen Personen.

Gerade weil Edith Stein hier und auch in späteren Aufsätzen und Vorträgen über Frauenfragen ein sehr genaues Bild der typisch ungeratenen Frau entwirft, stellt sich die Frage, ob die Interpretation auch stimmig ist. Diese geltungs- und klatschsüchtige Frau ist wohl doch nicht das traurige Ergebnis einer ursprünglichen Perversion der menschlichen Natur. Sie und ihr Defekt sind bestimmt von der Stellung, die ihr die Gesellschaft des Bürgertums zugewiesen hat.

Das Heilmittel, das Edith Stein empfiehlt, ist freilich sehr gut: Teilhabe an dem, was noch die Domäne des Mannes ist, an der sachlichen Arbeit, sei es Handwerk, sei es Wissenschaft. »Ein Zuschuß männlichen Wesens ist das Gegengift gegen das *Allzu-Weibliche*.«[2] Die Berufsausbildung bewahrt die jungen Mädchen vom Stil der »*höheren Töchter* alten Stils und der unbeschäftigten Frau aus den begüterten Kreisen«.[3] Edith Stein kennt sehr genau die Wirklichkeit, von der sie hier redet.

Fast jäh kehrt sie zu ihrem eigentlichen Anliegen zurück. Zu dem Inhalt ihres Glaubens. Nur durch ein Vorbild ist der Mensch zu leiten. Diese pädagogische Wahrheit führt hin zum Quell der wirklichen Wahrheit. Es ist die Person des Menschensohnes Jesus Christus, des Bildes, das durch keinen Defekt verletzt wurde. Hier kann der Mensch das finden, was er bei seinen Mitmenschen vergeblich sucht: Die absolute Liebe und Hingabe. Wenn die Frau in jeder menschlichen Person auch nur ein Stückchen von dem Gottesbild erkennt und dies weiter entwickelt – hin zu dem unerreichbaren Vorbild, dann hat sie schon viel getan. »*Der Eigenwert der Frau* besteht im wesentlichen in der *besonderen Empfänglichkeit für das Wirken Gottes in der Seele*«.[3]

Wenn Edith Stein zu diesem Schluß kommt, sich so ausdrückt, hat ihr Denken nichts Frömmelndes an sich. Sie will nicht im katholischen Rahmen etwas Erbauliches beisteuern. Nein, im Grunde sind solche Thesen ihre eigentliche Aussage. Sie sind das Ziel ihrer Betrachtung.

Von diesen Fähigkeiten der Frau wird nun ihre Aufgabe abgeleitet, für das Volk etwas zu leisten. Edith Steins Darstellung des augenblicklichen Zustandes dieses Volkes unterscheidet sich nicht von der üblichen konservativen Kulturkritik: Sie klagt über »eine innere Zerrissenheit«, über »ein haltloses Getriebenwerden«, über »ein Betäubungssuchen in immer neuen, immer raffinierteren Genüssen.«[3] Dem muß der Mensch, die Frau, entgegenwirken. Als Mutter, die fest im Glauben steht und ihre Kinder liebevoll und realistisch beurteilt und ihre Wege lenkt. Als Lehrerin und Erzieherin, die gerade dann, wenn das Elternhaus versagt, nach besten Kräften eingreifen kann. Ihre Seele soll »durch die Glaubenswahrheiten geformt«[4] sein; also nicht nur der Besitz von Glaubenssätzen, die man auswendig lernen kann, ist wichtig, sondern die Person, die sich selbst aus diesem Glauben heraus ganz einzubringen vermag.

Es folgt als neue weibliche Berufung die mitmenschliche Aufgabe der Ärztin. Dann auch jene sozialen Berufe, die neu entstanden waren: die Fürsorgerin, die Jugendpflegerin, die Hortnerin und andere.

Erstaunlich bleibt eine Passage: »Nur einige Worte will ich, weil Sie vielleicht gerade darüber etwas von mir erwarten, über die wissenschaftliche Arbeit der Frau sagen. Ich glaube in der Tat, daß hier wenig Gelegenheit für die Auswirkung des weiblichen Eigenwerts ist. Wissenschaft ist das Gebiet strengster Sachlichkeit.«[5] Spricht so Husserls Schülerin, drückt sich so die Phänomenologin aus? Man kann den Bruch zwischen dem Werdegang Edith Steins und einer solchen Stellungnahme auf zweierlei Art erklären. Einmal rein empirisch: Edith Stein hatte im Lauf ihres Lebens, in Breslau, in Göttingen und Freiburg, in Speyer viele Frauen kennengelernt, deren Wesen zwar durch eine Auseinandersetzung mit sachlichen Themen verändert worden war – hin zum Positiven, die aber deswegen noch lange nicht zur wissenschaftlichen Arbeit befähigt waren. Zum andern im Sinn der kirchlichen Lehre. Der Unterschied zwischen Mann und Frau ist so wesentlich, durchdringt in einem so hohen Grade jede gesellschaftliche Form, daß man hier schon auf natürliche Weise den Plan Gottes erkennt.

Die Referentin spricht im Stil der kirchlichen Lehre von der Mütterlichkeit der Frau, die nicht auf das Wirken in der eigenen Familie beschränkt bleibt, sondern sich dem Vorbild der großen Mutter nähert, Maria, der Mutter der Barmherzigkeit.

Dieser Vortrag in Ludwigshafen war ein Auftakt. Er wurde in der Zeitschrift des Vereins katholischer bayerischer Lehrerinnen »Zeit und Schule« im Juli 1928 veröffentlicht. Edith Stein erlebte freilich den großen Durchbruch als Rednerin über Frauen- und auch Erziehungsfragen erst später. Die Themen, die man ihr stellte, sind dabei – von wenigen Ausnahmen abgesehen – typisch für die Art, wie Frauen in einer von Männern beherrschten Gesellschaft behandelt werden. Wenn auch die katholische Kirche hier einen Extremfall männlicher Vorherrschaft darzustellen scheint, so unterscheiden sich andere Organisationen nicht allzusehr von ihr. Wenn das Weib schon nicht mehr in der Gemeinde schweigt, dann rede es gefälligst über ihresgleichen und über die Probleme, die sie und ihresgleichen haben, also über die Erziehung der Kinder, die Sorge für die Schwachen und Kranken usw. Edith Stein hat diese Einschränkung sehr wohl empfunden.

Die Herbsttagung 1930 des Katholischen Akademikerverbandes fand vom 30. August bis zum 3. September in Salzburg statt. Das Thema lautete »Christus und das Berufsleben des modernen Menschen«. Es war eine sehr repräsentative Veranstaltung. Auch Edith Stein war zur Teilnahme aufgefordert worden. Aber es gab bei der Programmplanung kleine Verschiebungen. Edith Stein berichtet davon in einem Brief an die ihr sehr vertraute Schwester Adelgundis Jaegerschmid: »Mein Referat soll ›Das Ethos der Frauenberufe‹ behandeln. Ursprünglich war mir das grundlegende – ›Christliches Berufsethos‹ – zugedacht, und eigentlich hatte ich nur zugesagt, weil das mir im Augenblick der Anfrage gerade lag. Dann wurde von den Salzburgern ein eigenes Frauenthema als unerläßlich bezeichnet, und so habe ich mich darein ergeben; das andere hat Hildebrand übernommen. Sr. Placida« (Schwester Placida, eine Ordensgefährtin von Schwester Adelgundis, war bei Edith Stein zu Besuch gewesen) »kann *Ihnen* manches erzählen, wir waren ja jeden zweiten Tag zusammen.«[6]

Man spürt, daß Edith Stein, deren wissenschaftliche Qualität sich durchaus mit der von Professor Dietrich von Hildebrand gleichsetzen läßt, etwas verbittert ist. Man wird es auch im Vortrag spüren. Dennoch bietet sich ihr jetzt eine Chance. Die Redner der Tagung sind prominente Katholiken: Der Philosoph Peter Wust, der Benediktiner Ildefons Herwegen, der Jesuit Heinrich Bleienstein erfüllen die Erwartungen, die durch die Teilnahme des Reichskanzlers und Zentrumspolitikers Heinrich Brüning geweckt wurden. Das Establishment der katholischen Intelligenz war versammelt. Es waren die wichtigsten Personen in der Welt, die Edith Stein durch ihre Taufe und durch ihren absoluten Glauben zu den ihren gemacht hatte.

Die Vorträge fanden im Kolleg St. Benedikt statt. Am Tag, an dem sie ihren Vortrag halten sollte, ging Edith Stein in die Benediktiner-Kirche St. Peter. Sie verbrachte eine Stunde im Gebet, bereitete nochmals vor Gott ihren Vortrag vor. Es war für sie der Gott, der auch den heiligen Thomas von Aquin inspiriert hatte. Aber Thomas hatte das Glück, sich nicht an die Lehrmeinungen des Thomismus halten zu müssen.

Edith Stein vertieft die Gedanken, die sie schon in Ludwigshafen entwickelt hatte. Die Unterschiedlichkeit zwischen Mann und Frau wird begründet: »anima forma corporis«, so sieht es Thomas. Wenn die Seele die Form des Körpers ist, dann ist die körperliche Eigenart seelischer Natur; die Seele ist der Ausdruck dessen, was im Körper angelegt ist. Und so begegnen wir wieder der Frau als Mutter und Gefährtin. Und wieder dem Idealbild, der Gottesmutter Maria: »Im Mittelpunkt ihres Lebens steht ihr Sohn. Sie harrt seiner Geburt entgegen in seliger Erwartung, sie hütet seine Kindheit, sie geht ihm nach auf seinen Wegen, nah und fern, je nachdem er es wünscht; sie hält den Toten in den Armen; sie vollstreckt das Testament des Abgeschiedenen.«[7]

In solchen Passagen spürt man Edith Steins Verbundenheit mit der katholischen Bildwelt, in die sie sich mit allen Kräften ihrer Seele einfühlte. Aber auch in diesem Vortrag wird der rasche Wechsel vorgenommen, der schon bei der Ludwigshafener Rede auffiel. Die Fehler der Frauen aus den gehobenen Ständen werden dargestellt und in Zusammenhang gebracht mit der gefallenen Natur. Die sachliche Arbeit macht die Frau frei von diesen Gebrechen. Sie kann auf natürliche Weise zu einer Reife und Harmonie gelangen, wenn sie dann nicht in den Fehler verfällt, der die Männer bedroht, also sich nicht den Sachzwängen überläßt und das persönliche Moment ausschaltet.

Aber wenn sie von den Berufen spricht, die besonders für Frauen geeignet sind, dann wiederholt sie die übliche, auch schon in Ludwigshafen vorgetragene Aufstellung: Lehrerin, Fürsorgerin, Ärztin ... Und auch in anderen Berufen, in die sie gerät, hat die Frau das Menschentum der Güte, die persönliche Wärme einzubringen. Es sind alles Eigenschaften, die ungemein liebenswert sind, die aber in der modernen Konkurrenzgesellschaft nicht zählen, ja zum Handicap werden. Edith Stein geht auf diese Fragen nicht ein.

Vielleicht auch deshalb nicht, weil sie selbst einen anderen Frauenberuf ersehnt; es ist das Leben für das Übernatürliche, das sie anzieht. Die Kontemplation, die Liturgie, die reinen Formen der Gottesverehrung, die im Kloster möglich sind, heben die Trennung zwischen den Geschlechtern auf. Hier ist Mann wie Frau hingezogen zur absoluten Verehrung, zum Ganzopfer der Existenz.

Edith Stein weiß sehr wohl, wie viel menschliches Versagen auch im Kloster möglich ist. Sie hat in Speyer sicher vieles gehört und gesehen, was nicht dem Idealbild entsprach. Was ihm auch nicht entsprechen kann, da die ersehnte Vollkommenheit den Menschen nicht gegeben ist. Sie weiß auch um die Unterschiede zwischen männlichen und weiblichen Orden in der Wirksamkeit hin nach außen. Sie lobt das Wirken der Mönche, die sich der Predigt widmen und dem Missionsdienst, und der Nonnen, die sich nicht nur dem Gebet hingeben, sondern auch Erziehungsaufgaben und Werke der caritativen Liebe übernehmen, also Lehrerinnen und Krankenschwestern sind.

Aber man spürt in dieser Rede ihre Sehnsucht. Nur im Ordensleben wird die Reinheit der Natur zum Teil wiederhergestellt. Nur in der Begegnung mit dem Christus der Eucharistie gelangt das Herz zur Ruhe. Gerade an dieser Stelle kommen ihr Gedanken, die der gebotenen Unterordnung der Frau gegenüber dem Mann widersprechen. »Anhangsweise möchte ich noch die Frage aufwerfen, die mir beim Nachdenken über mein Thema immer wieder aufgetaucht ist: Warum hat man im Programm der Tagung neben die sachlich abgegrenzten Berufstypen: den Arzt, den Priester usw., die Gruppe der *Frauenberufe* gestellt? ... Gibt es nicht beim Mann analog wie bei der Frau ein Nebeneinander und eventuell einen Gegensatz zwischen individueller Anlage und männlicher? ... Besteht nicht auch hier der Gegensatz der durch den Fall entarteten und der in der Reinheit wiederherzustellenden Natur?«[8]

Die Frage nach der unterschiedlichen Auswirkung des Sündenfalls für beide Geschlechter bringt einen neuen Akzent in die Diskussion. Das Bild von der so leicht verführbaren Eva hat hier nichts zu suchen. Ein anderer Bibelsatz wird wichtig: »Gott schuf den Menschen als Mann und Weib und beide nach seinem Bilde.«[8] Edith Stein betont dies im letzten Absatz ihrer Rede, die keineswegs frauenrechtlerisch ist, aber theologisch exakt und in einer intensiven Dimension sehr fromm.

Edith Stein kam an. Die Teilnehmer der Tagung akzeptierten sie; Professoren fanden das, was sie sagte, einleuchtend. Sie hatte – immer beschränkt auf den katholischen Bereich – eine sehr gute Presse. Sie wurde aufgefordert, weitere Vorträge zu halten, über die Probleme der Frauen zu sprechen. Man hat es als angenehm empfunden, daß sie eben nicht frauenrechtlerisch auftrat, aber doch sehr gescheit sprach; das war eine nicht ganz logische, aber doch sehr häufige Mischung von möglichen Rezeptionen. Die gebildete Frau ist dann beliebt, wenn sie nicht auf das Gleichheitsverlangen, das durch die Bildung entsteht, allzu großen Wert legt. Es bleiben freilich immer Schwierigkeiten. Wenn die Verschiedenheit zwischen der Frau, deren Sinn sich auf Personen bezieht, und dem Mann, der sich den »Sachen« hingibt, durch die Natur bestimmt ist, durch die Seele als Form der Materie, dann stellt sich die Frage: Ist die Herrschaft des Mannes nur eine Folge des Sündenfalls? Wären in einer paradiesischen Welt die angenommenen Eigenschaften von Mann und Frau gleichberechtigt? Also die wesentlich vom Mann sich unterscheidende Frau ihm gleichrangig? Wenn dem so ist, warum sind dann die angenommenen, vorgegeben spezifischen Eigenschaften der Frau von einer Art, die des Mannes Herrschaft ermöglicht? Eine Herrschaft, die doch angeblich erst nach dem Sündenfall der Frau als Strafe auferlegt wurde.

Edith Stein hätte sich wahrscheinlich mit diesen Fragen intensiver auseinandergesetzt, wenn sie nicht ein anderes Ziel um sehr viel mehr erstrebt hätte: das Ziel des Holocaust, des Ganzopfers. Sie schrieb einmal in einem Brief an eine ihr befreundete Dominikanerin in Speyer: »Als Gymnasiastin und junge Studentin bin ich radikale Frauenrechtlerin gewesen. Dann verlor ich das Interesse an der ganzen Frage. Jetzt suche ich, weil ich muß, nach rein sachlichen Lösungen.

Der Pater *(Erich Przywara)* ist vielleicht etwas zu einseitig auf Bekämpfung von Auswüchsen eingestellt, die da sind, und in der katholischen Frauenbewegung heute vielleicht stärker als bei den übrigen, weil sie jetzt noch mit den

Kinderkrankheiten zu tun hat, die außerhalb vor 20–30 Jahren durchgemacht wurden. Es ist viel mehr vom *echt* katholischen, d. h. freien und weiten Standpunkt möglich, als man durchschnittlich meint.«[9]

Diese Briefstelle verweist auf Edith Steins Arbeit im Sinne einer Sachlichkeit, die eigentlich *sine ira ac studio* sein soll. Sie verweist aber auch auf die Möglichkeiten eines konsequent katholischen Glaubens. Gerade diese Konsequenz konnte es der Christin Edith Stein besonders schwer machen.

Am 8. November 1930 hielt sie in Berndorf am Rhein einen Vortrag vor dem Bildungsausschuß des Deutschen Katholischen Frauenbundes. Ihre Ansichten über die Bildungsmöglichkeiten des Menschen entsprachen den Tendenzen der Zeit. Sie sprach von der Gestalt, die eine menschliche Persönlichkeit durch die formenden Kräfte der Umwelt annimmt. Ihre Ansichten hätte man in jedem aufgeschlossenen pädagogischen Zirkel ohne weiteres bejaht.

Aber dann hört man einen solchen Satz: »Nur *eine* bildende Kraft gibt es, die ... nicht an die Grenzen der Natur gebunden ist, sondern die innere Form selbst noch von innen her umformen kann: das ist die *Kraft der Gnade.*«[10] Edith Stein trägt ihre Thesen vor, spricht von den Wesenszügen des weiblichen Charakters, von der Aufgabe der Frau, ihrem natürlichen Beruf, der von der Sorge um den Mitmenschen bestimmt ist, mit ihrem jeweiligen spezifischen Beruf zu verbinden. Nichts ist darüber kritisch zu sagen. Es finden sich auch solche Passagen: »Vielleicht ist es aber ... nicht überflüssig zu betonen, daß Frauen und Männer als *Menschen* ein gemeinsames Bildungsziel gegeben ist: Ihr sollt vollkommen sein, wie euer Vater im Himmel vollkommen ist. In sichtbarer Gestalt steht dieses Bildungsziel uns vor Augen in der Person Jesu Christi.«[11]

Edith Stein ging es um die Sachlichkeit. Und zu dieser gehörte nicht nur die Auseinandersetzung mit modernen Schultypen, nicht nur um das Montessorimodell, das sie begrüßt, sondern um den Glauben an den Herrn der Sachen, den Herrn des Seins, um Gott, der sich offenbart hat, um Jesus Christus, der unser Vorbild ist. Das ist für sie durch ihren Glauben das Grundlegende.

Für ihre Hörerinnen war dieser Gedankengang keineswegs selbstverständlich. Es gab nach ihrem Vortrag unter den Teilnehmerinnen der Veranstaltung Protest. Man schrieb Briefe, man war schockiert, man diskutierte erregt. Der Tenor der Einwände lautete, daß es Edith Stein an Gespür für die liberalen Strömungen fehle. Und dieser Einwand bestand zu recht. Es war nicht nur der Katholische Frauenbund, es waren viele katholische Verbände und viele Katholiken, die glaubten, durch eine Übernahme liberaler Ideen sich auf dem Niveau der Zeittendenzen halten zu können. Daß diese Übernahme nur sehr halbherzig geschah, macht sie für unser Empfinden verdächtig. Die Mischung zwischen einem Glauben, den man auch als Macht in der Öffentlichkeit behaupten wollte, und einer Anpassung an den Zeitgeist, der gerade nicht glaubensfreundlich war, ist suspekt. Man hat manchmal das Gefühl, hier sei Unredlichkeit im Spiel. Im Vortragssaal ist man liberal; im Hinterstübchen kann man sich dann ganz den katholischen Vorurteilen hingeben.

Und gerade das war nicht die Sache einer Edith Stein. Ihre Kraft, den Glauben darzustellen, war im besten Sinne des Wortes liberaler als die feigen Zugeständnisse ihrer Kritikerinnen. Die Kritik mag Edith Stein weh getan haben. Aber sie veränderte nichts an ihrer Einstellung. Sie wollte nicht öffentlich auftreten, wenn sie nicht damit auch ihrem eigentlichen Anliegen, ihrem Glauben, dienen konnte. Und es hat ihr ja nicht geschadet. In diesen wenigen Jahren, in denen sie öffentlich wirken konnte, war sie als Rednerin gefragt. Sie hatte bereits vor dieser Berndorfer Veranstaltung in Speyer »Zur Idee der Bildung« vor katholischen Lehrern und Lehrerinnen gesprochen. Sie sprach wieder in Ludwigshafen; sie hielt Vorträge in München, in Wien bei der Tagung der

Reichsorganisation der katholischen Frauen Österreichs, in Aachen, in Waltrop im Kreis Recklinghausen. Sie unternahm eine Reise nach Zürich, wo sie einen Vortragszyklus hielt. Sie war in München und erhielt dort die Möglichkeit zu einer Rundfunkansprache. Sie war in Augsburg und Aachen und zuletzt auch in Berlin.

Die Sachlichkeit, der sie sich so verpflichtet fühlte, brachte es mit sich, daß sie sich über die Stellung der Frau immer konsequenter Gedanken machte. Sie glaubte an ein Wesen der Frau, das sich vom Wesen des Mannes unterscheidet, aber sie verpackte diesen Glauben nicht als ein Zugeständnis gegenüber der modernen Gesellschaft. Und nach einiger Zeit ging es ihr nicht mehr um die gegenwärtige Gesellschaft, sondern auch um die Tradition. Nur zwei Jahre nach dem Vortrag in Salzburg befaßte sie sich in einem Manuskript mit einem Satz des von ihr so sehr verehrten Thomas von Aquin: »Vir est principium mulieris et finis.« Der Mann ist Ursprung und Ziel des Weibes. Mit anderen Worten: Die Frau existiert deswegen, weil der Mann sie nötig hat, und die Erfüllung dieser Aufgabe bedeutet für sie die Erfüllung, den Sinn ihres Daseins.

Edith Stein fragt, wieso der Kirchenlehrer diese Aussage machen konnte. Und sie verweist auf die Briefe des Apostels Paulus. Man muß davon ausgehen, daß Edith Stein diese Texte vollkommen fundamentalistisch interpretiert. Sie wußte sehr wohl, daß es kritische Auseinandersetzungen um die Bibel gab, aber sie glaubte als Katholikin daran, daß man die Schrift wörtlich nehmen muß. Paulus nun sprach nicht nur den bösen Satz aus, daß das Weib in der Gemeinde zu schweigen habe. (Auch diese Aussage ist als echt paulinisch inzwischen textkritisch umstritten.) Er fordert auch die Unterwerfung. Der Mann ist des Weibes Haupt, wie Christus das Haupt der Kirche ist. Zweifellos folgt dieser Härte eine Güte. Der Mann muß seine Frau lieben, wie Christus die Kirche liebt.

Wir würden heute sagen, diese Güte ist auch Mitleid mit der Schwäche. Das armselige Wesen, das nicht vollkommen sein kann, soll in den Händen dessen gehalten werden, der besser ist und nun zur Güte aufgefordert werden muß. Aber auch dieser Paulus trägt seinen Widerspruch in sich. Irdisch sieht er in der Frau nur den Spiegel des Mannes. Und doch kann der Mann nicht ohne die Frau sein. Und in dem anderen Land, im Reich des Herrn, gibt es nicht Frau noch Mann, nur Menschen, die eins sind in dem Herrn Christus.

Die irdischen Verhältnisse sind hart. Edith Stein wirft Paulus vor, daß aus seinen Aussagen »noch der vom Geist des Gesetzes bestimmte Jude« spricht.[12] Eine solche Aussage ist schmerzlich. Glaubt sie an den Gegensatz zwischen den harten Gesetzen des Alten Bundes und der Verheißung der Liebe des Neuen Bundes? Oder erkennt sie in der Überlieferung ihrer Kirche ein Novum, das noch nicht in die paulinische Tradition eingegangen ist? Es ist der Wert der Jungfräulichkeit. Edith Stein leitet von diesem Begriff den Rang der Frauenberufe ab. Den großen Wert, den gerade die katholische Kirche auf die Jungfräulichkeit legt, zieht sie heran, um die Berufstätigkeit der alleinstehenden Frau zu rechtfertigen. Im Grunde gegen Paulus. Die Unterordnung der Frau unter den Mann ist leichter zu beweisen, wenn man nicht das Bild der Frau als *sponsa Christi,* als Braut des Weltenherrschers Jesus Christus vor Augen hat.

Ein bitterer Nachgeschmack bleibt: Paulus, der Jude? Gerade weil er die Frauen zurückdrängt? Die Erinnerung an das Alte Testament ist ja fast zwingend. Die Frau ist hier Gebärerin, ist Mutter der Menschen, deren einer der Messias sein kann. Diese Frauen leben durch die Hingabe an den Mann, der sie in den Heiligen Bund einschließt. Das Alte Testament kennt auch andere Frauen: Deborah, Judith, Ruth, die mit oder ohne männliche Begleitung ihren Rang behaupten.

Aber Edith Stein ging es um Rechtfertigung. Und um die

eigene Berufung. Wichtiger als alle Paulus-Zitate bleibt die Bindung hin zu einem Leben, das wirklich versöhnt. Und das ist ein Klosterleben. Eine Frage bewegt Edith Stein in dieser Diskussion um Frauenrechte vor allem. Wollen wir von Verdrängung sprechen? Als Edith Stein den Unterschied zwischen der Aufgabe der Mönche und der Nonnen herausarbeitete, vergaß sie die entscheidende Differenz: Mönche können Priester sein. Dies aber bleibt der Nonne, der Frau versagt.

Warum eigentlich? Edith Stein führt in einer Arbeit aus, das frühe Christentum habe der Frau viele Rechte eingeräumt, zum Beispiel ihr auch die Diakonsweihe verliehen, also ihr den höchsten Rang unter dem des Priesters zugestanden. Das ist mehr, als heute einer Frau gestattet ist. (Das Wort »heute« bezieht sich auf die Zeit Edith Steins, ebenso aber auf das Jahr 1987.) Edith Stein weist in diesem Zusammenhang auf das Verlangen der Kirche hin, für caritative Aufgaben Frauen in ihren Dienst zu nehmen. Es ist verständlich, daß Frauen, die dienen müssen, die dienen wollen, auch einen entsprechenden Rang in der kirchlichen Hierarchie beanspruchen. Dies tun sie auch heute noch vergeblich. Aber eine entsprechende Bewertung dieser gutherzigen Arbeit, dieser wahren Diakonie, würde eine große Frage aufwerfen: »Ob das dann der erste Schritt auf einem Wege wäre, der schließlich zum Priestertum der Frau führte...«[13]?

Edith Stein wird von dieser Frage in ihrem Innern berührt. Daß sie sich nicht habilitieren konnte, ist eine Folge der gesellschaftlichen Verhältnisse. Aber hat sie nicht – selbstverständlich unausgesprochen – die Sehnsucht gespürt, nicht nur in der ersten Reihe zu knien, sondern vorn am Altar, mit eigenen Händen das Brot emporzuheben, das durch das eigene gesprochene Wort Leib des Herrn geworden ist?

»*Dogmatisch scheint* mir nichts im Wege zu stehen, was es der Kirche verbieten könnte, eine solche bislang unerhörte Neuerung durchzuführen... *Dagegen* spricht die gesamte

Tradition von den Urzeiten bis heute, für mein Gefühl aber noch mehr als dies die geheimnisvolle Tatsache ... daß Christus als Menschen*sohn* auf die Erde kam, daß darum das erste Geschöpf auf Erden, das in einem ausgezeichnetem Sinn nach Gottes Bild geschaffen wurde, ein Mann war« ... »Seine Stellvertreter sind Männer. Aber auf der andern Seite gibt es das Bild der Jungfrau Maria und das der Frauen, die dem Christus verbunden sind.« ... »Einen höheren Beruf als den der *sponsa Christi* kann es nicht geben, und wer diesen Weg offen sieht, der wird nach keinem anderen verlangen.«[13]

Aus diesen Sätzen spricht keine Resignation im geistlichen Bereich. Die Frau, die als Nonne sich dem Herrn gänzlich hingibt, hat einen Rang, der im Grunde höher ist als der eines Stellvertreters, eines Mannes, der das Sakrament verwaltet, der die Transsubstantiation, die Wandlung des Brotes, vornehmen kann. Edith Stein hat aus dieser Vorstellung sehr viel abgeleitet; sie hat den Status der berufstätigen Frau aus ihrer großen Achtung vor dem jungfräulichen Leben interpretiert. Die Grenzen zwischen der betenden Nonne und der tätigen Lehrerin oder Fürsorgerin verschwimmen. Wenn ihr auch das kontemplative Leben, das sie sich ersehnt, idealer erscheint, so liegen doch die Gefilde der normalen Berufstätigkeit nicht unbedingt nur in den Niederungen.

Freilich bleibt bei diesen Betrachtungen ein Moment ausgespart. Die Tatsache, daß nur der Mann Priester werden kann, hat im Bereich der katholischen Kultur einen Stellenwert, der anders gelagert ist als die rein religiöse Frage. – Es geht nicht nur um das Klima von Beuron. Es ist von gesellschaftlicher Bedeutung, wenn die Messe nur vom Mann zelebriert werden kann, wenn nur durch ihn Gottes Gegenwart eingebracht wird. Wenn in einem Männerkloster das Opfer der Eucharistie gefeiert wird, dann bleibt man unter sich. Der Kreis kann sich schließen. Wenn in einem Frauenkloster die Messe gelesen wird, dann bedarf es immer des Mannes. Nur durch ihn ist die Feier möglich. Das hat Folgen im Bewußtsein. Und führt wieder zurück zu den Aussagen der heiligen Männer, zu Paulus und Thomas. Es geht im Grunde gar nicht darum, wieweit aus gerechten oder aus taktischen Gründen Gleichheitsansprüche der Frauen gebilligt werden, wieweit man nicht nur von einer Gleichwertigkeit spricht, sondern auch von einer zu erkämpfenden Gleichberechtigung. Der Unterschied bleibt bestehen. Da ist der Riß: Der Frau bleibt das eine, das wichtige Sakrament verwehrt. Sie kann nicht zum Priester geweiht werden. Damit steht die Frau grundsätzlich niedriger als der Mann.

Diese Konsequenz berührt Edith Stein nicht. Denn sie befaßt sich mit den gesellschaftlichen Fragen aus christlicher Nächstenliebe; sie will ihren Geschlechtsgenossinnen helfen und die Aufgabe ausführen, die ihr von Erich Przywara und Raphael Walzer vorgegeben wurde. Sie will die relative Selbständigkeit der Frau mit der Idee des jungfräulichen Lebens in Einklang bringen.

Ihr Anliegen ist die Hingabe an Gott. Sie ist ein *homo religiosus,* ein religiöses Genie in einer Umwelt von katholischen Begabungen. Sie selbst hat den Kontrast wahrscheinlich nur zum Teil erkannt.

In ihren Vorträgen spricht sie von der Rolle der Frau und von den Möglichkeiten der Erziehung. Aber sie beschrankt sich nicht darauf. In Salzburg hat der katholische Professor für Philosophie Emil Vierneisel ihren Vortrag gehört. Er hat in seiner Besprechung dieser Rede für den »Heidelberger Boten« darauf aufmerksam gemacht, daß diese hervorragende Kennerin der Phänomenologie eigentlich etwas Wichtigeres für die Kirche zu tun habe, als in Speyer Unterricht zu geben und Aufsätze zu korrigieren. (Der Beuroner Erzabt hätte ihm recht gegeben.) Vierneisel lud sie zu einem Vortrag an der Universität Heidelberg ein. Am zweiten Dezember 1930 sprach Edith Stein bei einer Veranstaltung des Katholischen Akademikerverbandes über das Thema »Der Intellekt und die Intellektuellen«. Ich weiß nicht, was sich die Akademiker katholischen

Glaubens in Heidelberg erwarteten. Vielleicht eine Auseinandersetzung mit bösen Zeittendenzen, die von Berlin ausgingen, sozusagen ein Vortrag gegen Kurt Tucholsky und seine Sippe. Vierneisel kann kaum dergleichen gewünscht haben, denn er kannte die Referentin und ihren Stil.

Edith Stein hält sich an die Prinzipien der Philosophie. Sie definiert das geistige Schauen, das Gott und den reinen Geistern, also den Engeln, vorbehalten ist. Und sie fährt fort: »Die spezifisch-menschliche Form der Erkenntnis ist das rationale Verfahren, das schrittweise Vorgehen.«[14] Das starke Bejahen der rationalen Methode unterscheidet ihre Auffassung des Thomas von Aquin von allen romantischen Sehnsüchten nach einem neuen Mittelalter.

Ihre Einteilung der Gesellschaft ist vom konservativen Geist der damaligen Zeit bestimmt. Es gibt die Masse, die Triebmenschen. Über diese erheben sich die praktisch Orientierten. Und dann gibt es die Intellektuellen, die sich nicht nur auf eine Sache verstehen wie der gute Handwerksmeister, sondern um Einsichten ringen. Man könnte ironisch sagen, sie sind Husserl-Schüler. Edith Stein ist sich der Peinlichkeit des implizit Elitären sehr wohl bewußt. Der Intellektuelle ist nicht der geborene Politiker. Sicher soll der Staatsmann Intellekt besitzen, aber er soll zuerst ein Willens- und Tatmensch sein. Er ist kein Intellektueller.

Was bleibt für diesen? Seine Erkenntnis und die Verpflichtung, die er durch sein Erkennen auf sich genommen hat. Gerade er ist dieser Masse auf eine sonderbare Weise verbunden. Denn es ist ja nicht sein Verdienst, es ist die Gnade Gottes, die ihm sein Denken möglich macht. Und darum darf dieses Denken nicht zu einem Hochmut führen. Edith Stein hat als idealen Intellektuellen Thomas von Aquin vorgestellt, der seinen Verstand als »sein Pfand«[15] von Gott verliehen bekam. Er widmete sich seinen philosophischen und theologischen Untersuchungen. Und gab doch in hilfreicher Weise Auskunft.

Für Edith Stein war er ein Vorbild. Sie will in seinem Sinn Auskunft, Hilfe geben. Sie freute sich, mit Emil Vierneisel über Thomas sprechen zu können. Aber sie freute sich auch, wieder die Benediktinerabtei Neuburg bei Heidelberg besuchen zu können. Diese Lieblingsgründung des Erzabtes Walzer, die später für dessen Leben so bedeutungsvoll werden sollte, war ihr ans Herz gewachsen. Hier die Vesper zu erleben, bedeutete ihr viel. Es gab ihr die Kraft zum Denken und zum Dasein.

Edith Stein sprach auch über streng religiöse Themen. Im Januar 1931 hielt sie vor der Ortsgruppe Ludwigshafen des Katholischen Akademikerverbandes einen Vortrag »Das Weihnachtsgeheimnis«. Das Jahr 1931 war für die katholische Kirche ein großes Jubiläumsjahr. 1231 war Elisabeth von Thüringen gestorben, eine Heilige, die sich die Deutschen ganz nach ihrem Geschmack zurechtgeschnitzt haben. Was den evangelischen Christen ihr Martin Luther war, ein Mann aus des Reiches Mitte mit Erinnerungen an die Wartburg, ein kantiger Mann, unbeliebt bei vielen, aber verehrt von denen, die den Mut zu schätzen wußten, das war für die Katholiken die Heilige Elisabeth. Sie ertrug die Mißgunst der Welt. Ein frühes Glück zerbrach jäh und zurück blieb der harte Weg. Sie wurde nach dem sinnlosen Tod ihres Mannes, des Landgrafen Ludwig, der auf dem Kreuzzug umkam, von der Schwiegermutter und der Familie verstoßen. Ihre vom Vorbild des Franziskus von Assisi beeinflußte Gotteshingabe stieß auf Verständnislosigkeit und auf offene Feindschaft. Edith Stein hielt an mehreren Orten Vorträge über die Heilige, sie zeigte, wie sich alles um Elisabeth verengte, wie selbst der Führer ihrer Seele, Konrad von Marburg, das äußere Leben noch unerträglicher machte. Es lag nicht im Stil ihres Vortrages, die Widersprüche einer Heiligen Elisabeth voll und ganz aufzuzeigen und das darin Unerklärliche zu deuten. Man kann Elisabeth wohl als die am meisten mißbrauchte Heilige bezeichnen. Die sie verfolgten, waren nach ihrem

Tod begierig, durch ihre Heiligsprechung den eigenen Ruhm zu erhöhen. Und die Elisabeth-Verehrung hat fast peinliche Züge angenommen. Sie wurde zu *der* urdeutschen Frau hochstilisiert. Ihre glühende Liebe zu den Armen und Kranken, zu den Aussätzigen und Schmutzigen wurde in eine sanfte, fast etwas schelmische, caritative Neigung uminterpretiert, die auch der Gattin eines Fabrikdirektors Ehre machen würde.

Im Jahre 1931 wendet sich Edith Stein gegen eine ganz bestimmte Einordnung der Heiligen. Sie betont das Andersartige, Un-Deutsche. Elisabeth war die Tochter des Königs von Ungarn. Edith Stein schreibt: »Schwarzhaarig und dunkeläugig und bräunlich an Angesicht war das Kind... Fremdartig stand es unter den deutschen Gespielinnen durch seine äußere Erscheinung...«[16] Elisabeth ist anders als die anderen. Und die Merkmale, die Farben, erinnern an das Bild, das man vom Juden, vom Orientalen hat. Wehrte sich Edith Stein hier nicht gegen die Tendenz einer Eingemeindung des Christentums in die hehren Vorstellungen vom deutschen Erbe?

Die öffentliche Tätigkeit, die Vielzahl der Vorträge, wurden dadurch möglich, daß Edith Stein ihre Lehrtätigkeit in Speyer aufgab. Sie hatte für den Ostertermin 1931 gekündigt, nicht nur, weil sie in der katholischen Welt als Rednerin bekannt werden wollte, sondern weil es wieder einmal um die Habilitation ging.

Der Erzabt Raphael Walzer hatte sie motiviert. Er hatte nicht unrecht. Sollte nicht gerade in dieser Zeit eine katholische Frau, die absolut zur Habilitation im Fach der Philosophie geeignet war, ihre Fähigkeiten in die Waagschale werfen? Sollte sie nicht ihr Talent nutzen, statt es in einer braven Klosterschule zu vergraben? Das klingt einleuchtend. Aber mutete er damit seinem zarten Schützling nicht sehr viel zu? Edith Stein mußte wieder betteln gehen. Sie war älter geworden. Viele der Studienkollegen waren längst angesehene Professoren. Und nun kam sie mit ihrer Begabung, die man schon einmal verschmäht hatte, und versuchte es von neuem.

»Ad majorem Dei gloriam« – zur größeren Ehre Gottes! Wahrscheinlich konnte man den Druck nicht aushalten ohne diesen absoluten Anspruch. Edith Stein, die sich in der Zeit zwischen ihren Vortragsreisen in Breslau aufhielt, arbeitete bereits an einer Studie über »Potenz und Akt«, also über Zentralbegriffe der Philosophie des Thomas von Aquin. Sie wollte hier die Verbindung zum modernen Denken und Seinsverständnis herstellen. Trotz der Schwierigkeiten in der Beziehung zur Mutter mußte sich Edith Stein in der Familie nie ganz isoliert fühlen. Die resolute, in ihrer Haltung entschiedene Schwester Rosa fühlte sich zum Christentum hingezogen, war im Grund ihres Herzens überzeugt von den Wahrheiten des Katholizismus. Aber sie, die so viel gröber wirkte als die jüngere Edith, wollte es der Mutter nicht antun. Sie ließ sich noch nicht taufen. In der Familie lebte auch ein anderer *homo religiosus*, eine andere *femina religiosa*. Es war Erika, die Tochter von Edith Steins Schwester Frieda Tworoger. Sie hatte gänzlich zum jüdischen Glauben zurückgefunden, jüdische Theologie studiert und beherrschte die hebräische Sprache. Es war eine seltsame Situation. Erikas betontes Engagement machte es den christlichen Frauen schwer, zumal die Stärke von Erikas Glauben bestimmt wurde von dem zunehmenden Antisemitismus der Öffentlichkeit. Rosa litt unter Erikas Entschiedenheit. Und doch vertraute sie sich ihr an. Sie muß gefühlt haben, daß die Nichte eine religiöse Überzeugung schätzen und einordnen konnte. Und auch Edith Stein war froh, wenn sie sich an Erika wenden konnte, um hebräische Texte zu verstehen.

Das Ringen um die Habilitation bedrückte ihre Seele. Bereits im Januar 1931 hatte sich Edith Stein an den Nachfolger Husserls auf dem Lehrstuhl für Philosophie in Freiburg, also an Martin Heidegger gewandt. Der Brief, in dem sie über den Besuch bei Heidegger berichtet, wirkt rührend: »Auf mein Klingeln sprang etwas innen die Stufen herunter, was offenbar schon gewartet hatte. Das war der älteste Bub, der offenbar instruiert worden war, mich zu empfangen und das tadellos besorgte.«[17] Man spürt die Angst und die Freude, daß sie anscheinend sogar schon von der Familie akzeptiert wurde. Heidegger nimmt sich ihrer an, so glaubt sie. Es ist ein Phantom-Glauben. Der Ordinarius ist liebenswürdig, aber er muß Rücksichten nehmen. Wenn Edith Stein eine katholische Dozentur anstrebe, wäre eine Habilitation bei ihm ohnehin eher hinderlich. Aber Edith Stein hatte sich ja zunächst mehr um eine allgemeine Unterstützung bemüht, die sie von ihm nicht erhielt. Martin Heidegger konnte sich nach dem Krieg an diesen Besuch nicht erinnern.

Etwas positiver sieht es anfangs in Breslau aus. Edith Stein hatte zuerst Bedenken, sich für eine Dozentur der katholischen Philosophie hier in dieser Stadt zu qualifizieren, in der man die Steins kannte. Würde darunter nicht ihre Mutter leiden? Aber die Mutter hatte nichts dagegen. Wenn nur ihre Lieblingstochter bei ihr bliebe. Es war der Schwager Hans Biberstein, der die Kontakte zu einigen katholischen Theologen ermöglichte. Er kannte sie von einem Dozenten-Stammtisch her. Aber auch hier gab es Schwierigkeiten.

Der Domvikar Günther Schulemann, Edith Steins Breslauer Beichtvater, erinnert sich. Edith Stein habe bei dem Philosophen Richard Hönigswald, einem Neukantianer, vorgesprochen. Er, Schulemann, habe Hönigswald später gefragt: »Ist Edith Stein bei Ihnen gewesen?« Darauf habe Hönigswald geantwortet: »Diese Edith Stein scheint nicht zu wissen, daß es einen Punkt gibt, wo die Phänomenologie aufhört und der Takt anfängt.«[18]

Schulemann nimmt an, daß Hönigswald in einem Gespräch auf Edith Steins Abstammung angespielt habe, und Edith Stein erwidert habe, daß auch Hönigswald jüdischer Herkunft sei. Man könnte hinzufügen, daß auch ohne diese Komplikation ein Neukantianer wie Hönigswald eine frühere Schülerin, die zur Phänomenologie überlief, nicht gerade für sehr taktvoll hielt, wenn sie nun seine Unterstützung wollte.

Aber Schulemanns Episode hat einen Haken. Hönigswald war seit 1930 Professor in München, hatte Breslau verlassen. Hat Schulemann in seinem Unterbewußtsein sich eine Geschichte ausgedacht, die in seiner Interpretation glaubwürdig ist? Richard Hönigswald hätte danach Angst gehabt vor einem Protest der Kollegen, die sich nicht einen weiteren Juden als Dozenten wünschten, und schon gar nicht eine Jüdin als Dozentin.

Und Schulemann fährt fort, daß sich solche Einwände ergaben, solche Bedenken auch von Professoren der Scholastik geäußert wurden. Das Klima war nicht gut für Edith Stein, ganz gleich, ob Hönigswald noch etwas zu sagen hatte oder nicht. Und die Gründe, die männliche Professoren einen jüdischen Kollegen und eine weibliche Kollegin ablehnen ließen, lagen gar nicht so weit auseinander. Man mußte zu der angeblich natürlichen Ordnung zurückkehren, in der einem arischen Mann immer der Vorzug gebührt.

Edith Stein hat sich wahrscheinlich nicht allzusehr über die Ablehnungen aufgeregt, so schmerzlich sie auch waren. Sie lebte in ihrer Welt. Durch ihre Vorträge hatte sie Kontakt mit Katholiken gefunden oder wieder aufgenommen, die ihrem Niveau entsprachen. Hier wäre vor allem die Benediktinerin von St. Lioba in Freiburg-Günterstal, Soror Adelgundis Jaegerschmid, zu erwähnen. Amelie Jaegerschmid, 1895 als Tochter eines preußischen Offiziers in Berlin geboren, hatte Geschichte studiert, promoviert und sich dann zu einer Fortbildung in Phänomenologie entschlossen. Sie besuchte in Freiburg den »philosophischen Kindergarten« Edith Steins. 1921 konvertierte die Tochter einer evangelischen Familie zum Katholizismus. Sie trat in das Kloster St. Lioba ein, in ein benediktinisches Reformkloster, das die bisherige Stellung der Frauenorden veränderte. Man wollte sich nach außen profilieren, dem Denken der modernen Frau entsprechen. Sr. Adelgundis hat den entgegengesetzten Weg von Edith Stein gewählt. Sie liebt die *vita activa,* wie Edith Stein die *vita contemplativa* sich ersehnte. Aber dieser Gegensatz trennte die beiden Frauen nicht. Die Verbundenheit beruhte auf der Liebe zu dem erworbenen katholischen Glauben und auf einer geistigen Verwandtschaft. Schwester Adelgundis hatte schon in ihrer Freiburger Studentenzeit ein Stück des Wesens von Edith Stein erkannt, ihre Verhaltenheit gegenüber einer rein äußerlichen Wirkung, ihr Eingehen auf Menschen, wenn es Menschen ihrer Art waren. Mit diesen fühlte sie, deren Probleme versuchte sie zu erkennen.

Edith Stein stand mit jungen Mädchen in Briefwechsel, die mit ihrer Religion und ihren beruflichen Erwartungen nicht zurecht kamen. Sie half, wo sie helfen konnte. Sie gab Ratschläge. Vor allem aber nahm sie sich der Frauen an, die dem Blut und dem Geist nach ihre Schwestern waren: Jüdinnen, die katholisch werden wollten, fanden in ihr eine Ratgeberin und Vermittlerin.

Aber Freundschaft hegte sie vor allem zu den Nonnen. Neben Schwester Adelgundis war es besonders die Oberin des Ursulinenklosters Dorsten, Mater Petra von der Liebe Christi, eine geborene Agnes Brüning. Sie lud Edith Stein in ihr Kloster ein, und die Philosophin nahm diese Einladungen gerne an. Hier lebte sie in ihrem Milieu; diese Hingabe an die Welt des Gebetes und der Betrachtung war ihr das Liebste. Vielleicht war sie auch froh, hier die Ängste vergessen zu können, die sie anderswo quälten. Nicht immer war der Besuch in einer religiösen Gemeinschaft von frommen Frauen ungetrübt. Wenn Edith Stein mit den Geistlichen, mit den stets männlichen Theologen sprach, so redete sie auf einem geistigen Niveau, das über das der durchschnittlichen Katholikin hinausging. Das konnte eifersüchtige Gedanken erwecken.

Edith Stein erlebte eine große Freude. In den Jahren 1931

und 1932 waren die beiden Bände ihrer Thomas-Übersetzung publiziert worden – nach mancherlei Schwierigkeiten. Die wirtschaftliche Situation der damaligen Jahre war nicht dazu geeignet, Experimente zu wagen. Und die Vorstellung, daß der große Kirchenlehrer von einer Frau, noch dazu einer Jüdin, den Christen nahegebracht werden sollte, hatte auch etwas Erschreckendes an sich.

Der Breslauer Verlag Otto Borgmeyer nahm das Risiko auf sich. Wer von den Werken des Thomas von Aquin spricht, denkt im Allgemeinen zuerst oder ausschließlich an die »Summa Theologica«. Allein der Name dieses großen Werks suggeriert die Vorstellung einer Geschlossenheit und Ausschließlichkeit. Und die Versuchung ist gegeben, in Thomas den Systematiker einer in sich geschlossenen Kirche zu sehen. Der Ruf, den er seit dem Tridentinum, vornehmlich aber seit dem neunzehnten Jahrhundert, genießt, unterstützt diese Versuchung. Und wenn Edith Stein ihn Husserl gegenüberstellt, dann wirkt auch das verführerisch: Hier ist der Sinn des Seins vorgegeben, hier laßt uns ruhig leben und denken.

Aber Edith Stein zeigt in ihrer Übersetzung einen viel zwiespältigeren und moderneren Thomas. Sie hat, hierin beraten von Erich Przywara, die »Quaestiones disputatae de veritate« übertragen. Es sind disputierte Fragen, nicht nur über die Wahrheit; so lautet der Titel der ersten *quaestio*. Andere folgen: Es geht um die philosophische Frage nach den reinen Ideen, um die theologische nach der Prädestination, der Vorherbestimmung durch das Wissen Gottes, und darum geht es auch um die freie Entscheidung. Manches mag für uns heute fremdartig klingen. Die Frage, ob ein Mensch von einem Engel belehrt werden kann, erinnert ein wenig an das, was man sich unter scholastischer Haarspalterei vorstellt. Aber die Fragen nach den Unterscheidungen zwischen Verstand und Vernunft, nach den Passionen der Seele zeigen, in welch hohem Grade Thomas diese Welt in sein Denken hineinnahm. Im Grunde ist ihm jene Welt nicht von dieser

Welt getrennt. Aber gerade diese Einheit macht vieles Fragen notwendiger. Es ist schwieriger, Gott in unser Dasein hineinzunehmen als die Religion zur humanistisch edlen Privatangelegenheit zu erklären.

Thomas, der Dominikaner, der um 1224 in Italien geboren wurde, gegen den Willen der Familie in einen neuartigen Orden eintrat, lebte in einer Zeit des Umbruchs. Wenn es je eine festgefügte Form des Mittelalters anderswo als in den Köpfen mancher Historiker und vor allem Romantiker gegeben haben sollte, so zerbrach sie spätestens im dreizehnten Jahrhundert. Mit den Orden des Franziskus von Assisi und des Spaniers Dominikus entwickelte sich ein neuer Stil der Christlichkeit. Die sogenannten Bettelorden fühlten sich nicht nur der Armut verpflichtet, sondern auch einer Intellektualität, durch die neue Formen des Lehrens geschaffen wurden.

Sie waren – um im modernen Jargon zu sprechen – gegen die Amtskirche der Bischöfe, gegen eine Wahrheitsfindung, die hierarchisch gestuft ist. Wobei zu sagen ist, daß die Päpste nicht immer Freunde der Amtskirche ihrer Bischöfe waren und darum die Bettelorden immer wieder unterstützten. Diese Mönche lehrten an den Universitäten, vornehmlich – wie Thomas selbst – in Paris. Und eine besonders beliebte Lehrform war die *quaestio disputata.* Man stellte eine Frage zur Diskussion. Man nahm die Argumente auf, wog das Für und das Wider ab und fand endlich zur *responsio principalis,* zu dem alles erklärenden Schluß. Die Frage wurde gelöst. In seiner Einleitung zu Edith Steins Übertragung hat der Theologe Martin Grabmann darauf hingewiesen, daß diese Disputationen von den Magistern der Theologie an den Universitäten abgehalten wurden, daß ihre Niederschrift das Ergebnis vielfacher Überlegungen war.

Der Magister, der sich und seine Hörer einer solchen Disputatio unterwarf, kannte nicht die Starrheit des Vorgegebenen. Seine *responsio principalis* mochte den Charakter einer

Lehrmeinung haben. Aber die Art und Weise, wie er zu ihr gelangt, zeugt von der Beweglichkeit des Geistes, der in dieser Zeit ganz im Glauben stand und gleichzeitig schon den Heiden Aristoteles, den Philosophen der Griechen und den Begründer der abendländischen Denkweise, rezipiert hatte. Dieser Geist stieß auf manchen Widerstand, auf Verbote der Aristoteles-Rezeption, auf Versuche, durch Macht, auch durch kirchliche Macht, das neue Denken zu zerbrechen.

Von dieser Form der »Quaestiones disputatae« her liest sich auch die »Summa Theologica« des Thomas anders. Was der junge Magister in Paris vorbereitete, ging in sein Hauptwerk ein. Es war die Klärung der Meinungen zugunsten jenes Schlusses, der in sich stimmig ist. Es war ein Triumph der *ratio* vor dem Zeitalter des Rationalismus.

Und doch ist Thomas von Aquin alles andere als ein unterdrückter, sich unterdrücken lassender Ahne der Aufklärung. Er nimmt seinen *philosophus*, seinen Aristoteles auf, wo ihm dessen weltliche Vernunft weiterhilft, aber er lebt absolut in seinem Glauben. Der Glaube geht in die *ratio* ein, die *ratio* in den Glauben. Aber der Glaube geht nicht in der *ratio* auf. Thomas weiß, daß sein Gott über allem steht, auch über der Erkenntnis. Und hier vertraut er dem liebenden Vater und hat viel von dem Heiligen an sich, den Gläubige in ihm erblicken wollen: Das ist der Mann, der kniend philosophiert und der erleuchtet wird.

Edith Steins Übersetzung der *quaestiones* ist sehr frei. Sie nimmt die Themen ernst, sie hat sich hineingelesen in die lateinische Sprache des Thomas. Aber sie versucht nicht, die Gliederung genau wiederzugeben, die Argumente einzeln aufzuzählen. Sie ist sich dessen wohl bewußt, daß eine wörtliche Wiedergabe des Thomas schon sprachlich fast unmöglich ist. (Fast alle Thomas-Übertragungen werden nur dann verständlich, wenn man das lateinische Original zur Hand hat und vergleicht.) Sie gibt darum immer wieder den konkreten lateinischen Ausdruck an, erleichtert damit das Mitdenken.

Aber gleichzeitig will sie einen Thomas von Aquin, der nicht angestaubt ist vom Historismus, belastet durch unsere Entfernung zu seiner Zeit.

Sie berichtet in langen Zitaten, was uns Thomas über die Wahrheit, über die Lehrer zu sagen hat, und sie faßt zusammen und erläutert, wie wir das Gesagte heute zu verstehen haben. Der elfte Artikel, also die elfte *quaestio,* lautet: »Kann ein Geist im irdischen Zustand (in statu viae) Gott in seinem Wesen schauen?« Wie Thomas hier aufzeigt, daß der Mensch von sich aus Gott nicht wesenhaft schauen kann, daß er aber durch das Eingreifen Gottes so aus seinem irdischen Sein herausgehoben werden kann, daß er auf wunderbare Weise etwas von Gott erfährt, zeigt seine Verbindung zwischen einer Welt der Erkenntnis und der Annahme, daß diese Erkenntnis fast blitzartig von einer höheren Erfahrung durchbrochen werden kann.

In ihrem Kommentar, mit dem Edith Stein ihren Thomas dem modernen Leser nahebringt, führt sie aus, daß »wir hier wohl die stärkste Annäherung an die moderne erkenntnistheoretische Problematik haben und darum am ehesten die Möglichkeit einer Auseinandersetzung.«[19] Der nicht erkennbare Gott, die nicht erkennbaren Sachen zeugen von der Endlichkeit des menschlichen Wesens. Aber ein Unterschied fällt auf. Thomas war sich sicher in dem Glauben an den Gott, der seine philosophischen Dimensionen überragte, während der moderne Denker, selbst ein Edmund Husserl der frühen Göttinger Zeit, hier im Dunkeln tappt. Sein Wissen ist wie das des Thomas ein Hinweis auf das Nichtwissen; aber Thomas glaubt fest an das Sein hinter dem Nichtwissen, während der moderne Philosoph die Grenze nicht überspringen kann.

Das Überwinden der menschlichen Grenzen war für Thomas eine Tatsache, die sich aus Bibeltexten beweisen ließ. Für Edith Stein ist es eine persönliche Erfahrung. Was hat sie bewogen, sich taufen zu lassen, was anderes als die philosophisch unerklärbare Einsicht in eine Wahrheit, die sie nun bindet?

Edith Steins fragende, an Thomas Gedankengebäude stets anklopfende Übersetzung, eine Übertragung, die auch ein Gespräch ist, wurde sehr beachtet. Daß Przywara die Bände lobte, ist nicht verwunderlich. Er wie auch Martin Grabmann hatten verstanden, auf was sich Edith Stein da einließ. Auch in Rom soll ihre Arbeit Zustimmung gefunden haben.

Freilich rief sie auch Kritik hervor. Josef Pieper, ein guter Kenner der Scholastik, schreibt: »Wiederum ist der des Urtextes unkundige Leser ... übel daran, weil die Übersetzerin, die Husserl-Schülerin Edith Stein, den Kern ... durchaus verfehlt hat, ... Es zeigt sich hier, wie schwierig es ist für einen durch die moderne Philosophie gegangenen Geist, die Grundgedanken der alten Seinslehre aufzufassen.«[20]

Man hätte den Defekt, den Pieper hier festzustellen glaubt, leicht beheben können. Wenn Edith Stein sich zwei oder drei Jahre intensiv mit der Geschichte der Scholastik auseinandergesetzt hätte, dann wäre sie eine Thomas-Übersetzerin und Thomas-Interpretin geworden, wie es viele gab. Eben eine Thomistin. Man kann Descartes und Kant vergessen, die Ideen Husserls sich aus dem Kopf jagen und den Thomas von Aquin historisierend rezipieren. Und auch da gibt es zwei Möglichkeiten. Man schreibt über Thomas als historische Gestalt, als großen Philosophen seines Jahrhunderts. Dann erinnert man sich konsequent an die Weiterentwicklung der Philosophie. Und schon fallen uns Descartes und Kant und alle anderen wieder in.

Oder man nimmt Thomas als die eigentliche Wahrheit in allem Denken hin, schleppt seine Zeit in unsere Zeit hinüber. Das war die Intention des Thomismus, den Josef Pieper vertrat. Man rettet den Stil, in der Art, wie die Neugotik den Stil der Gotik zu retten versuchte. Und dann werden schöne Kirchen gebaut, die nun gar nicht an Chartres erinnern, und dann werden verbindliche Denksysteme aufgerichtet, die wenig zu tun haben mit dem Elan des jungen Magisters von Paris, der seine Fragen disputiert haben wollte. Dieser Thomas orientierte sich und seinen Glauben an der Philosophie, die damals die Intellektuellen bewegte. In Edith Steins Übertragung wird er den Fragen der Intellektuellen des zwanzigsten Jahrhunderts gegenübergestellt. Es gibt moderne Architekten, die den Geist der Gotik erahnen. Sie bauen nicht neugotisch.

Die Übertragung der »Quaestiones disputatae« hätte Anlaß gegeben zu einer Diskussion über die modernen Möglichkeiten eines katholischen Glaubens. Es genügt schließlich nicht, mißliebige Philosophen auf den Index zu setzen, ihre Lektüre also den Gläubigen zu verbieten und sie nur jenen Gelehrten zu gestatten, die dann in schönen Worten die Gläubigen vor diesen bösen Büchern warnen. Przywara, der selbst in seinen Büchern auf die Philosophen der Gegenwart einging, hat das erkannt. Er wußte, daß eine scholastische Schulaufgabe von Edith Stein völlig nutzlos wäre. Wie viel hätte man darüber sagen können. Wenn nicht das Jahr 1932 dem Jahr 1933 so nahe gewesen wäre.

Edith Stein befragte in moderner Manier den Thomas, aber sie war aus dem gleichen Geist heraus dazu fähig, in christlicher Manier Goethe zu befragen. Sie hielt Ostern 1932 einen Vortrag in München über »Natur und Übernatur in Goethes ›Faust‹«. Der Anlaß war ein Goethe-Jahr. Der Dichter war vor hundert Jahren gestorben. Edith Stein nähert sich Goethe nicht durch den Aufbau einer seiner Kunst entsprechenden Ästhetik. Sie hält sich nicht an die Reime, nicht an den Rhythmus, nicht an die Schönheit der Vokalfolge. Sie hält sich an die Aussage. Und so wird die Erblindung des Faust im letzten Akt des zweiten Teils der Tragödie für sie zum Symbol für die geistige Verblendung. Und sie findet keinen Weg zu der anderen Welt des Dichters. Die Erlösung, die Faust durch das Ewig-Weibliche erfährt, scheint ihr anstößig und falsch zu sein. Die Erbsünde geht durch die ganze Natur, durch die der Frau wie die des Mannes, also kann das Weibliche nicht erlösend wirken. Im Grund ist sie in ihrem Innern bei allem katholisierenden Glanz des Endes der Tragödie immer noch erschüttert von einer Stelle aus »Wilhelm Meisters Wanderjahren«, wo Goethe das Kreuz verhüllen möchte, es also herausnehmen aus der Welt.

Ein solcher Vortrag hat nichts mit alten Vorurteilen zu tun. Er wird Goethe natürlich nicht gerecht; aber er entspricht Edith Steins entschiedenem Engagement: Die Wahrheit ist ihr wichtiger als jede diplomatische Rücksichtnahme. Sie paßt sich nicht dem Zeitgeist an. Aber sie beurteilt den Gottesglauben einer vergangenen Zeit aus den Erkenntnissen ihrer Zeit heraus. Sie konnte mit Thomas über Jahrhunderte hinweg sprechen, von Goethe aber trennten sie mehr als die hundert Jahre.

Im Januar 1932 war sie in der Schweiz gewesen, hatte darüber gesprochen, was eine Frau in der Kirche leisten kann. Ihr Referat über Goethe war später entstanden. Sie war schon in Münster. Johann Peter Steffens, ein Professor für Theologie, leitete das Deutsche Institut für wissenschaftliche Pädagogik, an diesem Ort. Er hatte eine Chance wahrgenommen. Diese gescheite katholische Frau sollte Dozentin werden. Wenn dies schon an der Universität unmöglich war, so konnte doch ein pädagogisches Institut hilfreich sein. Hier konnte Edith Stein entsprechend ihren Interessen junge Menschen belehren. Das Deutsche Institut war eine katholische Gründung aus dem Jahr 1899; es wurde von Katholiken getragen. Man war unter sich. Im Frühjahr 1932 hatte man Edith Stein bei sich, diese Frau, von deren intellektuellen Qualitäten man schon so viel gehört hatte, und die durch ihre Bescheidenheit besonders auffiel. Sie wohnte im Collegium Marianum, das dem Institut angeschlossen war. Sie aß zusammen mit den Studentinnen, den zukünftigen Lehrerinnen. Manche schaute sie bewundernd an: Das ist also die berühmte Edith Stein. Ihre Vorlesung bot weit mehr, als man in einem pädagogischen Institut erwarten konnte. Sie konnte hier ihre Anthropologie entwickeln, eine Lehre über das Sein des Menschen, über den »Aufbau der menschlichen Person«, die ganz der katholischen Tradition entspräche und den Katholizismus zu einer wirkenden Macht in der Gegenwart machen sollte. (Progressiv war in in der Philosophie!)

Edith Stein war glücklich, wenn der Kreis ihrer Hörerinnen, der Kreis von jungen Nonnen, die Lehrerinnen werden wollten, und von gleichgesinnten Laien, erweitert wurde durch Studentinnen von der Universität. Sie freute sich über die Anerkennung durch Universitätsdozenten wie den berühmten Konvertiten Peter Wust, der in Deutschland geradezu eine Symbolfigur des *Renouveau Catholique* war. Sie wurde geschätzt von dem Professor Balduin Schwarz, der sehr früh erkannte, daß ihre Arbeiten zu einem Ansatz für eine christliche Auseinandersetzung mit dem modernen Denken werden konnten. Oder sollten?

Und doch lag ein schwerer Schatten über diesen Monaten in Münster. Die Finsternis nahm zu. Man spürte die unheimliche Faszination, die der Nationalsozialismus ausströmte. Das drang auch in die katholischen Kreise ein. Edith Stein war sehr hellsichtig. Hellsichtiger als die Mehrzahl der Katholiken, aber auch hellsichtiger als manche Liberale, selbst als mancher Jude, die das braune Theater nicht ernst nahmen und meinten, damit könne man sich irgendwie arrangieren.

Sie wußte, worum es ging. Sie sprach in Münster zuerst über den Menschen, daneben auch über Probleme der Frauenbildung. Das hatte man schließlich von ihr erwartet. Und hier warnt sie vor anderen Weltanschauungen, primär natürlich vor der sozialistischen Gleichheits-Ideologie; das wurde von der Katholikin verlangt. Aber mit viel mehr Feuer greift sie jene Anschauung an, »die Menschentum und Geschlechterverhältnis rein biologisch wertet, die die Eigenbedeutung und den höheren Rang des Geistigen im Verhältnis zum Vitalen verkennt.«[21] Das ist nicht die einzige Stelle, an der Edith Stein sich gegen die Blut- und Boden-

Interpretation der Rolle der Frau wendet. Sie hat auch unter ihren Bekannten Reklame für den Zentrumspolitiker Brüning gemacht; sie versuchte besonders das politische Niveau der Frauen anzuheben. Sie sollten wissen, was auf sie zukommt, wenn die Nationalsozialisten die Macht ergreifen würden. Eine Unterwerfung unter angeblich biologische Gesetze, die dem Weib eine pure Gebärerinnenrolle gestatteten. Und die dem Juden nichts gestatteten; nicht die Existenz, nicht das Leben. Edith Stein wußte das nicht genau, aber sie spürte die Gefahr.

Es gab die Idylle vor der Tragödie. Im September 1932 fand in Juvisy eine Arbeitstagung der französischen *Société Thomiste* statt. Man wollte über die Beziehungen zwischen Thomismus und Phänomenologie diskutieren. Es war ein Fest des Geistes. Die Vorträge hielten Männer. Aber Edith Stein profilierte sich in der Diskussion. Und es gab das schöne Zusammensein. Sie war schon einige Tage vorher bei Alexander Koyré in Paris gewesen, bei dem Professor für Philosophie an der École des Hautes Études. Er war Husserl-Schüler aus der Göttinger Zeit, und er war jüdischer Abstammung.

Sie kam mit ihm nach Juvisy, das ja nicht weit entfernt von Paris lag. In Paris konnte man spazieren gehen. Pater Daniel Feuling, der gelehrte Benediktiner, schildert die Gespräche auf dem Weg nach Sacré-Cœur. Koyré und Edith Stein sprachen über verschiedene Philosophen, über Husserl, über Henri Bergson. Und sie betonten: »Auch der ist einer der unsrigen.« Daniel Feuling erinnert sich an Paulus, seinen einen Satz: »Hebraei sunt: et ego.« Aber nach einer gewissen Zeit möchte er doch dazugehören, fragt, wohin man ihn denn stecke. Die Antwort des Juden und der Jüdin ist nicht untypisch für diese Zeit: »Ja, sind Sie denn von uns?« Er war nicht von ihnen.[22] Und er konnte diese Unterhaltung ganz heiter erzählen. Die Betroffenen waren stolz auf die Menschen, die zu ihnen gehörten, die jüdischen Ursprungs waren. Aber in diesem Stolz wird ein Schmerz spürbar. Man muß sich an die geistige Größe klammern. Was bleibt sonst? Die Wogen des Antisemitismus schlugen hoch in Deutschland, aber sie griffen auch gewaltig nach Frankreich über.[23]

Als in Münster nationalsozialistische Studentinnen Veranstaltungen abhielten, bei diesen sich produzierten, war Edith Stein der Sache nicht gewachsen. Sie hatte eine leise Stimme, sie bevorzugte eine Diskussion, in der ruhig über verschiedene Fragen gesprochen wurde. Das Hektische, das Kämpferische, das diese Nationalsozialistinnen auch ihren Gegnern als Gesetz aufdrängten, war niemals ihre Sache gewesen.

Sie war das Reisen gewöhnt. Noch war sie im Herbst in Breslau gewesen, dann in Juvisy, dann wieder in Münster. Sie konnte das Weihnachtsfest bei den Ursulinen in Dorsten miterleben. Hier konnte sie wachen in der Nacht, die an die Geburt des Erlösers erinnert. Das Jahr 1932 war zu Ende. Im neuen Jahr ergriff Adolf Hitler die Macht.

Soror Teresia Benedicta a Cruce

In der Fastenzeit, die Hitlers Machtergreifung folgte, kam das Fräulein Doktor von einer Veranstaltung des katholischen Akademikerverbandes sehr spät heim. Als sie in der dunklen Nacht vor ihrer Tür stand, bemerkte sie, daß sie den Schlüssel vergessen hatte. Sie versucht, durch Läuten und Klatschen auf sich aufmerksam zu machen, aber nichts hilft. Ein Herr spricht sie an, ob er ihr helfen kann, und er erkennt sie bald. Er war katholischer Lehrer. Rasch sagt er seiner Frau Bescheid. Beide sind glücklich, Edith Stein zu sich einladen zu können. Während die Frau das Bett für diese Nacht herrichtet, erzählt der Mann, was er in amerikanischen Zeitungen gelesen habe, wie nämlich Juden in Deutschland gequält würden. Vielleicht unverbürgte Nachrichten, aber sie entsprachen voll und ganz dem Klima, das im Dritten Reich herrschte.

»Ich hatte ja schon vorher von scharfen Maßnahmen gegen die Juden gehört. Aber jetzt ging mir auf einmal ein Licht auf, daß Gott wieder einmal schwer seine Hand auf sein Volk gelegt habe und daß das Schicksal dieses Volkes auch das meine war.«[1] Edith Stein sagt dem freundlichen Gastgeber nicht, daß sie jüdischer Abstammung ist. Sie will seine Nachtruhe nicht stören. Aber man muß annehmen, daß dieser katholische Lehrer sehr wohl wußte, mit wem er sprach, und daß er diese Frau warnen wollte.

Edith Stein faßte einen ungeheuer mutigen Plan. Sie wollte nach Rom fahren und in einer Privataudienz den Papst um eine Enzyklika bitten. Das war ein großes Unternehmen. Es setzte voraus, daß der Papst durch die Initiative einer Christin jüdischer Abstammung, deren Herz für ihr Volk und für ihre katholische Gemeinschaft brannte, sich von allen Usancen der vatikanischen Politik trennen sollte, von der Hierarchie, die nicht nur von oben nach unten, sondern auch von unten nach oben wirkte. Eine direkte Reaktion, wie sie es sich erwünschte, wäre die Verhaltensweise eines Propheten, einer Heiligen oder eines Marquis Posa gewesen. Papst Pius XI. war kein Mann von solcher Art. 1933 war nicht allein das Jahr Adolf Hitlers; es war in Rom ein *Anno Santo,* ein Heiliges Jahr, ein Jahr der Erinnerung an den Tod des Jesus von Nazareth, den man auf das Jahr 33 datiert. Und so erfuhr Edith Stein aus Rom, daß der Andrang groß sei – er war groß –, und sich nur eine kleine Audienz ermöglichen ließe.

Also hätte sie mit einigen wenigen Leuten den Segen des Heiligen Vaters entgegennehmen dürfen. Edith Stein war nicht die Frau, eine solche Audienz zu durchbrechen, sie zugunsten (oder zuungunsten) ihres Volkes zu einem Spektakel werden zu lassen. Sie verzichtete auf die Audienz und faßte ihr brennendes Anliegen schriftlich zusammen. Der versiegelte Brief wurde dem Papst überbracht. Er antwortete, segnete Edith Stein und ihre Familie. Es war ein pastoraler Akt: Der höchste Seelsorger neigte sich herab, um den Menschen zu helfen.

Aber Konsequenzen zog er nicht. Dazu hatte man in diesem Frühjahr im Vatikan zuviel andere große Pläne. Das Reichskonkordat mit dem Deutschland Adolf Hitlers wurde vorbereitet. Mit großer Hektik versuchte vor allem der damalige Kardinalstaatssekretär Eugenio Pacelli, der spätere Papst Pius XII., einen *modus vivendi* zu finden, indem ein Teil des katholischen Lebens, die politische Präsenz in Parteien und Verbänden im wahrsten Sinn des Wortes geopfert werden sollte, um kirchliche Refugien und den katholischen Einfluß zumindest auf das Schulsystem zu retten.

Eugenio Pacelli, der früher Nuntius des Heiligen Stuhls im Deutschen Reich gewesen war, kannte Edith Stein. Aber ihr moralischer Impetus, ihre politisch weitsichtige Ahnung, daß eine Verfolgung der Juden sich mit einer Unterdrückung der konsequent gläubigen Katholiken verbinden würde, konnte bei den Kirchenfürsten nichts ausrichten, weil es für solche Ahnungen bei ihnen kein Gespür gab.

Edith Stein verbrachte auch in diesem Jahr die Karwoche und Ostern in Beuron. Sie bedurfte des Gesprächs mit Erzabt Walzer. Dieser hatte sich längere Zeit in Japan aufgehalten: In Tonogaoka sollte eine Niederlassung der Benediktiner der Beuroner Kongregation gegründet und damit eine neue Form der Mission geschaffen werden. Er kam erst kurz vor der Karwoche nach Beuron zurück. So konnte er die Stimmung, die sich in diesen Monaten in Deutschland so sehr verändert hatte, nicht kennen. Er selbst dachte nicht daran, Kompromisse mit den Nazis zu schließen. So sprach er auch Edith Stein Mut zu. Ihre Stellung in Münster könne doch nicht gefährdet sein.

Auf der Rückreise nach Münster las Edith Stein einen Zeitungsbericht über eine nationalsozialistische Lehrertagung, an der auch die konfessionellen Verbände teilgenommen hatten. Sie verstand das Zeichen.

Am 19. April war sie in Münster, am 20. April sprach sie im Institut vor: »Der Direktor war auf einer Ferienreise in Griechenland. Der Geschäftsführer, ein katholischer Lehrer, führte mich in sein Amtszimmer und klagte mir sein Leid. Seit Wochen mußte er aufregende Verhandlungen führen und war schon ganz zermürbt. ›Denken Sie, Frau Doktor, es war auch schon jemand hier und hat gesagt. ‚Frau Dr. Stein wird doch wohl nicht etwa noch weitere Vorlesungen halten?' Es wäre wohl am besten, wenn ich für diesen Sommer darauf verzichtete, Vorlesungen anzukündigen, und still im Marianum arbeiten würde. Bis zum Herbst hätte sich die Lage geklärt, das Institut würde vielleicht von der Kirche übernommen, dann stünde meiner Mitarbeit nichts mehr im Wege. Ich nahm die Mitteilung sehr ruhig entgegen. Auf die Vertröstung gab ich nichts. ›Wenn es hier nicht mehr geht‹, sagte ich, ›so gibt es in Deutschland überhaupt keine Möglichkeit mehr für mich.‹ Der Geschäftsführer sprach mir seine Bewunderung aus, daß ich so klar sähe, obgleich ich so zurückgezogen lebte und mich um die Dinge dieser Welt nicht kümmerte.«[2]

Diese Szene könnte von Schiller stammen: Die große Angst des Mannes, der eigentlich eine elende Kreatur ist, aber irgendwie auf etwas Positives hofft, das sich ereignen wird, wenn er das auch nicht für allzu wahrscheinlich hält. Edith Steins Ruhe, die daraus resultiert, daß sie es bereits weiß: Die Menschen, auch ihre katholischen Freunde, werden so reagieren.

Sie wohnte noch einige Zeit im Collegium Marianum. Die Studentinnen dort, die nicht die Klostertracht trugen, fühlten sich zum Teil von einer Last der katholischen Lebensführung befreit. Ein Mädchen spielte sich als fanatische Nationalsozialistin auf, schwärmte von Hitlers Buch »Mein Kampf«, zudem aber war sie eine leidenschaftliche Raucherin. (Auch damit, nicht nur durch die Lektüre von Nazi-Schriften, konnte man die Schwestern ärgern.) Edith Stein mußte sie darauf aufmerksam machen, daß Joseph Goebbels das Rauchen bei Frauen nicht sonderlich schätze. Ein kleiner Seitenhieb, aber er zeigt, daß Edith Stein unter dem neuen Stil litt. Sie war verschlossen in diesen Wochen, klagte nicht über das, was man den Juden antat. Vermutlich wollte sie nicht das Mitleid erfahren, das obligat war, nicht die trostreichen Worte hören, die jeder Nicht-Nazi für notwendig hielt.

Sie kroch in sich hinein. Sie dachte über das Andere nach, über das Eigentliche, das sie hier und jetzt leisten mußte. Sein Kreuz lag auf dem jüdischen Volk. Und sie selbst, die Jüdin, war ihm verwandt durch das Blut. Der Gedanke an den Orden des Karmel, den ihr zuletzt Erzabt Walzer auszureden versucht hatte, faszinierte wieder. War jetzt nicht die Zeit gekommen? Was konnte sie, die ausgestoßene Jüdin, noch groß in der Öffentlichkeit tun?

Und wie stand es um die Mutter? Edith Stein baute sich eine moralische Eselsbrücke. Sie hatte ein Angebot bekommen, als Lehrerin nach Südamerika zu emigrieren. Das lag weit weg; hätte da die Mutter sie nicht doch lieber in der Nähe, wenn auch hinter den Mauern eines der katholischen Orden? Und es gab andere Gründe: Der Ordenszweig der Karmelitinnen, zu dem es Edith Stein zog, war der besonders strenge der »Unbeschuhten Karmeliten«. Hinter dem Namen des Ordensmitglieds wird er abgekürzt: OCD, *Ordo Carmelitarum Discalceatarum.* Dieser Ordenszweig geht auf Teresa von Ávila zurück. Aber Teresa verstand sich stets als Reformatorin eines Ordens, nicht als dessen Gründerin. Der legendäre Gründer ist ein Mann des Alten Testaments, der Prophet Elias. Elias wird im Buch der Könige geschildert. Er erhob seine Stimme gegen seinen König Ahab von Israel, der Unrecht tat, seine Macht zur Unterdrückung der Menschen mißbrauchte. Ahabs Gattin Isebel, eine Prinzessin aus Sidon, führte den Götzendienst ihrer Heimat ein. Elias mußte vor Ahab fliehen, lebte in der Wüste in Höhlen, schließlich aber bezwang er die heidnischen Feinde und rettete Ahab, der Buße tat, vor dem Verderben.

Die Gestalt des Elias ist der Prototyp des Kampfes eines Mannes Gottes gegen die Willkür der Mächtigen und einen bösen Glauben, heute würde man sagen: gegen eine gefährliche, menschenverachtende Ideologie. Sein Ende ist großartig. Er starb nicht. Ein Feuerwagen trug ihn empor in den Himmel. Er soll wiederkommen, um dem Messias den Weg zu bereiten. Und dabei soll er getötet werden; aus dem siegreichen Propheten wird der Märtyrer.

In den Höhlen des Karmel-Gebirges lebten nach der Zeit des Elias, zur Zeit und nach der Zeit von Jesus fromme Eremiten. Im ersten Jahrtausend nach Christi Geburt waren darunter auch viele Christen. Sie schlossen sich zu einer Ordensgemeinschaft zusammen, lebten nach einer mönchischen Ordnung. Als der Islam das Land in Besitz nahm, flüchteten sie mit ihrer frommen Regel in den Westen und lebten dort als Bettelmönche. In Spanien wichen Karmeliten mehr und mehr von der Strenge ihrer Anfänge ab, bis Teresa von Ávila die Reform einleitete und einen der großen Orden der Gegenreformation reformatorisch schuf.

»Ich war ein Fremdling in der Welt geworden.«[3] Dies schreibt Edith Stein. Es waren nur ein paar Tage vergangen, seit sie das Gespräch mit dem Geschäftsführer hatte. Sie will in den Karmel. Sie wendet sich an Erzabt Walzer, der nun die Erlaubnis gibt. Er war in Rom gewesen und hatte die Entwicklung mitverfolgen können. Sie geht nach Köln, wo sie eine Jüdin seelsorgerisch betreut, die sich auf die Taufe vorbereitet. Der Kölner Karmel, berühmt als das älteste weibliche Karmel-Kloster in Deutschland, hatte zu dieser Zeit die Möglichkeit, neue Schwestern aufzunehmen. Die Zahl der Mitglieder eines Karmel-Klosters ist begrenzt. Teresa, auf die diese Regelung zurückgeht, wollte damit Fraktionierungen verhüten. Aber vom Karmel Köln ging in diesen Monaten eine neue Gründung aus – nach Schlesien, wie die Schlesierin Edith Stein mit Heimatsehnsucht bemerkt. Und so wurden Plätze frei.

Sie betete in der Kapelle, während sich eine Bekannte für sie nach den Möglichkeiten einer Aufnahme erkundigte. Schließlich war Edith Stein zweiundvierzig Jahre alt; sie war Jüdin, und sie hatte keine Mitgift. Alle Orden schätzten es, ja machten es in diesen Zeiten fast zur Bedingung, daß eine junge Schwester so viel Geld in das Kloster einbringt, wie ihre Familie für eine standesgemäße Aussteuer und eine Heirats-Mitgift ausgegeben hätte.

Aber anscheinend gab es keine Schwierigkeiten. Edith Stein sprach mit der Priorin, Mutter Josepha vom Allerheiligsten Sakrament. (Die Karmelitinnen nehmen im Kloster einen neuen Namen an, aber dazu kommt eine besondere Hinwendung zu einem Glaubensgeheimnis, der Eucharistie, der Trinität, dem Heiligen Geist. Das war ihr Adel.) Sie sprach mit der Subpriorin Teresia Renata de Spiritu Sancto (Therese Posselt), die später über ihr Leben und auch ihr Nachleben mitentscheiden sollte. Sie durfte hoffen. Alle Schwestern mußten über den Antrag einer Frau abstimmen, die eintreten wollte. Und auch ein Geistlicher mußte dazu seine Meinung äußern. In der zweiten Junihälfte war es soweit. Freilich mußte Edith Stein den Schwestern noch ein Kirchenlied vorsingen. Die Verehrung Gottes bestand im Karmel auch aus dem gesungenen Chorgebet. Man wollte sich versichern, daß ein Neuzugang dessen Schönheit erhöhte oder zumindest nicht störte. Und Edith Stein bestand auch diese Prüfung.

Am 15. Juli konnte Edith Stein sich vom Collegium Marianum in Münster verabschieden. Es muß ein Fest gewesen sein. Sie erhielt Rosensträuße, sie erhielt ein Reliquienkreuz. Die Schwestern des Collegiums und viele Studentinnen fügten sich zwar voller Hilflosigkeit den Bestimmungen des neuen Regimes, aber sie ließen es sich nicht nehmen, diese Frau, die sie verehrten, mit großer Liebe zu verabschieden.

Am nächsten Tag schmückten die Rosen den Karmel von Köln zu Ehren der Königin des Karmels, der Jungfrau Maria. Sechs Bücherkisten waren bereits angekommen, eine ungewöhnliche Mitgift für eine neue Schwester. Edith Stein wohnte in der Pfortenwohnung, lebte halb in der Welt, halb im Kloster, betreute weiter ihren jüdischen Schützling und freute sich mit ihm am Tag der Taufe, der Aufnahme in die Gemeinschaft der Kirche.

Sie war unruhig; sie reiste nach Trier, um den Erzabt Walzer dort zu treffen; mit ihm sprach sie über das, was ihr bevorstand. Sie reiste nach Maria Laach und betete. Und schließlich fuhr sie nach Breslau. Sie mußte es der Familie sagen.

Im August kam sie an. Die Schwester Rosa holte sie am Bahnhof ab; obwohl sie überrascht war, zeigte sie Verständnis. Es war eine ganz andere Welt als die der Karmelitinnen, in der es Rosen gab, sanfte Gebete, fromme Gesänge, Heiligenbildchen und eine fast kindliche Hingabe an den Herrn. Die Mutter saß da und schüttelte den Kopf, fragte sich, warum es »so schlechte Menschen geben könne«.[4] Es gab geschäftliche Einbußen. Es gab Sorgen. Hans Biberstein, der Mann der Schwester Erna, der Oberarzt an der Universitätshautklinik in Breslau gewesen war, mußte seine Stellung aufgeben. Erna Biberstein übernahm die Praxis einer Freundin, die mit ihrer Familie nach Palästina emigriert war. Sie mußte mit ihrem Mann auch die Wohnung der Freundin übernehmen. Damit wurde ein Teil des Hauses von Auguste Stein frei; sie wollte Mieter haben. Aber wer zog damals schon zu einer Jüdin? Es gab Vorgespräche mit eventuell interessierten Mietern, aber darüber ging es nicht hinaus.

Die Kinder der Auguste Stein wußten es: Edith Stein wollte ins Kloster. Sie wehrten sich, so gut es ging. Die Schwäger, der Arzt Max Gordon und der Arzt Hans Biberstein, boten ihre finanzielle Hilfe an. Die Schwägerin sollte nicht aus materieller Not ins Kloster gehen. Aber Edith Stein ging es um etwas ganz anderes. Es klingt schrecklich: Hätte sie sich an die beiden Familien Gordon und Biberstein gehalten, dann wäre sie gerettet worden. Beide Familien emigrierten gerade noch rechtzeitig und bauten sich unter großen Mühen im Exil eine neue Existenz auf.

Das Schwerste stand Edith Stein noch bevor. Am ersten Sonntag im September war sie mit ihrer Mutter allein. Sie hatte ihr schon gesagt, daß sie jetzt bei Schwestern in Köln lebe. Und die Mutter ahnte es. Sie strickte, und plötzlich begriff sie aus einer Antwort der Tochter, was das Wort »Leben« bedeutete. Der Garnknäuel verwirrte sich; die Hände der alten Frau zitterten. Die Tochter Edith fuhr mit ihren Händen in die Wolle hinein, versuchte etwas zu entwirren. Die Wolle oder die Argumente? Denn die beiden Frauen sprachen weiter. Sie argumentierten, aber sie verstanden sich nicht. Es war die große Liebe der Mutter, die Schmerz bereitete. Ihr Kind löste sich also ganz und gar von der Religion der Väter. Sie war Christin geworden, das war gerade noch ertragbar. Aber nun wollte sie in einen Orden eintreten. Der Bruch mit dem Glauben der Väter war schrecklich.

Da gab es auch die große Liebe der Tochter. Die hatte nichts mit dem sanften, verlockenden Glanz der katholischen Kirche zu tun. Das Geheimnis war nur zu umschreiben. Edith Stein liebte ihre Mutter, ihre jüdische Familie, die Juden mehr als die freundlichen Christen, die sie bei ihrer öffentlichen Tätigkeit kennengelernt hatte, mehr auch als die lieben Nonnen, die bereit waren, sie in ihre Gemeinschaft aufzunehmen. Aber das konnte sie nicht aussprechen. Man hätte sie falsch verstanden; die Juden hätten sich, übrigens zurecht, als Beleidigte empfunden.

Einmal war sie mit ihrer Nichte Susel zusammen, mit Susanne, der Tochter des Ehepaars Biberstein. Das zwölfjährige Mädchen versuchte auf eigene Faust zu ergründen, wovon die Erwachsenen sprachen. Edith Stein nahm die Kinderhand in die ihre. »Warum tust du das jetzt?« fragte das Kind. Das heißt jetzt, wo sie uns verfolgen, und wo die Katholiken im Frieden leben können – trotz allem. »Wir mögen zwar Kinder gewesen sein, aber wir waren uns der Ereignisse in Deutschland, die Juden betreffend, durchaus bewußt. Indem sie katholisch wurde, hatte unsere Tante ihr Volk im Stich gelassen. Ihr Eintritt ins Kloster bekundete vor der Außenwelt, daß sie sich vom jüdischen Volk absondern wollte.«[5] So empfand es die kleine Susel damals. Frau Susanne Batzdorff-Biberstein, die in Amerika lebt und lange nach deren Tod über ihre Tante berichtet, versteht es später sehr viel besser: »Heute ist es mir klar, daß es von ihrem Standpunkt durchaus logisch war, doch für uns, ihre jüdischen Verwandten, konnte es niemals ein überzeugendes Argument sein. Eine Kluft war zwischen ihr und ihrer Familie entstanden, die nicht zu überbrücken war. Doch andererseits konnten wir nicht aufhören, sie lieb zu haben.«[6]

Edith Stein hatte sehr wohl eine Vermittlerin. Eine der Karmelitinnen, die nach Breslau gekommen war, um den schlesischen Karmel mitzubegründen, versuchte mit der Mutter zu reden. Sie hatte keinen Erfolg. Hans Biberstein flehte andererseits die Schwägerin an, sich jetzt nicht ganz von ihrem Volke zu lösen. Auch er hatte keinen Erfolg. Der letzte Tag in Breslau war der Geburtstag von Edith Stein, der 12. Oktober. In diesem Jahr war es für die gläubigen Juden ein Festtag, der Abschluß des Laubhüttenfestes, also einer Erinnerung an ihre eigene Geschichte, ihre Beziehung zu Gott. Die Mutter ging in die Synagoge, die Tochter begleitete sie. Die Predigt war gut. Aber was half das?

Am Abend vor der Abreise waren Edith Stein und ihre Mutter allein beisammen. Die Mutter weinte. Edith Stein nahm ihren Kopf an die Brust. Sie brachte die Mutter ins Bett, half der alten Frau beim Ausziehen. Am nächsten Tag ging Edith Stein in die Frühmesse. Am Frühstückstisch weinte die Mutter wie am Abend zuvor. Edith Stein verabschiedete sich von den Verwandten; sie mußte zum Zug. Die fromme Jüdin, die Nichte Erika, bedankte sich für mancherlei Hilfe. Sie sagte: »Der Ewige steh dir bei.« Edith Stein fuhr mit dem Zug davon. Erna Biberstein kam nicht mit; sie tröstete die Mutter. Else Gordon und Rosa Stein begleiteten die Schwester Edith. Und Else Gordon, die früher so selbstbewußt war, die ihren Rang sehr gut kannte, klammerte sich plötzlich an sie. Ja, sie hatten sie sehr lieb. Und sie spürten nur allzusehr die Kluft.

Edith Stein kam in Köln an. Sie war »im Hafen des göttlichen Willens«[7]. Am nächsten Tag brachten ihr Lehrerinnen aus der Pfalz weiße Chrysanthemen, die bald zum Altarschmuck wurden. Es lag eine seltsame Stimmung über dem Land. Die Demokratie, die den ungetauften und getauften Juden Freiheit garantiert hatte, war verraten worden. Aber dort, wo man persönlich etwas Liebes tun konnte, versuchten wenigstens einige, eine sanfte Minderheit, das Beste zu geben. Man redete Edith Stein Mut zu. Doch sie ging gerne in die Klausur, in den verschlossenen Innenbereich des Klosters.

Der Karmel von Köln hat seine Geschichte: Er wurde 1637 von zwei Nonnen aus Brüssel und Antwerpen gegründet. Das Kloster wurde in der Nähe der Kirche St. Pantaleon errichtet. 1802 wurde es im Zuge der Säkularisation aufgehoben. Erst 1845 kam es zu einer Erneuerung, die bald wieder bedroht war. 1875, im Zusammenhang mit dem Kulturkampf Bismarcks, mußten die Nonnen Preußen verlassen. Sie ließen sich in den Niederlanden nieder, in Echt. Erst 1899 wurde zum drittenmal ein Kölner Karmel gegründet, nun in dem Kölner Vorort Lindenthal. Der Bau war im Stil der Zeit gehalten. Wer den Reiz eines klösterlichen Ambiente rein ästhetisch beurteilt, wäre von diesem Gebäude nicht begeistert gewesen.

Die Zelle der Nonne war sehr einfach: »Zwischen weißgetünchten Wänden drei Meter im Quadrat, ein Fenster mit der freien Aussicht in den Frieden des Klostergartens.«[8] An der Wand ein einfaches Kreuz ohne Corpus, also ohne Abbildung des Gekreuzigten, dazu ein Weihwasserbecken und zwei papierene Bilder der Teresa von Ávila und ihres Weggefährten Johannes vom Kreuz.

Die Einrichtung, das Bett, der Tisch, der Schrank, der Stuhl waren schlicht. Es war keine Armut, die man dramatisieren kann, die zur Sensation wird, aber es war der absolute Verzicht auf weltliche Güter, auf die individuelle Ausgestaltung der engsten Umgebung. Einzig die Bücher, die Edith Stein ins Kloster mitbrachte, waren durch die Auswahl geprägt von ihren eigenen Interessen, von ihrem Wesen. Aber auch sie sollten der Arbeit im Dienst Gottes und seiner Verherrlichung dienen.

Edith Stein war gemäß der Ordensregel Postulantin. Also eine Frau, die den Eintritt forderte. Man konnte sie be-

WIESO GAB ES IN AUSCHWITZ THEATER, ORCHESTER, KINO

obachten, konnte beurteilen, wieweit sie den Ansprüchen eines kontemplativen Ordens gewachsen war. Die Kontemplation ging über das hinaus, was das reine Gotteslob vom Menschen verlangt. Auch im Karmel wurden alle Tagzeiten gefeiert, damals noch nicht im Stil des gregorianischen Gesanges, aber das sollte sich noch zur Zeit Edith Steins ändern. Dazu kamen Stunden der Gottesverehrung und Gottesbetrachtung, des absoluten Schweigens und Betens.

Es gehört zur sozialen Klugheit der Orden, daß immer auch Ausgleich geschaffen wird. Würde man die *homines religiosi,* die es zu den strengen Orden zieht, der bloßen Inbrunst ihres Gebetswillens überlassen, so könnten sie sich in eine Mystik hineinsteigern, die nichts mehr mit realen Bezügen zu tun hat. Es wäre keine christliche Mystik, wobei man auch diese immer im Zusammenhang mit der jeweiligen Zeit und der jeweiligen Umwelt sehen und verstehen muß. Die mystische Hingabe, das Hineingeraten in das Geheimnis Gottes, war im Barock etwas anderes als im frühen zwanzigsten Jahrhundert. Und es ist heute etwas anderes als zur Zeit Edith Steins.

Die Stunden der Betrachtung sind durchbrochen von Stunden der Rekreation: Man wird wieder zu einem Geschöpf. Das sonst obligate Schweigen ist vorbei, man redet miteinander, man lacht miteinander. Diese Rekreation ist keine freiwillige heitere Pause, an der jeder, wenn er will, teilnehmen kann, sie ist eine Verpflichtung. Man muß von ihr, wenn die äußeren Umstände es fordern, ebenso dispensiert werden wie von geistlichen Übungen. Edith Stein, die sich, als sie in der Welt lebte, hart behandelt hatte, erfuhr in mancher Beziehung in diesem Kloster eine Erleichterung. Das Essen mußte sättigend sein, auch wenn an den meisten Tagen auf den Genuß von Fleisch verzichtet wurde. Und zudem hatte die sparsame Verwendung von Fleisch dazu geführt, daß andere Gerichte besonders vor-

UND SCHWIMMBAD???

züglich zubereitet wurden. Der Kenner der katholischen Küche wird dies bestätigen.

Gerade dadurch konnte man sich dem Eigentlichen hingeben, der Kontemplation über die Geheimnisse des Herrn.

Am 15. April 1934 fand das große Fest der Einkleidung von Edith Stein statt. Sie sollte das Ordenskleid Unserer Lieben Frau vom Karmel empfangen. Die Interpretation eines Berichts über Elias, der als Vorahnung eines lebensrettenden Regens eine zarte Wolke sah, bringt diese Wolke mit der Mutter, mit der Vorahnung der Geburt des Jesus von Nazareth in Zusammenhang. Der Karmel, auf dem Elias dies erfuhr, wurde so zu einem Marienort. Die Einzukleidende freilich gleicht noch einer anderen Gestalt; sie ist *sponsa Christi*, eine Braut, ein »Bräutchen« – im Sprachgebrauch der Nonnen. Auf der einen Seite eine Frau, die zum absoluten Opfer bereit ist, auf der anderen Seite ein bißchen reizend, liebenswert, fast ein wenig erheiternd. Den Stoff für das teure Gewand, das später zu einem Meßgewand für einen Priester umgearbeitet wird, hatte Edith Stein von ihrer Schwester Rosa aus Breslau erhalten. Natürlich durfte die Mutter nichts davon wissen. Oder wußte sie davon und bezahlte es doch?

Die Einkleidung ist ein großes Fest. Und Edith Steins Einkleidung wurde zu einer strahlenden Feier. Der Erzabt von Beuron, Raphael Walzer war gekommen, um ein feierliches Amt zu halten, um die *sponsa Christi* mit seinen Worten zu loben. Er fungierte fast als Brautvater. Edmund Husserl, der ein Telegramm geschickt hatte, hörte später von den Feierlichkeiten und bedauerte ein wenig kokettierend mit seiner Unkenntnis der katholischen Riten, daß er gerne Brautvater gewesen wäre. Der Leiter des Deutschen Instituts für wissenschaftliche Pädagogik, an dem Edith Stein gearbeitet hatte, Johann Peter Steffens aus Münster war gekommen, ebenso Gerda Krabbel und andere Vertreterinnen des Katholischen Frauenbunds; Studentinnen und Schülerinnen. Der gelehrte Katholik Peter Wust war anwesend, wie Hedwig Conrad-

Martius, die erste prominente Husserl-Schülerin. Vor vielen Jahren hatte ein junges Mädchen ihr Bild in einer Illustrierten gesehen: Da gibt es eine Frau, die studiert Philosophie. Und später war Hedwig Conrad-Martius ihre Taufpatin gewesen.

Der Erzabt hatte im festlichen Ornat, im Gewand der Priester, zusammen mit den anderen Geistlichen die Braut des Herrn an der Tür der Kapelle des Karmel empfangen und nach vorne geführt. Er feierte das Hochamt. Als er geendet hatte, wandte sich der Provinzial, der Vorgesetzte der gewöhnlich nach nationalen Gliederungen abgegrenzten Ordenseinheit, Pater Theodor a Sancto Francisco (Theodor Rauch) an Edith Stein und stellte ihr die Fragen. Was begehrt sie? Will sie im Orden ausharren bis zu ihrem Tod? Die Frau, die begehrt, Nonne zu werden, antwortet ihm. Aus dem alten Menschen soll ein neuer werden.

Das Kleid war rasch ausgewechselt worden. Es gab nicht mehr die Braut in Weiß, sondern nur mehr die Schwester im herb-schönen braunen Ordensgewand. Die Nonnen sangen die liturgischen Lieder. Die Priorin und die Novizenmeisterin, die Nonne, die jede neue Nonne einführt, schlangen den ledernen Gürtel um die Taille. Und der Provinzial sprach dazu die Worte: »Als du jünger warst, gürtetest du dich selbst und wandeltest, wo du wolltest, wenn du aber alt wirst, wird ein anderer dich gürten im Namen des Vaters und des Sohnes und des Heiligen Geistes.« Diese Worte sollten hier bedeuten, daß die Novizin nun das Gebot des Gehorsams erfüllen muß, daß sie sich ihrer Priorin und der Kirche bedingungslos unterwirft.

Sie sind eine Übernahme aus dem Johannesevangelium und zwar aus jenem späten Kapitel, in dem der Autor oder die Autoren die Gestalt des auferstandenen Jesus noch einmal zeigen: Ein Mann, der am See Genezareth am Ufer steht und die jungen, nicht sehr erfolgreichen Fischer, die seine Jünger waren, ermuntert, noch einmal die Netze auszuwerfen, wird von den Seinen endlich erkannt. Er bereitet ihnen das Essen und er fragt den Simon Petrus, der ihn dreimal verraten hat, dreimal, ob er ihn liebe. Und Petrus antwortet fast unruhig. »Ja Herr, du weißt es.« Der Herr bittet ihn, seine Schafe, seine Gläubigen zu hüten. Und dann spricht er die Worte über das Gürten. Die Textstelle endet: »Wenn du aber alt geworden bist, wirst du deine Hände ausstrecken, und ein anderer wird dich gürten und dich führen, wohin du nicht willst.‹ Das sagte Jesus, um anzudeuten, durch welchen Tod er Gott verherrlichen würde.« (Johannes 21.18,19). Diese Worte scheinen sich auf Edith Steins Schicksal mehr zu beziehen als die ordensübliche Interpretation. Wobei es uns heute sehr schwer fällt, hier mit dem Wort »verherrlichen« zurechtzukommen.

Peter Wust schrieb für die Kölner Volkszeitung einen Bericht über die Feier der Einkleidung. Wenn man darauf verzichtete, auf Edith Steins jüdische Abstammung und die ihres Lehrers Edmund Husserl hinzuweisen, war das auch jetzt noch möglich. Er schildert die Entwicklung Edith Steins, ihre großen intellektuellen Fähigkeiten und ihren Weg hin zu einer Wahrheit, die sowohl die Philosophie der *ratio* umfaßte wie die Selbstaufgabe in der Mystik. Er lobt sie als »Schwester Benedicta«, »als die mit der Wahrheit, mit der ganzen Fülle der Wahrheit ›Gesegnete‹«.[9]

Im Ordensnamen der neuen Nonne ist ein anderes Wort enthalten. Man nannte sie auf ihren eigenen Wunsch hin Schwester Teresia Benedicta a Cruce, »vom Kreuz«. Das Wort Benedicta ist doppeldeutig: Ihre innige Verbindung zum Benediktinerorden wurde geehrt durch die Übernahme des Namens des Ordensgründers. Aber Benedicta heißt aus dem Lateinischen übersetzt auch die Gesegnete, die, über die gut gesprochen wird. Und Edith Stein war zweifellos gesegnet durch ihr Ringen um Wahrheit. Aber der Segen, den sie für sich in Anspruch nimmt, kommt vom Kreuz, vom Leiden, vom Sühneopfer.

Ein besonderes Bild hat Peter Wust beeindruckt. Schwester Benedicta ist den Gesetzen des Ordens unterworfen. Sie kann mit ihren Bekannten nur durch das Sprechgitter reden, das im Empfangszimmer die Nonne von den anderen Menschen trennt, das sie aber auch den andern fast unsichtbar werden läßt. (Dieses Gitter ist inzwischen in den meisten Ordenshäusern Deutschlands geöffnet oder abgeschafft worden; es hat mit der Realität des heutigen Glaubens nichts mehr zu tun.) Auf der einen Seite stand nun Edith Stein, auf der anderen die Freundin Hedwig Conrad-Martius. »Es war ein eigenartiges Spiel des Zufalls, wie es schien, diese beiden bedeutendsten Husserl-Schülerinnen für einen kurzen Augenblick in dieser sonderbaren Situation einander gegenübergestellt zu sehen.«[10]

Hedwig Conrad-Martius arbeitete ebenso emsig wie Edith Stein an einer Weiterentwicklung der Philosophie Husserls hin zu einer wirklich christlichen Metaphysik. Darüber hinaus aber wollte die Nonne die Wahrheit, das Sein, noch anders erfahren. Im Stil ihres Ordens auf kontemplative Weise: Wenn sie sich ganz Gott hingab, so konnte er sich ihr auch offenbaren auf einem Weg, der jenseits der *ratio* war und doch die *ratio* nicht verwundete.

Edith Stein war, als sie die letzten Freunde verabschiedet hatte, nun eine Novizin, ein Neuling, den man aufnahm und betreute, der aber auch seine ganzen Kräfte einbringen mußte, um dem Karmel gerecht zu werden. Die langen Gebetsstunden haben Edith Stein nicht angestrengt. Aber etwas störte sie. Als der Provinzial sie einmal fragte, was sie enttäuscht habe, antwortete sie: »Der Karmel«.[11] Das bedeutet, sie hatte es zumindest anfangs schwer mit der Realität des gemeinsamen Lebens. Wahrscheinlich fällt dies allen Novizen des Karmel schwer. Ein Orden, der so im Geiste des Absoluten, im Verlangen nach dem Unbedingten konzipiert ist, kollidiert in der täglichen Wirklichkeit unweigerlich mit der menschlichen Schwäche.

Schon Teresa von Ávila hat dies gewußt. Sie hatte in ihrem mystischen Leben erfahren, daß die Vollkommenheit in dieser Welt nicht erreicht werden kann. Können wir da von unseren Mitmenschen erwarten, daß sie vollkommen sind? Sowenig ein demokratischer Politiker den hohen Idealen des liberalen Geistes, dem Kategorischen Imperativ eines Immanuel Kants entspricht, so wenig verwirklicht eine Nonne wie auch ein anderer Christ die Botschaft der Bergpredigt ganz.

Edith Stein konnte sich eigentlich ganz wohl fühlen. Es gab Eifersüchteleien der anderen Novizinnen, weil diese Frau doch nicht so ganz gleich behandelt wurde wie die frommen jungen Mädchen, die eingetreten waren. Sie bekam Zuwendung, man nahm manchmal Rücksicht auf sie. Edith Stein wehrte dies ab. Und sie erlebte sehr lustige Stunden wiederum mit den Novizinnen, wenn sie von ihrer Familie erzählte, die drolligen Seiten des Lebens im Hause Stein herausstellte. Und wenn sie mehr arbeitete als die anderen, wenn sie sogar von der Rekreation befreit wurde, um zu schreiben, dann lachten ihr die jungen Mitschwestern durch das Fenster freundlich zu. Man konnte mit ihnen über die Schwierigkeiten der Else Gordon oder der Erna Biberstein reden, über die Sachen des Edmund Husserl und die Wahrheit des Thomas von Aquin natürlich nicht.

Der Provinzial der Karmeliten, Pater Theodor Rauch, hatte ihr erlaubt (was auch heißt: befohlen) zu schreiben: erst ihre Familiengeschichte. Dadurch wissen wir soviel über ihre Jugend. Dann sollte sie im Jahr 1935 auch ihre Philosophie zusammenfassen. Das war eine Neuheit. Die Karmelitinnen sollten sehr wohl ihren Lebensunterhalt verdienen, aber das geschah durch Handarbeit. Man stickte und stickt Gewänder, die für den katholischen Gottesdienst notwendig sind; man backt Hostien, jene weißen Oblaten, in die bei der Messe der Leib Christi eingehen soll. Man stellt religiöses Kunstgewerbe her. Waltraud Herbsrith, Sr. Teresia a Matre Dei, die erst im Kölner Karmel, dann seit 1978 in dem von ihr mitbegründeten Edith-Stein-Karmel in Tübingen arbeitet und schreibt, hat die Bedeutung von Edith Steins geistiger

Arbeit erkannt. »Allein durch ihre Existenz in einem kontemplativen Frauenorden wurde die einseitige Fixierung der kontemplativen Berufung auf bloße Handarbeit durchbrochen.«[12]

Eigentlich müßte es selbstverständlich sein. Die Kontemplation wirkt auf den Menschen ein und steigert seine spirituellen und auch seine intellektuellen Fähigkeiten. Edith Stein mußte noch unter Vorurteilen leiden. Manche ihrer Mitschwestern waren überzeugt, daß sie, weil sie Bücher schreiben konnte, unfähig war, praktische Arbeiten zu verrichten. Wir können heute nicht beurteilen, ob es wirklich Ungeschicklichkeit war, daß Edith Stein mit Putzarbeiten nicht zurechtkam, oder ob das Vorurteil auf sie lähmend wirkte. In ihrer Studentinnenzeit und wohl auch in ihrer Zeit als Lehrerin war sie mit den häuslichen Aufgaben sehr wohl zurechtgekommen.

Aber solche Schwierigkeiten im Zusammenleben waren überwindbar. Edith Stein brachte das erste Jahr des Klosterlebens gut hinter sich. Sie sprach durch das Gitter hindurch mit Hedwig Conrad-Martius über einige Komplikationen. Vornehmlich aber schrieb sie jede Woche ihrer Mutter einen Brief. Sie schilderte ihr, wie sie sich fühlte, was sie tat. Die Antworten blieben aus. Rosa Stein war eine gute Übermittlerin; sie berichtete der Schwester, wie es daheim aussah, welche Sorgen die Familie hatte. Auch die Novizenmeisterin, Schwester Teresia Renata, versuchte sich dieser Beziehung anzunehmen. Das Schweigen der Mutter war nicht Härte, selbst wenn manches sich so interpretieren läßt. Sie enterbte die Tochter, verfaßte ein Testament, in der Edith Stein nicht erwähnt wird – wie etwas Totes oder wie etwas, das es nie gegeben hat. Aber sie besuchte auch einmal den Breslauer Karmel, ließ sich zeigen, wie man dort lebt. Und die Enterbung konnte nicht viel bedeuten. Die wirtschaftliche Lage der Steins wurde zunehmend bedrückender. Man mußte über die Möglichkeit einer Emigration nachdenken.

Auch einige der jüdischen Freunde Edith Steins, die sich dem Christentum zugewandt hatten, verließen Deutschland. Edith Stein half, soweit sie dies konnte. Doch ein besonders schwerer Schlag muß für sie der Abschied von dem Geistlichen gewesen sein, dessen Führung sie sich anvertraut hatte. Raphael Walzer hatte Sorge, ob sie sich im Karmel eingewöhnen könnte. Am 21. April 1935 war ihre Profeß; das heißt, sie legte jetzt die zeitlichen Gelübde ab; sie verpflichtete sich, für eine gewisse Zeit im Orden zu leben, die Last auf sich zu nehmen.

In der Zeit dieses Festes muß sie Raphael Walzer noch gesprochen haben. Er schildert ihren Entschluß, sich ganz dem Karmel hinzugeben: »Sie lief einfach wie ein Kind in die Arme seiner Mutter, froh und singend dem Karmel zu, ohne diesen beinahe blinden Eifer auch nur eine Minute lang zu bereuen.«[13] Der Erzabt kehrte nach Beuron zurück. Sein Kloster stand damals, was die Zahl der Mitglieder betraf, in voller Blüte. Dreihundert Mönche lebten hier. Aber bald mußte der Erzabt zu einem Fremden in seiner Abtei werden. Seine klare, unbeugsame Haltung den Nazis gegenüber, seine Ablehnung jedes Zugeständnisses wurde von vielen seiner Mitbrüder weder verstanden noch gebilligt. Von diesen Spannungen sickerte manches durch. Die Gestapo wurde auf Raphael Walzer aufmerksam. Er erkannte die Bedrohung und mußte sein Kloster verlassen. Am 2. November 1935 floh er nach Schaffhausen. Und schon nach zwei Jahren verlor er sein Amt. Das Kloster erhielt einen neuen Erzabt.

Raphael Walzers Energie schien nicht gebrochen. Er, der immer Tätige, machte Reisen nach Ägypten und in die Vereinigten Staaten. Bei Kriegsbeginn hielt er sich in Frankreich auf, er wurde interniert. Später stieß er zur gaullistischen Bewegung, wurde in deren Heer Seelsorger. In Nordafrika ermöglichte er es deutschen Theologen, die in Kriegsgefangenschaft geraten waren, sich weiterzubilden. Raphael Walzer unternahm noch einmal eine Klostergründung in Westalgerien, die freilich später den Wirren des algerischen Aufstands zum Opfer fiel.

Raphael Walzer kam nach Deutschland zurück. Er lebte im Kloster Stift Neuburg, wo er 1966 starb. Die Leiche wurde nach Beuron überführt; der Erzabt wurde in der Krypta seines Klosters bestattet, das er seit 1935 nicht mehr betreten hatte. Edith Stein wußte, daß und wie Raphael Walzer Beuron verlassen hatte. Der Weg wurde immer schmaler. Zwar konnte sie bis zu einem gewissen Grad noch publizieren, einige kleinere katholische Verlage druckten religiöse Schriften. Manchmal wurde als Verfassername nur Schwester Teresia Benedicta a Cruce genannt. Manchmal stand dahinter in Klammern »Dr. Edith Stein«. Die Zeitschrift des Katholischen Deutschen Frauenbundes, »Die christliche Frau«, veröffentlichte in vier Folgen eine Rezension, in der sich Edith Stein mit den ersten beiden Bänden der »Deutschen Thomas-Ausgabe«, mit der Übersetzung der »Summa Theologica« (die zusammen mit dem lateinischen Text veröffentlicht wurde) auseinandersetzte. Die Folgen erschienen im August/September und im Oktober 1934, im Januar und im April 1935. Eine weitere Folge wurde von der Zeitschrift angenommen; man schickte die Korrekturbögen, aber kein Belegexemplar. Edith Stein wußte, was dies bedeutete: Sie konnten es sich nicht mehr leisten.

Nach der Profeß hatte eine junge Novizin Schwester Benedicta gefragt, wie sie sich fühle. Und die Antwort lautete »Wie die Braut des Lammes«. Das war kein Satz aus einem sanften Schäferspiel. Es war eine Anspielung auf die Apokalypse, auf das Lamm, das geschlachtet wurde. Es war ein Hinweis auf das Los der Teilhabe am Leiden Jesu, am Kreuzestod, an den Versuch, durch Schmerz Erlösung für die Menschen zu bringen.

Zu Beginn des Jahres 1936 wurde Schwester Teresia Renata neue Priorin. Da sie bisher Novizenmeisterin gewesen war, machte das für das Leben Schwester Benedictas keinen großen Unterschied aus. Sie arbeitete weiter, schrieb Lieder für den kirchlichen Gebrauch, zur Freude ihrer Mitschwestern.

Edith Stein arbeitet hier abgeschlossen von der Welt an wissenschaftlichen philosophischen Problemen. Sie faßt vieles, was sie vorher für sich geschrieben hat, zusammen, besonders ihre Arbeit, mit der sie sich zu habilitieren hoffte, über Potenz und Akt. Doch die neue Arbeit geht weit über das ursprüngliche Thema hinaus; sie wächst sich aus zu dem kühnen Unternehmen, eine *Summa philosophica-theologica* zu schaffen. Sie trägt den Titel »Endliches und ewiges Sein. Versuch eines Aufstiegs zum Sinn des Seins.«

Es ist ein großes Werk, ein *opus magnum*. Und es ist hier nicht der Platz, alle Gedankengänge Edith Steins zu verfolgen, zu überprüfen und sie in einen Zusammenhang zu bringen mit dem konventionellen Thomismus einerseits und der Erwartungshaltung gegenüber einer christlichen Philosophie andererseits. Thomas von Aquin hat sehr scharf zwischen Philosophie und Theologie unterschieden. Auf der einen Seite steht die menschliche Vernunft. In ihr ist etwas, das auch den Moslems, den »Gentiles«, den Heiden, die ihren Aristoteles ebenfalls kennen, vermittelbar sein muß. Auf der anderen Seite steht die göttliche Offenbarung, auf der die Theologie beruht.

Edith Stein geht in ihren Überlegungen von einer anderen Situation, einer anderen Zeit aus. Sie sieht in der Philosophie im Grunde die Fortsetzung dessen, was der Scholastiker mit dem Begriff »Theologie« meinte. Sie interpretiert Thomas' Philosophiebegriff in dem Sinn, das hier alles umfaßt wird, was sich als weltliche Wissenschaft und als Wissenschaft von der Natur darstellt. Die moderne Philosophie ist aber auf der einen Seite von den Einzelwissenschaften getrennt worden, die sich in vielen Fächern verzweigten; sie ist dennoch ihr Urgrund; nur von ihr aus lassen sich die einzelnen Wissenschaften erklären. Dieser Rang der Philosophie, den sie in der

Neuzeit hat und der etwa bei Husserl deutlich artikuliert wird, geht freilich darauf zurück, daß seit der Aufklärung die Theologie in den Hintergrund gedrängt wurde – Edith Stein geht auf dieses historische Faktum nicht ein. Bei allen Untersuchungen über Descartes und Kant spürt man bei den Phänomenologen einen Vorbehalt gegenüber der Einordnung der Philosophie in die Geschichte.

Dennoch weiß Edith Stein, worum es sich handelt. Sie weiß, daß die Philosophie, wenn sie ihren heutigen Rang beibehalten will, sich für einen christlichen Philosophen in eine christliche Philosophie verwandeln muß. Sonst ist entweder sie oder der Glaube ein Nebenprodukt. Schwester Benedicta, die im Zusammenleben der Karmelitinnen sich jeder Ordensregel unterwirft, sich jeder Anordnung ihrer Priorin fügt, schreibt in ihrer Arbeitszeit eine Schrift, in der sie manchmal den großen Denkern des erneuerten Katholizismus widersprechen muß.

Die Trennung zwischen Philosophie und Theologie wird von prominenten katholischen Autoren empfohlen. Es ist nicht unbedingt der Geist des Thomas, der aus ihnen spricht; es ist bewußt oder unbewußt ein Versuch, sich an die moderne Welt anzupassen. Der Tenor lautet: Wir sind ja gar nicht so. Wir messen uns ja mit euch auf dem wertfreien Feld des Denkens. Nachher gehen wir unsere Wege, die uns in die Klöster und Kirchen führen; aber wir haben gezeigt, daß wir auch etwas beitragen zur Auffindung der letzten Werte –

Dagegen lehnt sich Edith Stein auf. Sie erinnert sich noch sehr gut der Tagung in Juvisy und an die Vorträge, die dort gehalten wurden. Es wurde aufgezeigt, wie viele Begriffe des abendländischen Denkens auf christliche Vorstellungen zurückgehen. Ohne den Kirchenlehrer Gregor von Nazianz, der über die Trinität reflektierte, gäbe es nicht die abendländische Vorstellung der Persönlichkeit: Es heißt in der Lehre über die Trinität, daß sie *eine* Substanz sei, aber aus *drei* Personen bestünde. Die dadurch vollzogene Ablösung der

Person als etwas Eigenständigem von der Substanz ermöglicht die Vorstellung von dem Persönlichen, von der Persönlichkeit, die einen Goethe so sehr bewegte, daß er sie als das größte Glück der Erdenkinder empfand.

Aber Edith Stein will etwas anderes mit ihrem Schreiben erreichen, als eine Rehabilitation des Christentums durch kulturelle Verdienste. Sie will die Herrlichkeit Gottes des Herrn in ihr Denken aufnehmen, nicht mit einer pathetischen Pose, sondern mit der ruhigen, phänomenologischen Strenge: Er ist die Wahrheit. Und da gibt es keine Konzessionen an den Zeitgeist. Das ewige Sein ist in Gott vorhanden. Das endliche, menschliche Sein ist davon abgeleitet. Der Mensch ist geschaffen und hat in dieser Geschöpflichkeit Anteil an der »Bonitas«, an dem absoluten Guten, das Gott ist. Aber sein Anteil trägt den Charakter des Abgeleiteten an sich.

Ausdrücke, die der Scholastik entstammen, die auf die Theorien des Aristoteles zurückgehen, werden in die Darstellung von Edith Stein hineingenommen. *Akt* und *Potenz* zum Beispiel: Der Akt ist die absolute Gegenwart, das so und nicht anders, das Sein, der *actus purus,* der reine Akt, ist Gott in seiner Fülle. Hier ist jene Kategorie unserer Erkenntnis, die wir Zeit nennen, die Kant benannte und die Martin Heidegger zu der wichtigen Konstituente seines Denkens machte, aufgehoben. Gott ist nicht ewig in dem Sinn, daß er immer und immer da ist. In ihm ist keine Zeit. Denn die Zeit kennt die *potentia,* die Möglichkeit, die Form dessen, was vielleicht eintritt oder vielleicht auch nicht eintritt, was nur eben noch nicht aktuell ist. Die *potentia* ist das noch nicht Seiende. Oder soll man besser sagen: das noch nicht vollkommen Seiende. Sie ist im Bereich des Menschen gegeben, aber auch im Bereich der Engel. Edith Steins Angelologie, ihre Lehre über die Engel, wird zum hochintellektuellen Gedankenspiel. Sie sind nicht wie Gott, aber sie sind frei von irdischer Schwere, sie sind nicht dem Stoff verhaftet.

Und hier werden wieder die scholastischen Überlegungen

zusammengefaßt. Die Ausführungen über das Verhältnis von Form und Stoff, über das Wesen, das einer aristotelischen Vorstellung entspricht, die Darstellung dessen, was in der wirklichen Welt nicht existiert, aber im Kunstwerk lebensgleich erscheint, wirken hochgelehrt im Sinne des mittelalterlichen Denkens. Man kann sich in dies Buch einlesen, kann sich anstrengen, um die Differenzierungen des Seienden in sich aufzunehmen. Man kann über die Ideen etwas erfahren und über die Wahrnehmungen, die zu diesen Ideen führen. Man kann sich an diesem Denken wie an einem Glasperlenspiel erfreuen. Was ist das Was-Sein verglichen mit dem bloßen Was; das läßt sich in gelehrtem Deutsch wie auch auf Griechisch ausdrücken.

Und doch ist etwas anderes, etwas außerphilosophisches entscheidend in diesem Buch. Die von Edith Stein rezensierte Ausgabe der »Summa Theologica« des Thomas von Aquin wird durch ein Vorwort eingeleitet, in dem die moderne Philosophie, das Denken und die Entwicklungen in der Gegenwart im Grunde abgekanzelt werden. Das liest sich so: »So bleibt nur eine Alternative: Untergang des Abendlandes oder Umkehr, Rückkehr zum Geiste, zum Heiligen Geiste, Rückkehr zum Worte, zum menschgewordenen WORTE, Rückkehr zu den übersinnlichen und überweltlichen Quellen des Lebens, Rückkehr zu Gott.«[14]

Also mit anderen Worten: Vergessen wir die Spaziergänge, die wir intellektuell mit bösen Buben wie René Descartes gemacht haben, bekehren wir uns einfach und kriechen hinein in die alte Metapysik. Und gerade dies will Edith Stein nicht. Sie bringt sich und ihr Wissen ein. Schon methodisch wird das erkennbar. Das Frage-und-Antwortspiel des Thomas, das schon in den »Quaestiones disputatae de veritate« ausgeformt war und das auch die »Summa« bestimmt, wird ersetzt durch die Erkundigungen nach den Phänomenen, nach dem sich im Erscheinenden manifestierenden Wesen. Der Stil des Buchs wirkt manchmal extrem subjektiv. Die

Autorin verfolgt die Dinge, über die sie etwas aussagen will, bis ins Letzte.

Vielleicht ist das die Ursache, warum sich die Leser mit dem Buch zuerst einmal kaum anfreunden konnten. Für die Freunde der großen Thomas-Ausgabe war vieles zu modern; vieles wurde sehr ernstgenommen, was man nach Ansicht dieser Leute hätte beiseiteschieben sollen wie eine schlimme Verirrung. Auf der anderen Seite wurde der modern Denkende verwirrt durch Edith Steins Unbeirrbarkeit im Glauben. Die hilfreiche und zugleich hilflose Behauptung, Edith Stein habe Thomas und Husserl zu versöhnen versucht, stimmt nicht. Edith Stein ist dem Gott, den sie erfahren hat, mit all ihren philosophischen Erkenntnissen nachgefolgt.

Sie hat über die *analogia entis* geschrieben, über das Sein, das reines Sein ist, und über das mit dem Nicht-Sein behaftete Sein, das nur eine Analogie zum echten, göttlichen Sein ist, also von ihm getrennt ist durch Ungleichartigkeit, dennoch aber ihm durch Ähnlichkeit, durch das Analoge, verbunden wird. Und gerade in diesem Teil ihres Buches findet sich ein erstaunlicher Absatz. Er ist überschrieben: »Der Name Gottes: ›Ich bin‹«[15] In diesem Satz, den Gott zu Moses spricht, als dieser ihn ganz im Sinn der ägyptischen Götterwelt nach seinem Namen fragt, und mit dem er bei seinem Knecht Moses allen relativen Glauben durch seinen Absolutheitsanspruch zerschlägt, wird im Grunde auch das rein philosophische Seinsverständnis Gottes durchbrochen. Edith Stein schreibt: »Es erscheint mir höchst bedeutsam, daß an dieser Stelle nicht steht: ›Ich bin das *Sein*‹ oder ›Ich bin der *Seiende*‹, sondern ›Ich bin der *Ich bin*.‹ Man wagt es kaum, diese Worte durch andere zu deuten.«[16] Sie beruft sich auf Augustinus, der ein Kirchenlehrer mit einem flammenden Herzen war, und der das ›Ich bin‹ als das Sein in Person interpretierte.

Aber im Grunde entfernt sie sich hier von der Philosophie. Sie kommt zu Begriffen, die man im allgemeinen im Glauben mit frommer Miene hinnimmt. Das »Ich« Gottes macht die Schöpfung möglich, macht seine Liebe zu den Menschen möglich. Der *actus purus* des lebendigen Gottes hört auf, ein gedanklicher Begriff zu sein. Die Spannung zwischen dem zeitlich endlichen und dem ewigen Sein, dem Sein an sich, wird aufgehoben durch etwas, was Menschen nur umschreiben können. Edith Stein spricht von der »Fülle des Seins«[17], bemüht sich um eine Ergänzung, die auch den Formbegriff hinzufügt. Denn die Form ist es ja in ihrem Denken, die den Stoff erst lebendig macht.

Aber sie weiß sehr genau, daß die Fülle des Seins über alle Unterscheidungen hinausgeht. In einer Fußnote hat sie den hebräischen, ursprünglichen Wortlaut dieser Aussage Gottes angeführt. Vielleicht hat ihr die Nichte Erika geholfen. Denn dieser Gottesbegriff verbindet den Juden mit dem Christen. Hier findet der Christ zurück vom Gott des Philosophen zum Gott Abrahams, Isaaks und Jakobs – um einen Satz von Blaise Pascal zu variieren. Und er findet zurück zum Gott des Moses.

Vielleicht spürte dies Edith Stein und begann deswegen, das Christentum dort mit rührender Hingabe zu verteidigen, wo die Kritik an ihm von jüdischer Seite besonders stark ist. Es geht um die Trinität, die Dreifaltigkeit, die für ein durchschnittliches menschliches Verständnis dem Monotheismus widerspricht. Der *Eine* Gott ist vorstellbar, aber wie verstehen wir die Aufgliederung in drei Personen? Die Kirchenlehrer, vor allem Augustinus, haben sich bemüht, diese Dreiheit durch mannigfache Analogien zu rechtfertigen, zu erklären und gleichsam zu einem Maß des Seins zu machen. Edith Stein sucht nach dem »Abbild der Dreifaltigkeit in der Schöpfung«.[18] Jedes Getrenntsein, das der Mensch in sich erfährt, wird zu einer Spur zur Erkenntnis eines Getrenntsein Gottes, das nur dadurch von unserem schmerzlichen Getrenntsein sich unterscheidet, daß in Gott alles zusammenströmt durch die absolute Liebe. Wie in dem *Einen* Gott die eine Wahrheit ist, so ist in dem dreieinigen Gott die absolute Liebe. Die Liebe bedarf der geliebten anderen Person, des Sohnes und des Geistes, der aus beiden, dem Vater und dem Sohn, hervorgeht.

Sicher verteidigt Edith Stein durch das strenge Denken der Analogie auch manche Strukturen, die heutzutage nicht mehr ganz positiv beurteilt werden, etwa die Hierarchie in der Kirche, die auf eine himmlische Hierarchie verweise, die ihrerseits eingebaut sei in die Liebe des absoluten Herrn. Man kann sich hier von ihrem Denken distanzieren, man muß aber erkennen, daß ihre Vorstellungen nicht willkürlich und auch nicht alten Strukturen einseitig verhaftet sind. So berief sie sich auf Dionysius, den Areopagiten, einen der sonderbarsten Lehrer der Kirche, der nicht zum heiliggesprochenen Kirchenlehrer wurde, weil die Daten seines Lebens nicht bekannt sind. Auf ihn wird noch zurückzukommen sein. Edith Stein schreibt: »Heute ist der Begriff der Hierarchie – wie er gewöhnlich gefaßt wird – eingeengt auf die Stufenordnung der kirchlichen Stände; er ist *statisch* geworden. Bei Dionysius ist er vorwiegend *dynamisch;* er umfaßt das göttliche *Leben,* das alle ›Stände‹ der Himmel und Erde verbindenden heiligen Ordnung durchkreist.«[19]

Der Vorbehalt gegenüber einer statischen Kirchenordnung ist verständlich; die Vorstellung einer dynamischen Hierarchie allerdings ist schwer nachvollziehbar. Die bildende Kunst könnte hier hilfreich sein. Barocke Engelschöre, die auf- und niederschweben, sind vielleicht ein Abbild von dem, was Edith Stein und der rätselhafte Dionysius meinen.

Edith Stein übernahm sehr viel von der Scholastik und von Thomas, wie sie auch vieles von Husserl, Heidegger und ihrer Freundin Hedwig Conrad-Martius in ihre Betrachtungen einbezog. Manchmal ist sie anderer Ansicht als Thomas von Aquin; aber hier handelt es sich gewöhnlich um Randfragen. Nur einmal widerspricht sie einer ganz zentralen Lehre. Thomas von Aquin geht von der Vorstellung aus, daß alles

Seiende gut ist, weil es ja Anteil am Sein Gottes hat. »Das Schlechte könne dann nichts anderes sein als ein Mangel des Seins, selbst die ›bösen‹ Geister seien noch gut, sofern sie sind und ihr Wesen bewahrt haben.«[20]

In dieser Lehrmeinung sieht Edith Stein einen Notbehelf; man wollte nicht sagen, daß es zwei Mächte gibt, das absolut Böse und das absolut Gute (das hätte zum Manichäismus geführt); man wollte aber das Schlechte nicht auf Gott zurückführen; seine *bonitas* muß unberührt bleiben. Und so wird das Böse, das Wesen des Teufels, in einen Niemandsraum des bloßen Mangels verwiesen. Dagegen wendet Edith Stein ein: »Der Teufel hat keine mangelhafte Natur, sondern hat seine gute Natur durch ihren naturwidrigen Gebrauch ins Böse verkehrt. Der natürliche Verstand sträubt sich dagegen, das Böse als Mangel oder Schwäche gelten zu lassen, weil er deutlich spürt, daß ihm im Bösen eine wirksame Macht gegenübersteht.«[21] Sie begründet diesen Gedanken philosophisch. Das Böse ist nicht im Urseienden Gottes enthalten. Aber durch die Freiheit des Geschöpfes, des Menschen wie des Engels, kann Seiendes pervertiert werden, so daß es dem ursprünglich Seienden widerspricht, zur Gegenkraft wird. Darin ist kein Mangel an Gutem, sondern eine Dynamik des Bösen zu erkennen. Der gefallene Engel ... der gefallene Mensch ...

Als Edith Stein dieses Buch schrieb, gab es in Deutschland sicher auch einen Mangel an Gutsein, aber es gab vor allem die Dynamik des Bösen. Vor jüdischen Geschäften stand die SA und erzwang den Boykott. Juden und Gegner des Regimes wurden zusammengeschlagen, in Lager verschleppt, zu Tode gequält. Edith Stein, die sich dem Aufstieg zum Sinn des Seins hingeben wollte, wurde verschreckt von den Nachrichten über die neuen Lebensbedingungen ihrer Verwandten, sorgte sich um ihre Mutter. Sie erfuhr auch manchen Gesinnungswandel ihrer früheren Schülerinnen. Sie erfuhr das Böse. Und sie versuchte, es hinwegzunehmen durch ihr Gebet.

Auch ihre philosophische Arbeit war im Grunde als Gebet gedacht. Sie sollte im Dienste Gottes stehen; sie sollte aber auch die Menschen anrühren, sie zum Denken in Gott bewegen.

Dazu hätte es freilich einer Veröffentlichung bedurft. Und die war nicht zu erreichen. Die katholischen Verlage mit einer Niederlassung in Österreich wollten es nicht drucken. Sie hatten ihre Gründe. Ein so umfangreiches Werk brachte nur durch eine weite Verbreitung die Investition wieder ein. Und da der deutsche Markt de facto gesperrt war, bestand keine Aussicht auf das notwendige Echo. Es war der Breslauer Verlag Borgmeyer, der immerhin den Versuch wagte. Er hatte die Thomas-Übertragung publiziert. Er hoffte durch Subskription eine Publikation möglich zu machen. Aber das war unmöglich. Edith Stein erhielt noch die Korrekturfahnen; weiter konnte sich Borgmeyer nicht vorwagen.

Das Werk wäre wichtig für die intellektuelle Entwicklung des Katholizismus gewesen. Die Spannweite von Edith Steins Denken wird durch einen Anhang zu dem Buch angedeutet. Er enthält einen Aufsatz über die Existentialphilosophie Martin Heideggers und eine Studie über das größte mystische Werk der Teresa von Ávila, die »Seelenburg«, das nicht minder das Existentielle im Menschen ergreift.

Die Vorstellung ist großartig: Edith Stein in der Auseinandersetzung mit Heidegger. Sie erzählt von den Randerlebnissen der Mystiker des Karmels, von Erfahrungen, die ein Mensch kaum noch in Worte fassen kann. Und Heidegger spricht von der Geworfenheit, auch von einem Randerlebnis, das zwar allen Menschen gemein ist, aber nur wenigen bewußt wird. Die Vorstellung verliert sich im Rauch der Zeitgeschichte; man schrieb das Jahr 1936.

Die Gelübde im Karmel müssen immer wieder erneuert werden. Am 14. September 1936 kniete deswegen die fromme Nonne, die ihr wichtigstes Buch abgeschlossen hatte, neben den anderen Nonnen. Sie beteten zu einem Gott, der für sie kein *actus purus* war, denn sie wußten nicht, was das ist. Sie gaben sich ihrem Herren in Liebe und in tiefer Frömmigkeit hin.

Edith Stein hat sicher für ihre Mutter gebetet, denn sie wußte, daß die alte Frau sehr krank war. Und in der Zeit dieser Gebetsstunde starb Auguste Stein in Breslau an Krebs. Es war fast gut so. Sie mußte nicht mehr miterleben, wie viel böser die Menschen noch sein konnten. Sie mußte keine brennenden Synagogen mehr sehen. Die Melodie des Hochzeitsliedes war endgültig verklungen. Die »Wacht am Rhein« konnte für die Menschen, die man ausgestoßen hatte, höchstens noch zur tödlichen Gefahr werden.

Im Haus der Mutter lebten noch die Schwestern Frieda und Rosa. Rosa sah nun kein Hindernis mehr, auch zum Christentum zu konvertieren. Sie wollte sich in Köln, in der Nähe des Karmels, in dem Schwester Benedicta lebte, taufen lassen.

Edith Stein hatte im Dezember 1936 einen Unfall erlitten. Sie war über eine Treppe gestürzt. Sie hatte leise vor sich hin geklagt, denn ihre äußerste Selbstdisziplin verbot ihr ein unklösterlich lautes Schreien. Man fand sie schließlich. Der linke Fuß und die linke Hand waren gebrochen. Man brachte sie nach der nötigen Erlaubnis der kirchlichen Obrigkeit ins Krankenhaus.

Der Aufenthalt im Krankenhaus ermöglichte ihr einen engen Kontakt mit Rosa und auch die Teilnahme an deren Taufe am Heiligen Abend 1936. Rosa kehrte noch einmal nach Breslau zurück, um sich um ihre Schwester und um die Verwandten zu kümmern. Schwester Benedicta war in den Karmel zurückgekehrt. Vielleicht war es gut, daß es hier soviel Arbeit gab. Der Kölner Karmel feierte sein dreihundertjähriges Jubiläum, und Schwester Benedicta, die Schriftstellerin, konnte Texte schreiben, redigieren, zusammenstellen. Sie machte Exerzitien, die für sie auch philosophische Auseinandersetzungen waren. Sie erlebte den Glanz der Pontifikalämter, die ein hohes Jubiläum in eine Feier verwandeln.

Schwer wurde das Jahr 1938. Es gab wieder eine jener Hitlerwahlen. Das Volk war aufgefordert worden, am 10. April dem Führer das Ja zu seiner Regierung auszusprechen. Das Ergebnis stand schon fest. Und so diskutierten die Nonnen, wie sie sich verhalten sollten. Schwester Benedicta war der Ansicht, man sollte mit Nein stimmen, selbst wenn dies Unternehmen äußerlich vergeblich sei. Auch dann sollte man mit Nein stimmen, wenn dies bekannt werden könnte und daraus Gefahren entstünden.

Und die Nazis taten alles, um die Gesinnung der Nonnen zu erkunden. Während die Nonnen gewöhnlich zu Abstimmungen in die Wahllokale gingen – sie erhielten die nötige Erlaubnis von den kirchlichen Oberen –, kam an diesem 10. April eine Abordnung der Wahlleitung in das Kloster. Sie war voller Entgegenkommen; man wolle den Nonnen den Weg ersparen; man kenne ja schließlich die klösterlichen Bestimmungen. Und so warfen die Nonnen ihre Wahlzettel ein.

Schwester Teresia Renata Posselt schildert die nun folgende Szene: »Am Schluß erklärte der Vorsitzende, der die Wählerliste führte. ›Es haben noch nicht alle gewählt. Anna Fitzeck fehlt noch.‹ ›Sie ist nicht wahlfähig‹, lautete die kurze Antwort. ›Warum nicht?‹ – ›Sie ist geistesschwach.‹ Eine kleine Pause. Dann kam das Gefürchtete. ›Und Dr. Edith Stein?‹ – ›Sie hat auch nicht gewählt.‹ – ›Die ist nicht wahlberechtigt.‹ – ›Selbstverständlich, 91 geboren! Also auch wahlberechtigt!‹ – Mit eiserner Ruhe kam die Antwort. ›Sie ist nicht arisch.‹ Die drei Herren fuhren zusammen. Dann rief einer: ›Schreiben Sie hin: sie ist nicht arisch.‹ Eiligst brachen sie auf und verließen den Karmel.«[22]

Man kann sich über das Verhalten von Schwester Teresia Renata, die als Priorin wohl selbst die von ihr zitierten Antworten gab, streiten. War sie mutig oder war sie unklug?

Edith Stein hat ihr eine kleine Schrift »Sancta Discretio – Gabe der Unterscheidung« gewidmet, aus der hervorgeht, daß auch sie sich nicht ganz darüber im klaren war. Sie reflektiert darin über Klugheit und Stärke, entwirft neue Gedanken über mögliche Verhaltensweisen; aber sie flüchtet dabei geradezu in religiöse Vorstellungen, so daß man einen Zusammenhang mit der Handlungsweise der Priorin nur dann noch erkennen kann, wenn man das Datum der Entstehung beachtet.

Es liegt allerdings die Vermutung nahe, daß die Abgesandten der Wahlleitung sehr wohl wußten, wer Edith Stein war. Die Plötzlichkeit ihrer Kontrolle, das Interesse an den Stimmzetteln spricht dafür. Und in einer Diktatur kümmert man sich um den Aufenthalt einer prominenten Person, wie sie Edith Stein eben war. Es ist ausgeschlossen, daß der Aufsatz, den Peter Wust über den Eintritt Edith Steins in den Kölner Karmel geschrieben hatte, nicht einen einzigen aufmerksamen Leser bei der Gestapo gefunden haben soll. Der 10. April war der Palmsonntag, der Beginn der Karwoche. In den nächsten Tagen bereitete sich Schwester Benedicta auf die ewige Profeß vor, auf die großen Gelübde, die sie nicht nur auf Jahre, sondern für ihr ganzes Leben mit dem Kloster verbinden sollten.

Die Feier fand am 21. April, am Donnerstag in der Osterwoche statt. Nun war sie vollwertiges Mitglied des Klosters. Die Freude, die sie trotz der äußeren Ängste darüber empfand, wurde bald getrübt. Am 27. April starb Edmund Husserl. Und Edith Stein mußte miterleben, wie kühl die Nachricht von den Zeitungen kommentiert wurde.

Am 1. Mai folgte für Schwester Benedicta das Schleierfest. Nach einem Hochamt wird der schwarze Schleier geweiht, den die Nonne von nun an tragen wird als Sinnbild für ihre ewige Verbundenheit mit Christus. (Der weiße Schleier, den die Nonne in den ersten Jahren trägt, betont den vorläufigen, nicht endgültigen Charakter der Hingabe.)

Für Schwester Benedicta war damit das Kloster zur endgültigen Heimat geworden. Sie war dazu bestimmt, in dieser Klausur zu leben – so will es die Ordensregel. Und gleichzeitig bemühte sich die Priorin, Edith Stein ins Ausland zu bringen, sie zu retten vor dem, was ihr hier in Köln drohte – so wollten es die Zeitläufte. Die seßhafte Nonne wurde wieder zur Ausgestoßenen.

Man dachte an Palästina, an den Karmel von Bethlehem. Aber die Pläne zerschlugen sich. Die Situation war für die Nonnen ungewohnt; sie wurden anfangs nicht damit fertig. Klosterfrauen aus Orden ohne Klausurzwang konnten sich besser in der Realität orientieren. Einige der Geschwister brachten sich in Sicherheit. Hans Biberstein hielt sich schon in den Vereinigten Staaten auf, und die Familie sollte ihm bald folgen. Else Gordon und ihr Mann rüsteten sich zur Überfahrt nach Kolumbien, wo bereits ihr Sohn lebte. Am 14. Oktober erhielt Edith Stein den Besuch ihres Bruders Arno, der im Begriff war, in die USA zu emigrieren. Sieht man von Rosa ab, so war er der einzige von den Geschwistern, den sie noch sah. Am 9. November wurde jenes Pogrom inszeniert, das man verharmlosend Reichskristallnacht nennt. Nun mußte etwas geschehen.

Der Karmel Echt in den Niederlanden bot sich als Fluchtort an. Schließlich war er eine Gründung der Kölner Karmelitinnen, die im Kulturkampf zu Bismarcks Zeit ihr heimisches Kloster verlassen mußten. Die Priorin von Echt erklärte sich im Geist der alten Verbundenheit zur Aufnahme von Schwester Benedicta bereit. Edith Stein erhielt einen deutschen Paß; am 31. Dezember 1938 kam die Ausreisegenehmigung an. Und nun handelt die Priorin von Köln richtig und schnell. Noch am gleichen Tag wurde Edith Stein von Dr. Paul Strerath, einem Arzt, der dem Karmel Köln verbunden war, über die Grenze gebracht.

Und so kommt sie am Sylvestertag in Echt an. Die Priorin und die Subpriorin, Schwester Antonia, begrüßen sie herzlich. Schwester Antonia erinnert sich später, Schwester Benedicta habe einen freudigen und jugendlichen Eindruck gemacht. »Überhaupt kein Judentypus.«[23]

Die Jahre in Echt

Schwester Benedicta blieb formell Mitglied des Kölner Karmel. Sie war in Echt nur ein Gast. Aber ein Gast, der Karmelitin war und sich den Ordensregeln auch hier unterwarf, gehorsam wurde gegenüber der Priorin, ihren Anweisungen schweigend zu folgen hatte.

Aber der Karmel hier in Echt, in der Grafschaft Limburg, dem Bistum Roermond zugeordnet, war anders als der Kölner Karmel. Die liturgische Reform, die Einführung des Gregorianischen Gesangs, war hier noch nicht vollzogen worden. Man lebte streng nach einer alten Ordnung, auch in bezug auf die Hierarchie.

Edith Stein war nie ein Mensch gewesen, der, wenn er etwas für wahr hielt, auf die Gesetze der Verbindlichkeit Rücksicht nahm. Sie sagte oder sie schrieb das, was sie dachte. Selbst Peter Wust, der ihr so wohlgesonnen war, mußte darunter leiden. Er hatte noch in Köln Edith Stein eine seiner Arbeiten zur Beurteilung vorgelegt. Und Edith Stein hatte ihm deutlich gesagt, daß sie von seinen Beweisführungen nicht allzuviel hielt.

Im Karmel Echt stieß die unerbittliche Wahrheitsliebe Edith Steins manchmal auf Unverständnis. Und manchmal stellte sich bei den Mitschwestern auch die Vorstellung ein, dies sei nun doch der jüdische Geist. Natürlich kann man sagen: Haben sie vergessen, daß von diesem Geist ihr legendärer Ordensstifter Elias beseelt war? Dennoch muß man die Situation verstehen. Schwester Benedicta war durch ihre Lebensgeschichte und durch ihre Art zu denken von diesen freundlichen Schwestern grundverschieden. Ihr Christentum bewirkte, daß sie sich dennoch den Regeln des Ordens unterwarf. Und es war das Christentum der Nonnen, daß sie diese ganz andersartige Frau akzeptierten. Natürlich gab es die alten Vorurteile. Schwester Benedicta konnte nicht so gut putzen, nicht so gut sticken wie eine normale Karmelitin.

Aber dafür schrieb sie Bücher. Dafür schrieb sie Kirchenlieder und fromme Gedichte; sie verfaßte Dramen, die man im Karmel szenisch aufführen konnte. Sie hat sich verhältnismäßig schnell mit der holländischen Sprache vertraut gemacht. Das kam ihr zugute. Ein niederländischer Jesuit, Jan H. Nota lernte sie in Echt kennen, und er war berührt von ihrem geistigen Elan und ließ sich von ihr sogar bei einer Predigt helfen. Er erzählte später, daß sie darauf bestanden habe, sich mit ihm nur auf Holländisch zu unterhalten, um ihre Übung in dieser Sprache zu beweisen. Ein anderer Jesuit, Johannes Hirschmann, unterhielt sich mit ihr über die Probleme ihrer Lebensgeschichte. Sie machte bei ihm auch Exerzitien, versenkte sich in die Welt der Kontemplation.

Sie kniete in der Kirche. Manchmal war sie übermüdet und schlief ein. Schließlich arbeitete sie mehr als ihre Mitschwestern, quälte sich ab mit ihren Gedanken. Die Priorin ermahnte sie sehr verständnisvoll, denn sie wußte, unter welchem Druck Schwester Benedicta lebte.

Ihre Echter Mitschwestern haben etwas sehr Wichtiges an ihr erkannt. Sie sei ein sehr ernster Mensch gewesen. Aber sie hätte, wenn sie lustig war, von ganzem Herzen lachen können. Diese Heiterkeit, die sie bereits im Kölner Karmel entwickelt hatte, löste sie nicht nur aus einer gewissen Starre, sondern war ihr auch Lebenshilfe. Denn die Zeit lastete schwer auf ihrer Seele. Im Jahre 1939 hat sie ein Gedicht verfaßt, das die unheimliche Zeit widerspiegeln sollte:

»Es tritt der Herr die Kelter,
und rot ist sein Gewand.
Er fegt mit eisernem Besen
gewaltig über das Land.

Er kündigt im Sturmesbrausen
sein letztes Kommen an.
Wir hören das mächtige Sausen –,
der Vater allein weiß, wann.«[1]

Man spürt hier noch, daß sie als junges Mädchen vom Expressionismus fasziniert war. Aber man spürt auch etwas von der apokalyptischen Angst und von der apokalyptischen Hoffnung. Wenn der Herr seine Feinde hinweggefegt hat, ist die Zeit seiner Wiederkunft da. In der Zeit des Nationalsozialismus war ein solches Denken nicht ungewöhnlich. Christlich orientierte Nazi-Gegner, die in Hitler so etwas wie den Antichrist sahen, erwarteten ein Zeichen des Herrn mit einer Inbrunst, die heute kaum noch verständlich ist.

Doch Edith Stein quälte sich mit einer anderen Frage herum. Sie war getaufte Jüdin. Fast alle ihrer Verwandten blieben dem jüdischen Glauben verbunden, wobei die Beziehung zur Synagoge sehr wohl locker und liberal sein konnte. Für sie aber, die Christin, gab es Probleme, die sich fast nicht lösen ließen.

Wir sind bereits auf die bürgerliche Entwicklung der sogenannten Judenfrage eingegangen. Die Lösung der Frage für alle Menschen, die ihren Lessing gelesen hatten, war moralisch sehr einfach. Der deutsche Staatsbürger mosaischen Bekenntnisses sollte die gleichen Rechte haben, sollte das gleiche gesellschaftliche Ansehen genießen wie der Christ. Eine solche Einstellung ist sehr sympathisch, aber sie widerspricht im Grunde dem Christentum, wie es Edith Stein sieht. Im liberalen Denken ist die Religion wirklich nichts anderes als eine Privatangelegenheit, als ein Hobby des seelischen Ausgleichs.

Edith Stein will sich gerade in diesen Jahren, in denen Gottes Hand schwer auf den Juden lastet, auf etwas anderes einlassen. Am 9. Juni 1939 schreibt sie in Echt ein Testament, in dem sie das Wenige an persönlichem Besitz den Mitschwestern überläßt, die wissenschaftlichen Bücher freilich den Trappisten oder Jesuiten. Einige Manuskripte befreundeter Phänomenologen sollen diesen zurückgesandt werden. Am Schluß dieser Verfügung finden sich die Sätze: »Schon jetzt nehme ich den Tod, den Gott mir zugedacht hat, in vollkommener Unterwerfung unter seinen heiligsten Willen mit Freuden entgegen. Ich bitte den Herrn, daß er mein Leben und Sterben annehmen möchte ... für die Heiligung und Vollendung unseres heiligen Ordens, namentlich des Kölner und des Echter Karmels, zur Sühne für den Unglauben des jüdischen Volkes und damit der Herr von den Seinen aufgenommen werde und sein Reich komme in Herrlichkeit, für die Rettung Deutschlands und den Frieden der Welt, schließlich für meine Angehörigen, Lebende und Tote, und alle, die mir Gott gegeben hat: daß keines von ihnen verlorengehe.«[2]

Sie nimmt den Tod auf sich *zur Sühne für den Unglauben des jüdischen Volkes.* Dieser zentrale Satz spricht von dem, was Edith Stein am meisten bewegte. In der Vorstellung des Christentums waren die Juden ja nicht ein Volk unter anderen Völkern. Sie waren das auserwählte Volk, das Israel, das sich Gott ausgesucht hatte, um aus ihm den Messias hervorgehen zu lassen. Die Israeliten sollten ihm ein heiliges Volk sein, ein Volk von Priestern. Manche lasen die Bibel so: Als der Herr aber kam, als der Messias Jesus von Nazareth auf der Erde lebte und wirkte, wurde er von den Juden abgelehnt, verfolgt, schließlich verraten und dem Kreuzestod ausgeliefert. In den Evangelien des Matthäus und vor allem des Johannes wird ihnen die Schuld am Tod Jesu zugeschoben, noch mehr, sie nehmen ganz bewußt die Schuld auf sich. Historisch ist davon nichts haltbar.

Die Bibelkritik hat diese Stellen des Neuen Testaments längst in die richtige Relation gebracht. Die Evangelien entstanden zu einer Zeit, als die Spannung zwischen den jüdischen Gemeinden und dem jungen Christentum sehr ausgeprägt war. Die entsprechenden Partien muß man lesen wie die Polemiken zwischen der jungen Kirche Luthers und der katholischen Kirche. Sie sind als zeitbedingt sogar durchaus verständlich.

Nur wurde das Evangelium nicht in dieser Weise gelesen. Auch Edith Stein, die sehr wohl wußte, daß es Bibelkritik gab, hielt sich wörtlich an die Texte. Wobei sie den harten Kern des christlichen Antijudaismus (der sich vom rassisch orientierten Antisemitismus unterscheidet), also die Kollektivschuld am Kreuzestod Jesu, immer abwehrte. In ihrem Nachlaß fand sich freilich eine Übersetzung der »Quaestio Judaeorum«, der Frage nach der Situation der Juden, die ein Jesuit, G. Closar, verfaßt hat, der Professor der Exegese, also der Bibelauslegung, an der Theologischen Fakultät im niederländischen Valkenburg war.

Hier finden sich die alten Bilder vom halsstarrigen Volk, das sich dem Herrn widersetzt. Diese Vorstellung geht auf das Alte Testament zurück. Für unser Empfinden konnte sie dadurch entstehen, daß die ethischen Ansprüche, der absolute Ernst dieses einen Gottes Jahwe, weit über das hinausging, was andere polytheistische Religionen von ihren Gläubigen erwarteten. Jede Religion war in den frühen Zeiten der Völker eine sittliche Instanz, die das Zusammenleben der Menschen ermöglichte, Ordnung stiftete. Aber der Glaube, dessen Gesetze dem Moses auf dem Berge Sinai gegeben wurden, verlangte viel mehr. Er verlangte eine Hingabe des Menschen. Und vieles von diesem Rigorismus ging in die Evangelien ein.

Würde man die Christen an den Postulaten der Bergpredigt messen, sie wären auch ein halsstarriges Volk, wenn nicht etwas noch viel Schlimmeres. Closar fährt fort. »Das innerste Wesen des Volkes war nichts anderes als die ›Sehnsucht nach dem Messias‹; wenn also dieses Volk den Messias kreuzigte, hat es sich selbst ans Kreuz geheftet. Die Tötung des Messias war in sich selbst der religiös-nationale Selbstmord dieses Volkes... Infolgedessen ist dieses Volk zertrümmert und zu einem Urheber der Zerstörung in der religiös-sittlichen Ordnung geworden.«[3]

Freilich sieht Closar auch die Möglichkeit einer Umkehr des Volkes. Er beruft sich auf den Apostel Paulus, der von der Rettung Israels spricht; diese Rettung ist geradezu die Vorbedingung für die Erlösung des Menschengeschlechtes. Und hier ändert sich der Ton des Exegeten. Er, der die antijudaischen Vorurteile aufnahm, löst seine Judenfrage in einem erstaunlichen Gedanken. Gerade wegen seiner Fehler ist der Jude der erlösungsbedürftige Mensch schlechthin. Gerade weil Jesus so etwas wie ein Jude wurde, kann jeder Mensch ihm vertrauen. Denn er hat das Niedere auf sich genommen.

Wir wissen nicht, was Edith Stein bei einer solchen Lektüre empfand. Konnte sie ihre Schwester Else Gordon, ihren Schwager Hans Biberstein und vor allem die so überaus geliebte Mutter im Geiste anschauen und mit diesem denunziatorischen Bild von den Juden verbinden?

Um der Gerechtigkeit willen muß hier ein Text zitiert werden, der leider erst nach Edith Steins Tod, nach Auschwitz verfaßt wurde. In einem Konzilsdekret des Zweiten Vaticanum zur Judenfrage finden sich die wichtigen Sätze: »Der Antisemitismus, den die Kirche jahrhundertelang mitgenährt hat, gehört zu ihren großen Sünden in der Geschichte. Die Kirche muß Gott ständig um die Vergebung dieser Schuld bitten.«[4]

Es gibt keinen Text, in dem sich Edith Stein mit der These der Schuld der Juden am Kreuzestod Jesu auseinandersetzt. Aber es gibt Texte, in denen sie auf die weitere Schuld der Juden eingeht. Sie nahmen die Lehre Jesu Christi nicht an.

Schwester Benedicta schrieb kleine Theaterstücke für den Karmel in Echt. Für ihre Priorin, die frühere Subpriorin Schwester Antonia, verfaßte sie unter anderem auch ein Drama »Nächtliche Zwiesprache«. Es wurde am 13. Juni 1941, am Namenstag der Priorin, aufgeführt. (In der katholischen Kirche wird an diesem Tag das Fest des Kirchenlehrers Antonius von Padua gefeiert.)

In dem Stück tritt Esther auf, die Jüdin, die in der Zeit der babylonischen Gefangenschaft der Israeliten ihr Volk rettete. Sie war mit dem König verheiratet, der sie um ihrer Schönheit willen liebte. Aber der Minister Haman, des Königs eifriger Diener, versucht die Juden zurückzudrängen, zu verfolgen, zu töten. Durch ihre mutige Fürsprache rettet Esther ihr Volk. Haman wird hingerichtet. Die Juden werden in Gnade aufgenommen. Die Geschichte der Esther ist eine schöne Utopie. Israel soll geliebt werden von den Völkern. Aber der Utopie geht die rasende Angst voraus. Die Verfolger Israels sind mächtig und unerbittlich.

Edith Steins Interpretation zeigt eine andere Esther. Sie lebt im Himmel und weiß um die Wahrheit des Christentums; sie kniet vor der Jüdin, der Gottesmutter Maria. Und sie spricht das aus, was Edith Stein empfindet:

> »Die Kirche war erblüht, doch abseits blieb
> Des Volkes Masse, fern vom Herrn
> Und seiner Mutter, feind dem Kreuz.
> Es irrt umher und kann nicht Ruhe finden,
> Ein Gegenstand des Hohn und der Verachtung...
> Dort oben aber fleht am Gnadenthron
> Die Mutter unablässig für ihr Volk.
> Sie sucht nach Seelen, die ihr beten helfen.
> Denn erst, wenn Israel den Herrn gefunden,
> Erst dann, wenn ihn die Seinen aufgenommen,
> kommt er in offenbarer Herrlichkeit.«[5]

Die Sehnsucht Edith Steins nach der Bekehrung aller Juden wird hier spurbar. Das Volk, das auserwählt wurde, soll sich zu diesem Messias bekennen. Und sie wird in ihrer Hoffnung getragen von der Vorstellung, die im christlichen Bereich vorhanden war, daß dann, wenn sich die Juden bekehren, also die Taufe annehmen, die Zeit der Wiederkunft des Messias gekommen ist.

Wenn man nicht strenggläubig ist, empfindet man solche Aussagen als hybrid. Die Juden werden zwar von dem Makel ihres halsstarrigen Wesens freigesprochen, aber sie müssen sich dem christlichen Glauben unterwerfen; freilich werden sie dann ausgezeichnet vor allen Völkern.

Wir können heute eine solche Einstellung zwar verstehen, aber nicht mehr nachempfinden. Die Vorstellung der Offenbarung Gottes hat einen anderen Charakter angenommen. Ich möchte nicht sagen, sie ist pluralistisch geworden. Das klingt zu nichtssagend. Aber die Erkenntnis, daß der jüdische Glaube allen Verfolgungen standhielt, prägt sich ein. Und dieser jüdische Glaube mit seinem strengen Monotheismus, der keine Dreifaltigkeit und keinen Sohn Gottes anerkennt, hat eine Größe, die ihn stark macht. Seine Gläubigen überstanden die Verfolgungen, die Pogrome. Sie leben weiter nach Auschwitz. Ihr Gott ist ein Einziger.

Die Evangelien lassen den römischen Landpfleger Pontius Pilatus, also den Kommissar einer Besatzungsmacht, die Frage stellen: »Was ist Wahrheit?« Die Vertreter der großen Religionen konnten sie nicht schlüssig beantworten. Es sei denn, daß ihre Verfolgungen von sogenannten Ungläubigen als eine solche Antwort verstanden würde.

Doch Edith Stein war nicht »aufgeklärt« im Sinne einer modernen Theologie, die sich mit einem etwas biederen Stolz auf das Zweite Vaticanum beruft. Sie wollte Sühne leisten für den Unglauben ihres Volkes. Nun ist der Begriff Sühne für unsere Zeit schwer verständlich. Ein Mensch opfert sich auf für fremde Sünden, er wird zum Holocaust für das, was andere versäumt haben. Dabei steht das Wort Sühne in der großen Tradition des jüdisch-christlichen Glaubens. Der Kreuzestod des Jesus von Nazareth wird als Sühne für die Sünden des Menschengeschlechtes verstanden.

Doch schon in einer sehr viel älteren Überlieferung taucht

dieses Bild auf: als die Israeliten in der Wüste sich ein goldenes Kalb als Götzenbild schufen, weil sie ihrem Gott nicht mehr so recht trauten. Da trat Moses vor Jahwe und sagte: »Ach, dieses Volk hat eine große Sünde begangen. Götter aus Gold haben sie sich gemacht. Doch jetzt nimm ihre Sünde von ihnen! Wenn nicht, dann streich mich aus dem Buch, das du angelegt hast.« (2. Mose 32.31–32) Moses will also aus dem Buch der Lebenden ausgelöscht werden, wenn Gott sich nicht auf andere Weise seines Volkes erbarmt.

Und diese Vorstellung eines Sühnetodes hatte auch Edith Stein. Sie wollte sich aufopfern für ihr Volk, das sie liebte. Es ist bemerkenswert, daß es außer Notizen und diesem Theaterstück, das innerhalb des Karmels gespielt wurde, kein Zeugnis von Edith Stein zur Judenfrage gibt. Sie hielt das, was für sie so wichtig war, zurück. Sie, die Konvertitin, wandte sich mit dem, was sie wohl am meisten beschäftigte, nicht an die Öffentlichkeit. Vielleicht gerade deswegen, weil sie es mit der katholischen Lehrmeinung ihrer Zeit nicht in Einklang bringen konnte. Wir sind heute glücklicher daran, wir haben die Texte des Zweiten Vaticanum und können sagen, daß die deutschen Bischöfe große Verdienste haben, daß diese Texte so lauten, wie sie zu lesen sind. Nach Auschwitz! Nach dem für uns alle Unaussprechlichen des menschlichen Leides.

Edith Stein schrieb »Wege der Gotteserkenntnis - Dionysius der Areopagit«. Der Mann, der diese Bücher verfaßt hatte, wurde kein Heiliger. Aus dem einfachen Grund, weil man nicht weiß, wer er ist. Der Apostel Paulus hat in Athen gepredigt, auf dem Areopag. Anfangs hat es den Athenern eingeleuchtet, aber dann, als er vom Tod und von der Auferstehung eines Gottessohnes sprach, wurde es den Athenern doch etwas suspekt. Sie wandten sich von ihm ab. Einer blieb bei ihm. Er hieß Dionysius.

Er ist sicher nicht identisch mit dem rätselhaften Mann, der in griechischer Sprache einige theologische Schriften verfaßte. Dieser lebte zwischen dem fünften und sechsten Jahrhundert, und er entwarf eine Theologie, die alle Punkte einer affirmativen, braven Religionslehre von vorneherein desavouierte. Vermutlich war er ein Priester in Syrien; wir wissen nichts Genaueres. Wir können ihn nicht so richtig verehren. Aber sein Denken zieht sich durch die Theologie hin wie ein Blutstreifen.

Edith Stein geht auf seine mystische Theologie ein, auf seine Art, die geheime Offenbarung Gottes wiederzugeben. Sie erklärt seine Lehre von den himmlischen Hierarchien. Sie weiß sehr gut, wie sich alles Irdische symbolisch interpretieren läßt im Sinne des Glaubens, aber sie kennt auch das Geheimnis des sogenannten Areopagiten: die negative Theologie. Gott offenbart sich in allen Bildern den Menschen und er entzieht sich den Menschen. Er ist das Ja, aber gleichzeitig das Nein gegenüber dieser Welt. Der Schöpfergott ist für uns erfahrbar. Aber der Gott, der sich der Schöpfung entzieht, wird zum Geheimnis.

Im Grunde war diese Schrift, die für eine in den Vereinigten Staaten geplante Husserl-Gedenkschrift gedacht war, nur eine Studie für ein anderes Werk. Edith Stein war vom Echter Karmel aufgefordert worden, ein Buch zum 400. Jahrestag der Geburt des Johannes vom Kreuz zu verfassen. Am 24. Juni 1942 sollte das Fest gefeiert werden.

Johannes vom Kreuz, der neben Teresa von Ávila der Gründer des Ordens der Unbeschuhten Karmeliten war, ist ein Heiliger, der es uns leicht und schwer macht. Um mit dem Schweren zu beginnen: Seine Kasteiungen, seine Art, sich dem Geheimnis des Herrn hinzugeben, alles zu verleugnen, was an irdischer Freude uns gegeben ist, entsprechen nicht mehr unseren Anschauungen. Aber gleichzeitig ist dieser Asket, der sich selbst peitscht, der nicht mehr im Mittelalter lebt, sondern in einer Zeitenwende, ein Mann unserer Zeit. Sein Wissen um die Erfüllung des Glaubens, um das Glück der Gotteserkenntnis, ist gepaart mit der Erfahrung der Trockenheit der Empfindung. Gott ist so fern; er spricht nicht mit mir. Menschlich gesagt, er läßt mich hängen. Er gibt mich preis allen meinen Widersachern. Es ist das Geheimnis der Verlassenheit Gottes. Johannes vom Kreuz hat ein schweres Leben geführt. Er kannte die Taktik und geriet in die Falle. Man hat ihn eingekerkert, aber er wurde wieder befreit. Und als er starb, war die Heiligsprechung schon fast vollendet. Die Leiche war umgeben von Wohlgeruch, ein süßer Duft ging von ihr aus.

Die Leichen von Auschwitz hatten keinen süßen Duft. Edith Stein hat die Werke des Johannes vom Kreuz hervorragend interpretiert. Sie ist vornehmlich auf den Gegensatz zwischen Dürre und Erfüllung eingegangen. Für jeden mystisch veranlagten Menschen, für jeden Menschen, der emotional empfindet, ist dieser Gegensatz verständlich. Auf der einen Seite steht die Fülle des Glücks, Gott oder die Liebe ist in meinem Herzen – aber das Gefühl wird zu einem anderen. Ich bin verloren; ich bin ungeliebt, ich bin hinausgestoßen aus dieser Welt. Wenn sich die Mystiker peitschten, sind sie unserem Empfinden sehr fern. Wenn sie ihre Qual um die Liebe Gottes formulieren, die für uns die Qual um die Liebe ist, sind sie uns sehr nah. Edith Stein folgte dem Johannes vom Kreuz, sie schrieb ihr Buch »Kreuzeswissenschaft«. Ein Titel, der im Grund absurd klingt. Was hat Wissenschaft, was hat auch die Phänomenologie eines Edmund Husserl mit dem Kreuz zu tun? Gott läßt sich in philosophischer Wissenschaftlichkeit umschreiben, aber nicht der Kreuzestod des Sohnes.

Aber Schwester Teresia Benedicta a Cruce, die Gesegnete vom Kreuz, interpretiert die Gedichte des Mystikers in ihrer Weise. Es muß übrigens gesagt werden, daß diese Gedichte heute zur großen Tradition der spanischen Literatur zählen. Sie weiß, daß eine Lyrik, die man auch als Liebeslyrik interpretieren könnte, etwas ganz anderes meint: »In der bunten Folge der Bilder ist der ganze Weg der Seele vor uns enthüllt worden. Damit zugleich durften wir hineinschauen in die geheimen Ratschlüsse Gottes, die vom Schöpfungsmorgen an diesen Weg vorgezeichnet haben. Und wir sehen, wie der verbogene Weg der Seele verwoben ist mit den Glaubensgeheimnissen.«[6]

Kreuzeswissenschaft ist nicht mehr Privatsache. Sie brennt empor. Es geht nicht mehr um diesen Mystiker Johannes vom Kreuz, für den Schwester Benedicta eine Schrift verfaßte, die auf alle Nuancen seiner literarischen Kunst eingeht. Es geht um Edith Stein. Sie hatte nie die Gabe einer Teresa von Ávila und eines Johannes vom Kreuz, das, was sie im Gebet erfuhr, in Worten wiederzugeben, die unser Herz erschüttern. Aber wir wissen, daß ihr Herz erschüttert war.

Es war für Edith Stein sicher eine Freude, daß ihre Schwester Rosa nach Echt kommen konnte. Rosa Stein war mit ihrem Hab und Gut, dem ganzen Hausrat, zuerst nach Köln gekommen. Der Kölner Karmel half ihr, so gut es ging. Sie fuhr mit all ihren Sachen weiter nach Belgien. Sie hatte Kontakt aufgenommen mit einer Frau, die sich als hilfreiche, fromme Seele ausgab. Aber sie mußte dort erkennen, daß deren Ideen etwas seltsam waren und daß deren Planung nur nach Unordnung aussah. Erst im Jahre 1940 gelang es ihr unter Zurücklassung des ganzen Besitzes, in die Niederlande zu kommen, nach Echt, wo sie als Schwester des dritten Ordens im Karmel leben und arbeiten konnte. Sie half an der Pforte den Menschen, die etwas vom Kloster haben wollten.

Der Krieg hatte begonnen und damit waren auch die Flüchtlinge gefährdet, die in den westlichen Ländern des europäischen Kontinents lebten. Am 10. Mai überfiel das Deutschland Hitlers die Niederlande, Belgien und Luxemburg. Am 15. Mai kapitulierte ein Land, das nicht auf den Krieg vorbereitet war, vor der nackten Brutalität: Die Niederlande standen unter deutscher Verwaltung. Die Besatzungsbehörden bestimmten, wer verhaftet wurde. Zuerst wurden die deutschen Juden, die hier Zuflucht gefunden hatten, für staatenlos erklärt. Ihnen wurde eine weitere Emigration empfohlen. Diese zynische Aufforderung hatte den Zweck, daß sie sich bei den Behörden meldeten und daß man sie damit erfassen konnte – in jedem Sinn des Wortes.

Edith Stein war eine gute Christin. Sie wußte, daß es nicht richtig war, sich nach dem Martyrium zu drängen. Sosehr sie sich dem Herrn aufgeopfert hatte, so entschieden versuchte sie, den Deutschen zu entkommen. Am 13. Dezember 1940 schrieb sie an die Schweizerin Hilde Vérène Borsinger, die eine engagierte, progressive Katholikin in der Schweiz war. Frau Borsinger hatte schon früher mit Edith Stein zusammengearbeitet. Sie wandte sich nun an das Karmelkloster Le Pâquier im katholischen Kanton Fribourg. Hier wollte man Edith Stein sehr wohl aufnehmen, aber nicht deren Schwester Rosa. Man hatte nicht genügend Platz. Ein anderes Kloster im Kanton Fribourg, Seedorf, war bereit, auch Rosa Stein eine neue Heimat zu geben.

Aber es gab Schwierigkeiten. Die Eidgenössische Fremdenpolizei wollte nicht noch mehr Emigranten in ihrem Land haben. Zudem: Die neuerliche Umsiedlung einer Karmelitin hätte von Rom bewilligt werden müssen. Die Behörden des Vatikans und die Behörden der Schweiz ließen sich Zeit. Die Behörden der Nazis waren schneller. Vielleicht hätte man Edith Stein noch retten können, auf keinen Fall jedoch die Schwester. Und ohne Rosa Stein wollte Schwester Benedicta nicht emigrieren.

Im April 1942 hatte die Gestapo sie und ihre Schwester nach Maastricht vorgeladen. Sie besaßen beide einen Personalausweis. Aber darin sah man noch nicht das große J, das darauf hinwies, daß es sich um Juden handelte. Und die Schwestern trugen auch nicht jenen Stern, der einst die Größe des Hauses David symbolisiert hatte, jetzt aber zur Verhöhnung geworden war: den gelben Judenstern. So sahen die Vorzeichen aus.

Die Nazis versuchten, eine kluge Politik zu machen. Sie

hofften, daß sich die Kirchen still und fügsam verhielten, wenn man die getauften Juden zumindest eine gewisse Zeit schonte. Sie hofften, daß sie auf diese Weise die Kirchen für sich vereinnahmen könnten.

Das war ein Irrtum. Die niederländischen Kirchen, die reformierte Kirche und die katholische Kirche protestierten. Ihre Geistlichen waren in einer Demokratie aufgewachsen, und sie wollten mit demokratischen Mitteln sich für das Recht einsetzen. Das heißt, sie wollten Öffentlichkeit. Der Erzbischof von Utrecht, de Jong, stand trotz der Drohungen der Nazis zu einem Hirtenbrief, also zu einer Predigt, die durch die bischöfliche Würde des Verfassers einen besonders hohen Rang hatte. Sie wurde am 26. Juli 1942 in allen katholischen Kirchen der Niederlande vorgelesen.

War es ein Zufall oder war es Absicht? Der Text aus dem Evangelium, der verwendet wurde, gehört zu jenen Passagen des Neuen Testaments, die man antijudaisch interpretieren kann. Jesus werden hier Worte in den Mund gelegt, die auf die Zerstörung der Stadt Jerusalem hinweisen. Er klagt auf dem Ölberg über das Schicksal der großen Stadt. Die Juden, die dort lebten, die dort ihr religiöses Zentrum hatten, haben die Zeichen der Gnade nicht erkannt. Sie kamen nicht zu ihm.

Aber in dem Hirtenbrief war nicht in diesem und in keinem anderen Sinne von den Juden die Rede, sondern von uns. Die Menschen, die das Zeichen der Gnade nicht erkannt haben, könnten wir, wir Nicht-Juden sein, wir, die Gläubigen, die wir auf den Kirchenbänken knien.

Es folgt der Protest gegen die Verschleppung von jüdischen Menschen, von Mitbürgern. Das Gebet soll für Gefangene und für Geiseln, für die gelten, deren Leben in Gefahr ist. Der Hirtenbrief war eine mutige Tat. Er hatte Folgen. Nun schlugen die Nazis unmittelbar zu und taten das, was sie aller Voraussicht nach vielleicht ein halbes Jahr später gemacht hätten. Die getauften Juden, vornehmlich die Priester und Nonnen jüdischer Abstammung, wurden verhaftet und nach Osten gebracht. Sie gingen als Märtyrer für das Wort ihrer Bischöfe nach Auschwitz. Für das so notwendige, so gute Wort.

Nur eine Frage bleibt: Rosa Stein kniete noch vor der Priorin an diesem zweiten August 1942 und erbat ihren Segen, dann stand sie unter der Tür und Schwester Benedicta, die kleine, zarte Frau, faßte ihre Hand: »Komm, wir gehen für unser Volk.« Sie meinte das Volk der Juden.

Es sei uns erlaubt, die Worte einer seligen Dienerin der Kirche anders zu verstehen. Es widerspricht der Meinung des zweiten vatikanischen Konzils nicht, wenn wir sagen: Sie ging für das Volk der Christen.

Anmerkungen

Die Bücher werden hier durch Kurztitel bezeichnet. Die genaue bibliographische Angabe findet sich im Literaturverzeichnis.

Holocaust

1. Selbstbildnis in Briefen II. S. 176
2. Selbstbildnis in Briefen I, S. 60

Eine jüdische Familie

1. Aus dem Leben einer jüdischen Familie, S. 13f.
2. a.a.O., S. 16
3. a.a.O., S. 35
4. a.a.O., S. 28
5. a.a.O., S. 21

Jugend in der verlorenen Zeit

1. Aus dem Leben einer jüdischen Familie, S. 44
2. a.a.O., S. 111f.
3. a.a.O., S. 122
4. a.a.O., S. 150
5. a.a.O., S. 160f.
6. a.a.O., S. 184f.
7. a.a.O., S. 185
8. a.a.O., S. 188

Die Schülerin von Edmund Husserl

1. Edmund Husserl, »Ideen ...«, S. 1f.
2. Klaus Held, Edmund Husserl in »Klassiker der Philosophie«, S. 277
3. Edith Stein, Briefe an Hedwig Conrad-Martius, S. 62
4. Klaus Held, a.a.O., S. 278
5. Aus dem Leben einer jüdischen Familie, S. 219
6. Jean-Paul Sartre, Die Transzendenz des Ego, S. 42
7. Adolf Reinach, Gesammelte Werke
8. Edith Stein, Briefe an Hedwig Conrad-Martius, S. 64
9. a.a.O., S. 62
10. Edith Stein, Mein Göttinger Semester, S. 12
11. a.a.O., S. 18
12. Aus dem Leben einer jüdischen Familie, S. 227

13. Edith-Stein-Archiv, Köln, Abt. G
14. Edmund Husserl, Briefe an Roman Ingarden, S. 111
15. Aus dem Leben einer jüdischen Familie, S. 235
16. a.a.O., S. 238

Die Gelehrte und der Krieg

1. Aus dem Leben einer jüdischen Familie, S. 262
2. a.a.O., S. 265
3. a.a.O., S. 269
4. a.a.O., S. 276
5. a.a.O., S. 313
6. a.a.O., S. 332
7. a.a.O., S. 343
8. a.a.O., S. 362
9. Zum Problem der Einfühlung, S. 11
10. a.a.O., S. 101
11. a.a.O., S. 126
12. a.a.O., S. 131
13. a.a.O., S. 131
14. Adolf Reinach, Edith-Stein-Archiv, Köln
15. a.a.O.
16. Aus dem Leben einer jüdischen Familie, S. 371
17. Roman Ingarden, Edith Stein in her activity as an assistent of E. Husserl, S. 155–157
18. Selbstbildnis in Briefen I, S. 13
19. a.a.O., S. 15
20. a.a.O., S. 17
21. a.a.O., S. 18
22. Selbstbildnis in Briefen I, S. 36

Die Suchende – Die Findende

1. Beiträge zur philosophischen Begründung der Psychologie und der Geisteswissenschaften, S. 129
2. a.a.O., S. 127
3. Hildegard Hamm-Brücher, Gerechtigkeit erhöht ein Volk, S. 26
4. Beiträge zur philosophischen Begründung der Psychologie..., S. 13
5. Edmund Husserl, Ideen, S. 89
6. Beiträge zur philosophischen Begründung der Psychologie..., S. 37
7. a.a.O., S. 43f.
8. a.a.O., S. 76
9. Waltraud Herbstrith (Hrsg.), Edith Stein, Ein neues Lebensbild in Zeugnissen und Selbstzeugnissen, S. 77
10. Selbstbildnis in Briefen I, S. 42
11. Beiträge zur philosophischen Begründung der Psychologie..., S. 117
12. a.a.O., S. 230

13. a.a.O., S. 262
14. a.a.O., S. 244
15. a.a.O., S. 251
16. Karl Marx/Friedrich Engels, Das Manifest der kommunistischen Partei, Berlin 1975, im Band I der Ausgewählten Werke, S. 438
17. Beiträge zur philosophischen Begründung der Psychologie..., S. 258
18. Selbstbildnis in Briefen I, S. 46
19. Aus dem Leben einer jüdischen Familie, S. 208
20. Eine Untersuchung über den Staat, S. 289
21. a.a.O., S. 298
22. a.a.O., S. 323
23. a.a.O., S. 306
24. Hans Kelsen, Allgemeine Staatslehre
25. Eine Untersuchung über den Staat, S. 401
26. Waltraud Herbstrith (Hrsg.), Edith Stein, Ein neues Lebensbild..., S. 187
27. Das Leben der Heiligen Theresia von Jesu, S. 206

Die Welt des Fräulein Doktor

1. Teresia Renata de Spiritu Sancto, Edith Stein, S. 57
2. Waltraud Herbstrith (Hrsg.), Ein neues Lebensbild..., S. 88
3. Teresia Renata de Spiritu Sancto, Edith Stein, S. 62f.
4. a.a.O., S. 61
5. Hilda Graef, Edith Stein, S. 56
6. Waltraud Herbstrith (Hrsg.), Wege zur inneren Stille, S. 46ff.
7. Selbstbildnis in Briefen I, S. 68
8. Erich Przywara, Religionsphilosophische Schriften, Band II, Einsiedeln 1962, S. 247
9. Waltraud Herbstrith (Hrsg.), Ein neues Lebensbild..., S. 177
10. a.a.O., S. 181
11. Husserls Phänomenologie und die Philosophie des hl. Thomas v. Aquino, S. 63
12. a.a.O., S. 66
13. a.a.O., S. 68
14. a.a.O., S. 71
15. a.a.O., S. 68
16. Die Darstellung der Geschichte Beurons orientiert sich an P. Virgil Fiala, »Ein Jahrhundert Beuron«.
17. Selbstbildnis in Briefen I, S. 55
18. Edith-Stein-Archiv, Köln, Gästebuch des Hauses Mayer
19. Selbstbildnis in Briefen I, S. 59
20. a.a.O., S. 60

Das öffentliche Wirken

1. Die Frau, S. 205; Das lateinische Zitat heißt übersetzt: von der Morgenwache bis hin zur Nacht.

2. a.a.O., S. 210
3. a.a.O., S. 212
4. a.a.O., S. 214
5. a.a.O., S. 216
6. Selbstbildnis in Briefen I, S. 64f.
7. Die Frau, S. 6
8. a.a.O., S. 15
9. Selbstbildnis in Briefen I, S. 96f.
10. Die Frau, S. 76f.
11. a.a.O., S. 87
12. a.a.O., S. 28
13. a.a.O., S. 43
14. Waldtraud Herbstrith (Hrsg.), Wege zur inneren Stille, S. 57
15. a.a.O., S. 75
16. a.a.O., S. 129
17. Selbstbildnis in Briefen I, S. 83
18. Edith-Stein-Archiv, Köln, Briefe
19. Des hlg. Thomas von Aquino Untersuchungen über die Wahrheit, S. 280
20. zitiert nach: Hilda Graef, Edith Stein, S. 72
21. Die Frau, S. 175
22. Teresia Renata de Spiritu Sancto, Edith Stein, S. 93
23. vergleiche dazu: Jürg Altwegg, Die Republik des Geistes, Frankreichs Intellektuelle zwischen Revolution und Reaktion, München 1986.

Soror Teresia Benedicta a Cruce

1. Teresia Renata de Spiritu Sancto, Edith Stein, S. 98. Die Darstellung hält sich im folgenden an Edith Steins eigenen, in diesem Buch wiedergegebenen Bericht ihres Weges in den Karmel.
2. a.a.O., S. 99f.
3. a.a.O., S. 100
4. a.a.O., S. 105
5. Waltraud Herbstrith (Hrsg.), Edith Stein, Ein neues Lebensbild..., S. 70
6. a.a.O., S. 71
7. Teresia Renata de Spiritu Sancto, Edith Stein, S. 109
8. a.a.O., S. 114
9. Waltraud Herbstrith (Hrsg.), Edith Stein, Ein neues Lebensbild..., S. 80
10. a.a.O., S. 80
11. Heil im Unheil, S. 91
12. Gotthard Fuchs (Hrsg.), Glaube als Widerstandskraft, S. 86
13. Teresia Renata de Spiritu Sancto, Edith Stein, S. 125
14. Thomas von Aquin, Summa Theologica, Bd. I., Gottes Dasein und Wesen, Die deutsche Thomas-Ausgabe, Salzburg o.J., S. 12

15. Endliches und ewiges Sein, S. 317
16. a.a.O., S. 317
17. a.a.O., S. 319
18. a.a.O., S. 328
19. a.a.O., S. 357
20. a.a.O., S. 371
21. a.a.O., S. 372
22. Teresia Renata de Spiritu Sancto, Edith Stein, S. 158
23. Heil im Unheil, S. 128

Die Jahre in Echt

1. Waltraud Herbstrith (Hrsg.), Gedichte und Gebete, S. 16
2. Waltraud Herbstrith (Hrsg.), Edith Stein, Ein neues Lebensbild ..., S. 138
3. Edith-Stein-Archiv, Köln, B I 21
4. Franz Mussner, Traktat über die Juden, S. 391
5. Edith-Stein-Archiv, Köln, B I 32 d
6. Kreuzeswissenschaft, S. 240

Bibliographie

Werkausgaben

I. Kreuzeswissenschaft. Studie über Joannes a Cruce, 1983.
II. Endliches und ewiges Sein. Versuch eines Aufstiegs zum Sinn des Seins, 1986.
III./IV. Des Hl. Thomas von Aquino Untersuchungen über die Wahrheit (Quaestiones disputatae de veritate), 1952/1955.
V. Die Frau. Ihre Aufgabe nach Natur und Gnade, 1959.
VI. Welt und Person. Beitrag zum christlichen Wahrheitsstreben, 1962.
VII. Aus dem Leben einer jüdischen Familie, Vollständige Ausgabe 1985.
VIII. Selbstbildnis in Briefen, Erster Teil 1916–1934, 1976.
IX. Selbstbildnis in Briefen, Zweiter Teil 1934–1942, 1977.
X. Heil im Unheil, 1983. Herausgegeben von L. Gelber und Romaeus Leuven OCD, Louvain–Freiburg im Breisgau.

Einzelausgaben

Zum Problem der Einfühlung, München 1980.
Beiträge zur philosophischen Begründung der Philosophie und der Geisteswissenschaften/Eine Untersuchung über den Staat, Tübingen 1970.
Husserls Phänomenologie und die Philosophie des hl. Thomas von Aquino, Darmstadt 1973.
Wege zur inneren Stille, hrsg. von Waltraud Herbstrith, Frankfurt am Main 1978.
Wege der Gotteserkenntnis – Dionysius der Areopagit, München 1979.
Gedichte und Gebete aus dem Nachlaß, hrsg. von Waltraud Herbstrith, München 1981.

Sekundärliteratur

Ávila, Teresa von: Das Leben der Heiligen Theresia von Jesu, München 1979.

Barukinamwo, Matthieu: Edith Stein. Pour une ontologie dynamique, ouverte à la transcendance totale, Europäische Hochschulschriften, 1982.
Bienias, Maria: Das Lebensopfer der Karmelitin Edith Stein, Stuttgart 1961.
– Begegnung mit Edith Stein, Leipzig 1963.
Brilling, Bernhard: Die jüdischen Gemeinden Mittelschlesiens, Entstehung und Geschichte, Stuttgart 1972.
Dobhahn, Ulrich und *Veronika Elisabeth Schmitt* (Hrsg.): Karmel in Deutschland, München 1981.
Fiala, P. Virgil: Ein Jahrhundert Beuron, Beuron/Hohenzollern 1963.
Fuchs, Gotthard (Hrsg.): Glaube als Widerstandskraft. Edith Stein, Alfred Delp, Dietrich Bonhoeffer, Frankfurt am Main 1986.
Graef, Hilda: Edith Stein, Zeugnis des vernichteten Lebens. Mit einem Nachwort von Theodor Schnitzler, Freiburg im Breisgau 1979.
Hamm-Brücher, Hildegard: Gerechtigkeit erhöht ein Volk. Theodor Heuss und die deutsche Demokratie, München 1984.
Held, Klaus: Edmund Husserl, in: Klassiker der Philosophie, Zweiter Band, Herausgegeben von Otfried Höfle, München 1981.
Herbstrith, Waltraud: Das wahre Gesicht Edith Steins, München 1980.
Herbstrith, Waltraud (Hrsg.): In der Kraft des Kreuzes, Freiburg im Breisgau 1980.
– Edith Stein. Ein neues Lebensbild in Zeugnissen und Selbstzeugnissen, Freiburg im Breisgau 1983.
Huning, Alois: Edith Stein und Peter Wust. Von der Philosophie zum Glaubenszeugnis, Münster 1969.
Husserl, Edmund: Logische Untersuchungen, Tübingen 1980.
– Ideen zu einer reinen Phänomenologie und phänomenologischen Philosophie, Tübingen 1980.
– Briefe an Roman Ingarden, Den Haag, 1968.
Ingarden, Roman: Edith Stein in her activity as an assistant of E. Husserl. Extracts from the letters with a commentary and introductory remark, in: »Philosophical and Phenomenolegical research« 23 (1962/63), S. 155–175.
Kelsen, Hans: Allgemeine Staatslehre, Berlin 1925.
Koepcke, Cordula: Edith Stein, Hamburg, Freiburg/Schweiz 1985.
Manshausen, Udo Theodor: Die Biographie der Edith Stein. Beispiel einer Mystagogie, Europäische Hochschulschriften, 1984.
Miribel, Elisabeth de: Comme l'or purifié par le feu. Edith Stein 1891–1942, Préface de Christian Chabanis, Paris 1984.
Mussner, Franz: Traktat über die Juden, München 1979.
Neyer, Sr. Amata: OCD, Edith Stein und Teresa von Ávila. Versuch einer Dokumentation, in: Weisheit der Liebe, Festschrift zum 400. Todestag der heiligen Teresa von Ávila, 1982.

Posselt, Therese (Teresia Renata de Spiritu Sancto): Edith Stein. Eine große Frau unseres Jahrhunderts, Freiburg im Breisgau 1957.
Reid, Constance: Courant in Göttingen and New York. The Story of an Improbable Mathematecian, New York, Heidelberg, Berlin 1976.
Reinach, Adolf: Gesammelte Werke, herausgegeben von seinen Schülern, Halle 1921.
Repgen, Konrad: Katholizismus und Nationalsozialismus. Zeitgeschichtliche Interpretationen und Probleme, Köln 1983.
Salmen, Josef: Personenverständnis bei Edith Stein, Rom 1968.
Sartre, Jean-Paul: Die Transzendenz des Ego. Philosophische Essays 1931–1939, Hamburg 1982.
Schelen, Max: Der Formalismus in der Ethik und die materiale Wertethik, Bern, München 1966.
Scholder, Klaus: Die Kirchen und das Dritte Reich, Band I, Vorgeschichte und Zeit der Illusionen 1918–1934, Berlin 1977.
Stein, Edith: Briefe an Hedwig Conrad-Martius, München 1960.
Wetter, Kardinal Friedrich: Edith Stein. Zur Wahrheit berufen – vom Kreuz gesegnet. Ein Lebensbild, Vortrag im Dom zu Mainz am 7. Februar 1984.
Wojtyla, Karol/Johannes Paul II.: Primat des Geistes, Philosophische Schriften, Stuttgart 1980.

Register

Adelgundis (bürgerl. Amelie Jaegerschmid) 212, 229, 230
Adler, Alfred 69
Aristoteles 79, 233, 263
Augustinus 162, 171, 265

Batzdorff-Biberstein, Susanne (gen. Susel, geb. Biberstein) 249
Bell, Winthrop Pickard 95
Bergson, Henri 239
Biberstein, Dorothea 63 ff., 112
Biberstein, Erna (geb. Stein) 35, 41 f., 46 f., 49 f., 53, 57, 60, 62 f., 65, 74 f., 96, 161, 172, 175, 248, 250, 257
Biberstein, Fritz 64
Biberstein, Hans 41, 63, 65, 74, 161, 228, 248, 250, 273, 280
Biberstein, Susanne siehe Susanne Batzdorff-Biberstein
Bismarck, Otto von 23 f., 33, 59, 91
Bleienstein, Heinrich 213
Born, Max 20
Borsinger, Hilde Vérène 287
Brentano, Franz 79
Brüning, Agnes siehe Petra von der Liebe Christi
Brüning, Heinrich 213, 239
Burchard, Adelheid siehe Adelheid Courant
Burchard, Cilla (geb. Courant) 50, 54
Burchard, Ernestine (geb. Prager) 14 f., 18
Burchard, Jakob 50
Burchard, Joseph Jehuda 14, 27 f.
Burchard, Moshe Arnje 27 f.

Claudel, Paul 186
Conrad, Hans Theodor 76, 86 ff., 97
Conrad-Martius, Hedwig (geb. Martius) 76, 82, 86 ff., 172 f., 175, 253 f., 256, 258, 267
Courant, Adelheid (geb. Burchard) 15 ff.
Courant, Auguste siehe Auguste Stein
Courant, Berthold 18 f.
Courant, Cilla siehe Cilla Burchard
Courant, David 17, 61 f.
Courant, Eugen 18 f.
Courant, Jakob 19 f., 54
Courant, Mika 18 f., 54
Courant, Nelly 89, 112, 114
Courant, Richard 20 ff., 42, 57 f., 62, 89 f., 95, 112, 114, 142
Courant, Salomon 15 ff., 20
Courant, Siegmund 20 f.

Descartes, René 100, 235, 264

Einstein, Albert 20, 42, 70, 89
Elias, Norbert 161
Elisabeth von Thüringen 225 f.
Eucken, Rudolf 106

Feuling, Daniel 239
Franziskus von Assisi 225, 232

Freud, Siegmund 69
Friedrich II. 26, 59, 124, 163
Friedrich Wilhelm III. 51, 66

Goebbels, Joseph 244
Goethe, Johann Wolfgang von 68, 180, 236f., 263
»Göttinger Sieben« 85, 91
Goldstücker, Eduard 15
Gordon, Else (geb. Stein) 39, 42, 48, 56, 90, 152, 250, 257, 273, 280
Gordon, Max 39, 56f., 90, 248
Gothe, Erika 114, 128, 130
Grabmann, Martin 187, 232, 235
Günther, Anton 195
Guttmann, Rose 74, 76, 89f., 94, 104

Hahn, Otto 20
Hegel, Georg Wilhelm Friedrich 137
Heidegger, Martin 77, 128f., 137, 190, 193, 227f., 263, 267, 269
Heine, Heinrich 24, 85, 91
Held, Klaus 81, 83
Herbsrith, Waltraud siehe Teresia a Matre Dei
Hering, Jean 97, 114
Hermsen, Hugo 72f.
Herwegen, Ildefons 213
Heuß, Theodor 142
Hilbert, David 20f., 89
Hildebrand, Dietrich von 188, 213
Hirschmann, Johannes 276
Hitler, Adolf 10, 13, 204, 240ff., 244, 277, 286
Hönigswald, Richard 69ff., 228f.
Hohenzollern-Sigmaringen, Catherine von 194f.
Husserl, Edmund 5, 21, 75–89, 92, 94–100, 102–109, 111, 113, 115, 118–121, 127–137, 140, 145, 147f., 151ff., 157, 177, 184, 187, 190f., 193, 205, 231, 234f., 239, 253, 255ff., 265, 267, 285
Husserl, Elly 131, 136
Husserl, Malwine 85, 131, 136
Husserl, Wolfgang 119

Ignatius von Loyola 168ff.
Ingarden, Roman 96, 100, 121, 131ff., 135, 137, 140, 162

Jaegerschmid, Amelie siehe Adelgundis
Jellinek, Georg 165
Josepha vom Allerheiligsten Sakrament 246

Kant, Immanuel 70, 79, 86, 107, 147, 167, 191, 235, 257
Kaufmann, Fritz 94f., 111, 153, 161
Kelsen, Hans 165f.
Kierkegaard, Sören 172
Koebner, Gertrud 172
Koyré, Alexandre 97, 239
Kraus, Karl 66, 111
Kühnemann, Eugen 70

Lehmann, Max 101f., 115
Leibniz, Gottfried Wilhelm 155
Lipps, Hans 97, 153
Ludendorff, Erich 204
Ludwig I. 179
Lustiger, Jean-Marie 29
Luther, Martin 170, 225, 279

Martius, Hedwig siehe Hedwig Conrad-Martius
Marx, Karl 158, 160
Maurus (bürgerl. Rudolf Wolter) 195f.
Max I. Joseph 179
Metis, Eduard 73
Moskiewicz, Georg 92ff.

Newman, John Henry 188
Neyer, Maria Amata 172
Nietzsche, Friedrich 186
Nota, Jan H. 276

Pacelli, Eugenio (Pius XII.) 242
Petra von der Liebe Christi (bürgerl. Agnes Brüning) 230
Pieper, Josef 235
Pius XI. 241 f.
Platau, Lilli 74, 76
Posselt, Therese siehe Teresia Renata de Spiritu Sancto
Prager, Ernestine siehe Ernestine Burchard
Przywara, Erich 168, 185, 187 ff., 194, 204 f., 216, 231, 235 f.

Ranke, Leopold von 101
Rathenau, Walter 142
Rauch, Theodor siehe Theodor a Sancto Francisco
Reinach, Adolf 85 f., 92 ff., 98, 102, 104, 110 f., 114, 118 f., 125 ff., 129, 135 f., 138 ff., 148, 150 f., 159, 170, 187
Reinach, Anna 125, 138 f.
Reinach, Pauline 120
Rickert, Heinrich 129

Sartre, Jean-Paul 77, 83 f.
Schachleiter, Alban 204
Scheler, Max 105 ff., 111, 137, 154, 188
Scheler, Wolfgang Heinrich 109
Schiller, Friedrich 88, 180, 244
Scholz, Kaethe 73
Schulemann, Günther 177 f., 228 f.
Schwarz, Balduin 238
Schwind, Joseph 174 f., 178, 185, 189, 194
Siebs, Theodor 67
Sokrates 117
Sperber, Manès 71
Steffens, Johann Peter 237, 253
Stein, Arno 38 ff., 42, 59, 68
Stein, Auguste (gen. Gustel, geb. Courant) 22 ff., 33 f., 36 ff., 41 f., 44 f., 50, 56, 63, 65, 89, 148, 161, 176, 248, 270
Stein, Elfriede siehe Elfriede Tworoger
Stein, Else siehe Else Gordon
Stein, Erna siehe Erna Biberstein
Stein, Hedwig 34
Stein, Johanna 34
Stein, Leo Walter 34
Stein, Martha 39 f.
Stein, Paul 34, 36, 38 42, 45, 47, 57
Stein, Rosa Adelheid 9 f., 40 ff., 46, 227, 247, 250, 253, 258, 270, 273, 286 f., 289
Stein, Samuel Joseph 28, 34
Stein, Siegfried 23 f., 33, 35 f.
Stein, Simon 34
Stein, Trude 39
Stern, William 69 ff., 75, 88, 102, 152

Teresa von Ávila 6, 109, 170 ff., 175, 245 f., 251, 256, 269, 285 f.
Teresia a Matre Dei (bürgerl. Waltraud Herbsrith) 257
Teresia Renata de Spiritu Sancto (bürgerl. Therese Posselt) 171, 247, 258, 260, 271
Theodor a Sancto Francisco (bürgerl. Theodor Rauch) 257
Thomas von Aquin 79, 175, 178, 184, 187, 190 ff., 213, 219, 224, 227, 231 ff., 257, 261 f., 264 ff.
Tönnies, Ferdinand 154
Tworoger, Elfriede (gen. Frieda, geb. Stein) 40, 42, 46, 49, 75, 270
Tworoger, Erika 40, 227, 266

Vierneisel, Emil 223 ff.

Wagner, Richard 32
Walther, Gerda 136
Walzer, Raphael 204 f., 207, 223, 225 f., 243 f., 246, 253, 259 f.
Wartenburg, Peter von 72
Wartenburg, Yorck von 72
Wilhelm II. 52, 59 f., 68, 141, 163, 196
Wilhelm von Preußen 33
Wolter, Rudolf siehe Maurus
Wust, Peter 213, 238, 253, 255, 272, 275

Ziegler, Konrad 71

Inhaltsverzeichnis

Vorwort 5
Holocaust 9
Eine jüdische Familie 13
Jugend in der verlorenen Zeit 44
Die Schülerin von Edmund Husserl 77
Die Gelehrte und der Krieg 110
Die Suchende – Die Findende 141
Das Leben des Fräulein Doktor 174
Das öffentliche Wirken 207
Soror Teresia Bendicta a Cruce 241
Die Jahre in Echt 275

Anmerkungen 290
Bibliographie 295
Register 298